Robert Fitzthum

CHINA VERSTEHEN

Bibliografische Information der Deutschen Bibliothek:
Die Deutsche Bibliothek verzeichnet diese Publikation
in der Deutschen Nationalbibliografie.
Detaillierte bibliografische Daten sind im Internet über
http://dnb.ddb.de abrufbar.

2. Auflage 2019
© 2018 Promedia Druck- und Verlagsgesellschaft m. b. H., Wien
Alle Rechte vorbehalten
Lektorat und Satz: Gregor Kneussel
Umschlaggestaltung: Gisela Scheubmayr
Druck: CPI – Clausen & Bosse, Leck
Printed in Germany
ISBN: 978-3-85371-442-3

Fordern Sie die Kataloge unseres Verlages an:
Promedia Verlag
Wickenburggasse 5/12
A-1080 Wien
E-Mail: promedia@mediashop.at
Internet: www.mediashop.at
          www.verlag-promedia.de

CHINA
verstehen

Robert Fitzthum

Vom Aufstieg zur
Wirtschaftsmacht und der
Eindämmungspolitik
der USA

PROMEDIA

Der Autor:

Robert Fitzthum, geboren 1951 in Wien, studierte Sozial- und Wirtschafts-
wissenschaften an der Universität Wien und arbeitete als IT-Manager und
Personalchef in österreichischen Banken und als selbständiger Unterneh-
mensberater. Langjähriges Redaktionsmitglied der Zeitschrift *International*.
Er lebt seit 2013 als Beobachter der weltpolitischen Entwicklungen in China.

Inhalt

Vorwort

Wenn man längere Zeit in China verbracht hat, schüttelt man den Kopf über die China-Berichterstattung in westlichen Medien und das allgemeine Stimmungsbild gegenüber China in Europa. Es passt nicht mit der selbst erlebten Realität zusammen. In den meinungsbildenden Medien vermischen sich Falschinformationen mit eurozentrischen Stereotypen und Klischees, die China als »aggressiv«, »autoritär«, »Raubkopien-« und »Billigproduzent«, »Klimasünder«, »neokolonialer Ausbeuter« usw. darstellen. Sachlich fundierte Kritik, die noch dazu nicht statisch ist, sondern die Entwicklungen in ihrer Dynamik zeichnet, ist selten zu lesen.

Die Ergebnisse der 2010 erstellten Studie der grünen Heinrich-Böll-Stiftung über »Die China-Berichterstattung in den deutschen Medien« sind offensichtlich noch immer aktuell. So heißt es in der Studie,

> dass in einer Vielzahl von Medienbeiträgen der Bezug Chinas zur jeweils postulierten Thematik nicht näher beleuchtet wird, sondern bestimmte offensichtlich gesellschaftlich inhärente Vorstellungen und Klischees über das Land unreflektiert kolportiert werden. (...) Dabei prägen normativ abwertende Bilder von China den Diskurs.

Durch die Vielzahl solcher Medienbeiträge entsteht eine auf Vorurteile gestützte Pseudowelt. China ist kein Gegner Europas, keine Bedrohung, im Gegenteil, es sieht Europa als starken Pol in einer multipolaren Welt.

Die Kommunistische Partei Chinas will nicht das chinesische politische System nach Europa exportieren, es geht nicht um »Systemkonkurrenz«, sondern das Land will sich entwickeln, kooperieren und die Unternehmen möchten Geschäfte machen. Zudem ist das chinesische System sehr stabil und wird nicht kollabieren.

Mit der chinesischen Realität passt besser die Äußerung des österreichischen Bundespräsidenten Alexander Van der Bellen anlässlich seines Chinabesuchs im April 2018 zusammen: »Es gibt eine erstaunliche Zustimmungs- und Zufriedenheitsrate von 70 bis 80 Prozent in der chinesischen Bevölkerung mit ihrer Regierung.«

Um einerseits das Bild Chinas zurechtzurücken, die großen Entwicklungserfolge bewusst zu machen und andererseits den feindseligen Widerstand umfassend darzustellen, dem China durch die imperialen USA aufgrund seiner Erfolge ausgesetzt ist, und alles in einen historischen und materialistischen Zusammenhang zu stellen, habe ich dieses Buch geschrieben. Ich hoffe, zu einem besseren Verständnis beitragen zu können.

Robert Fitzthum
Nanning, im August 2018

1. Der chinesische Erfolg

Vom Reich der Mitte zum »Chinesischen Traum«

Die chinesische Wirtschaft wächst seit vierzig Jahren mit eindrucksvollen Steigerungsraten wie kaum eine Wirtschaft zuvor. Ihr Aufstieg ist eine der größten wirtschaftlichen Erfolgsgeschichten in der modernen Zeit.

China hat sich damit zurück auf die Weltbühne katapultiert – in eine Position, die es schon einmal innegehabt hatte: Zur Zeit von Marco Polos Chinareise im 13. Jahrhundert war das Leben in China angenehmer als in Europa, der Lebensstandard höher. Bis zum Beginn des 19. Jahrhunderts war China die führende Macht in Kultur, Wissenschaft, Technik und Wirtschaft. So erzeugte China 1820 ca. 33 % der Weltproduktion.[1] Der Eisenguss wurde in China schon 1300 Jahre vor dem Westen allgemein beherrscht, und viele andere Erfindungen – der magnetische Kompass, Papier, Buchdruck, das Heckruder – waren in China schon viel länger bekannt als in Europa.[2] Der chinesische Admiral Zheng He kommandierte von 1405 bis 1433 Expeditionen nach Südostasien, Südasien, Westasien und Ostafrika – ungefähr hundert Jahre, bevor die Portugiesen Indien erreichten. Er hatte Schiffe, die die mehrfache Länge und Tonnage von Christopher Columbus' Santa Maria aufwiesen.

Eine zweihundert Jahre dauernde Periode der Stagnation[3] und ausländischer Interventionen wurde 1949 mit der Ausrufung der Volksrepublik China beendet. Der Neubeginn begann mit einem Sieg über Japan, einer Bodenreform, der Verstaatlichung der größten Unternehmen und einer unabhängigen, auf die nationalen Interessen ausgerichteten Politik.

---

[1] Angus Maddison, *Chinese Economic Performance in the Long Run*, Tabelle 2.1, OECD 2007.

[2] Zum chinesischen Beitrag zur Entwicklung von Wissenschaft und Technik siehe Joseph Needham: *Wissenschaftlicher Universalismus. Über Bedeutung und Besonderheit der chinesischen Wissenschaft*, Suhrkamp Taschenbuch 1979.

[3] Mögliche Ursachen der Stagnation Chinas siehe Joseph Needham, a. a. O. sowie Andre Gunder Frank: *ReOrient*, Promedia Verlag 2016.

Eines der damals schon gesetzten, angestrebten und als selbstverständlich empfundenen Ziele war der Wiederaufstieg Chinas zu einer wirtschaftlichen und politischen Großmacht.

Chinas Wirtschaft wuchs zwischen 1980 und 2016 rasant mit einer durchschnittlichen Rate von über 9,6 % jährlich, wenn man nur den Zeitraum von 1980 bis zur Weltwirtschaftskrise 2008 betrachtet, sogar mit durchschnittlich ca. 10 % jährlich.[4] Zum Vergleich: Deutschland hatte von 1980 bis 2016 ein durchschnittliches BIP-Wachstum von jährlich nur 1,7 %. Derzeit ist die chinesische Wirtschaft gemessen am nominalen Bruttoinlandsprodukt (BIP) die zweitstärkste, seit 2014 in Werten des BIP auf Basis der Kaufkraftparität (PPP) die stärkste weltweit.[5] 2007 überholte das nominale BIP Chinas jenes von Deutschland, im Jahr 2010 das von Japan, und zwischen 2025 und 2030 wird es das der USA überholen.

Das chinesische BIP auf PPP-Basis hatte 1980 einen Anteil von 2,3 % des weltweiten BIP, 2016 schon fast 18 %, Tendenz weiter steigend. Bis 2021 wird es nach Schätzungen des Weltwährungsfonds 20 % erreichen. Der Anteil der USA ging in dieser Zeit von fast 22 % auf 15,5 % zurück; seit 2014 hat China einen höheren Anteil am weltweiten BIP als die USA.

Der 2013 verstorbene US-amerikanische Wirtschaftsnobelpreisträger Robert Fogel erwartete ein Anwachsen des chinesischen Anteils auf 40 % im Jahr 2040:

> Im Jahr 2040 wird die chinesische Wirtschaft 123 Billionen US-Dollar erreichen, fast das Dreifache der Wirtschaftsleistung des gesamten Erdballs im Jahr 2000. Chinas Pro-Kopf-Einkommen wird 85 000 Dollar betragen, mehr als das Doppelte der Prognose für die Europäische Union und auch viel mehr als das von Indien und Japan. Der durchschnittliche chinesische Großstadtbewohner wird mit anderen Worten doppelt so viel zum Leben haben wie der durchschnittliche Franzose, wenn sich China aus einem armen Land im Jahr 2000 in ein superreiches Land 2040 verwandelt haben wird.[6]

4   Quelle: *IWF World Economic Outlook Database*, eigene Berechnungen.

5   *Purchasing Power Parity* (PPP), Kaufkraftparität, ist eine Methode, Wirtschaftsdaten verschiedener Länder durch Berücksichtigung der Preisdifferenzen vergleichbar zu machen.

6   Robert Fogel: $123,000,000,000,000, *Foreign Policy*, 4. Januar 2010, https://foreignpolicy.com/2010/01/04/123000000000000/

Der vom chinesischen Präsidenten und Vorsitzenden der Kommunistischen Partei Chinas, Xi Jinping propagierte »Chinesische Traum« *(Zhōngguó mèng* 中国梦*)* vom »Wiederaufleben der Nation« *(mínzú fùxīng* 民族复兴*)* scheint in erreichbare Nähe gerückt zu sein.

Der »Chinesische Traum« manifestiert sich in zwei Jahrhundert-Jubiläen. China ist ein Land, das Jubiläumsjahre liebt. Das erste große gesellschaftliche Ziel ist die Errichtung einer »Gesellschaft mit bescheidenem Wohlstand« bis zum Jahr 2021; in diesem Jahr feiert China die Gründung der Kommunistischen Partei Chinas 1921. Das zweite der angesteuerten »Jahrhundertziele« ist die Errichtung eines »modernen sozialistischen Landes« bis 2049, dem hundertsten Jahrestag der Gründung der Volksrepublik.

Xi Jinping stellte auf dem 19. Parteitag 2017 einen großen strategischen Wurf vor, wie diese Ziele zu erreichen sind und China seine frühere Bedeutung wiedererlangen kann. An der Ausarbeitung des unter seiner Leitung erarbeiteten Berichts waren mehrere tausend Personen über ein Jahr lang beteiligt. Die Inhalte stehen also auf einer sehr breiten Basis. Aufgrund seiner Federführung und der großen inhaltlichen Bedeutung wurden die strategischen Ziele, Ideen, Grundkonzeptionen und Entwicklungskonzepte des Berichts als »Xi-Jinping-Ideen zum Sozialismus chinesischer Prägung für ein neues Zeitalter« in die Verfassung übernommen. Die für uns etwas klobige Formulierung ist einfach zu erklären: China sieht sich als sozialistisches Land im Anfangsstadium des Sozialismus in einer speziellen chinesischen Ausprägung aufgrund der spezifischen historischen Entwicklung und Kultur. »Für ein neues Zeitalter« bedeutet, dass eine neue Entwicklungsphase Chinas begonnen hat, nachdem die Grundbedürfnisse der Bevölkerung weitgehend gedeckt sind und China eine gewisse Stärke erlangt hat. Als Hauptwiderspruch bzw. Hauptproblem für diese Phase wird der Widerspruch zwischen den ständig wachsenden Bedürfnissen der Bevölkerung und der unausgewogenen und unzureichenden Entwicklung analysiert. Xi Jinping betrachtet eine stärkere Hinwendung auf die Bedürfnisse der Bevölkerung als Sinn des politischen Handelns. Er zielt auf eine stärkere Orientierung in Richtung Marxismus, wissenschaftliche Methoden zur Analyse und dem Verständnis der Situation durch den historischen Materialismus und die Anwendung des dialektischen Materialismus. Der chinesische Traum ist rot.

Verbesserung des Lebensstandards

Die Wachstumsschritte der vergangenen vierzig Jahre brachten einen Durchbruch bei der Verbesserung der Lebensverhältnisse. China ist das Land mit dem größten Erfolg in der Armutsbekämpfung. Die Weltbank schätzt, dass von 1980 bis 2010 fast 680 Millionen Menschen in China aus extremer Armut herausgeholt wurden.[7] Das sind 70 Prozent der weltweit aus der Armut befreiten Menschen. Von 2012 bis Ende 2017 wurden nochmals rund 70 Millionen Menschen aus extremer Armut befreit. Die verbleibende Zahl von 30 Millionen Menschen – vor allem auf dem Land – soll in einer großen Kraftanstrengung bis 2020 auf nahezu null reduziert werden. Für die lokalen Regierungen, vor allem die der unterentwickelten Regionen, wurde das Thema Armut bis 2020 als Priorität Nummer eins definiert; jährliche Assessments überprüfen den Fortschritt. Vorrang hat die Verbesserung der Infrastruktur auf dem Land, das sind Straßen, Wasser- und Stromversorgung, Zugang zum Internet und Gesundheitswesen. Dafür werden die jeweiligen Ursachen der Armut zielgerichtet bis auf Dorf- und Familienebene untersucht und im Einzelfall Maßnahmen gesetzt. Hauptursachen der Armut sind Arbeitslosigkeit, niedrige Einkommen in der Landwirtschaft sowie ein oder mehrere schwerwiegende Krankheitsfälle in der Familie. Mit der Gründung von Betrieben auf dem Land, öffentlichen Arbeiten (Landschaftspflege), Bildungsmaßnahmen, Hilfsfonds für Krankheitsfälle, besser ausgerüsteten Schulen und kostenlosen Mahlzeiten für Kinder sowie Umsiedlungen aus schwer zugängigen, wirtschaftlich nicht entwickelbaren Gebieten[8] versucht die Regierung, die Menschen dauerhaft aus ihrer Notsituation zu bringen. Mit speziellen Steuererleichterungen, geförderten Krediten und anderen finanziellen Unterstützungen werden Banken motiviert, den Kampf gegen die Armut zu unterstützen. Man darf nicht unterschätzen, dass auch die Beschränkung des Bevölkerungswachstums durch die »Ein-Kind-Politik« einen wichtigen Beitrag zur Armutsbekämpfung geleistet

7   The World Bank, *World Data Bank, Poverty and Inequality Database*. Extreme Armut ist in China definiert mit einem zum Leben verfügbaren Betrag von weniger als 1,25 US-Dollar pro Tag auf Basis der Kaufkraftparität (PPP).

8   Bis 2020 werden 3,4 Millionen Menschen aus schwer zugängigen Berggebieten – tägliche Kletterpartien für Kinder, um in die Schule zu kommen, o. Ä. – in entwickeltere Gebiete umgesiedelt und mit Wohnungen und Arbeitsplätzen versorgt.

hat. Den Bevölkerungshöchststand erwartet man 2030 mit 1,43 Milliarden Einwohnerinnen und Einwohnern.

Nach einer Statistik der ILO erhöhten sich die durchschnittlichen Reallöhne in China von 2006 bis 2015 um 125 %, das ist mehr als eine Verdoppelung.[9] Zum Vergleich: In Indien stiegen sie nur um 60 %. In keinem anderen Land der Welt wuchsen die Reallöhne in dieser Phase der internationalen Wirtschaftskrise so stark wie in China. Im Moment steigen die Nominallöhne (nach Provinz unterschiedlich) um 5–7 % jährlich bei einer Inflationsrate von 1–2 %. Die chinesischen Löhne haben sich auch schon an die Löhne der ärmsten europäischen Länder herangepirscht. »Chinesen verdienen, gemessen in US-Dollar, mittlerweile 73 Prozent dessen, was Griechen in der Stunde verdienen.«[10]

China wurde 2012 nach Kriterien der Weltbank ein »*middle-income country*« (Land mittleren Einkommens), nachdem das BIP pro Kopf 5000 US-Dollar überschritten hatte, und man hofft, die Stagnation, die bei vielen anderen Entwicklungs- oder Schwellenländern auf diesem Niveau eingetreten ist, durch weitere Entwicklungsschritte zu vermeiden. 2017 erreichte die Zahl der EinwohnerInnen mit mittlerem Einkommen bereits 300 Millionen, etwas über 20 % der Bevölkerung, wobei der Anteil in entwickelten Ländern rund 60 % beträgt. Da gibt es also noch große Unterschiede im Entwicklungsstand.

Die Lohnsteigerungen waren (neben staatlichen Investitionen) ein wichtiger Faktor für die Überwindung der Krisenjahre ab 2008 und ein wichtiger Faktor für ein zunehmend konsumbasiertes Wachstumsmodell, das angestrebt wird.

Bei der seit über 25 Jahre lang wachsenden Ungleichheit, die sich in einem steigenden Gini-Koeffizienten widerspiegelt, ist seit 2010 eine Trendwende in Richtung mehr Gleichheit festzustellen.[11]

---

9   *ILO Global Wage Report* 2016/17.
10   Andreas Sator: Chinesen verdienen schon fast so viel wie Griechen, *Der Standard*, 1. März 2017, https://derstandard.at/2000053325549/Chinesen-verdienen-schon-fast-so-viel-wie-Griechen
11   Ravi Kanbur, Yue Wang, Xiaobo Zhang: The great Chinese inequality turnaround, *Vox CEPR Policy Portal*, 15. März 2017, https://voxeu.org/article/great-chinese-inequality-turnaround

China ist dabei, ein Netzwerk an Sozialleistungen auf- und auszubauen, was für 1,4 Milliarden Menschen kein leichtes Unterfangen ist.

Auch im Bereich der Krankenversicherung gibt es große Fortschritte. Zwischen 2004 und 2014 stieg die gesundheitspolitische Abdeckung laut OECD von 200 Millionen auf 1,3 Milliarden Menschen – ein Riesensprung für ein Entwicklungsland.

Auch für die ca. 280 Millionen Arbeitsmigranten,[12] die bisher bei Inanspruchnahme eines Arztes in einer anderen Provinz als in jener, in der sie gemeldet sind, die Leistungen vorerst bezahlen mussten und dann zurückerstattet bekamen, zeichnet sich nun eine Lösung ab. Die Krankenversicherungskarten werden landesweit gültig sein, was angesichts der Größe des Landes eine beachtliche technische und administrative Herausforderung bedeutet. »Auch die Kinder- und Müttersterblichkeit fielen zwischen 2000 und 2012 um 60 Prozent respektive um 49 Prozent.«[13]

Das unterste soziale Netz ist die Unterstützung für einen Mindestlebensstandard, der *dībǎo* 低保, der in verschiedenen Provinzen jeweils in unterschiedlicher Höhe ausbezahlt wird.

Auch ein Renten- und Pensionssystem existiert in China. 2014 waren ca. 840 Millionen Chinesen davon erfasst, bis 2020 ist eine Abdeckung der gesamten Bevölkerung geplant. Chinesen und Chinesinnen gehen wesentlich früher in den Ruhestand als Mitteleuropäer. Das Ruhestandsalter für Arbeiterinnen ist 50 Jahre, für Angestellte 55, während Männer mit 60 in den Ruhestand gehen können.[14]

China hat derzeit 900 Millionen Arbeitskräfte; in den letzten Jahren wurden in den Städten bis zu 13 Millionen Jobs im Jahr geschaffen; jedes Jahr gehen ca. 8 Millionen von Mittelschulen und Universitäten und 5 Millionen von Berufsbildenden Höheren Schulen ab; hunderte Millionen Menschen vom Land gehen in die Städte arbeiten. Die Arbeitsmigranten sind ein

---

12   In westlichen Medien meist als »Wanderarbeiter« bezeichnet, was aber irreführend ist, da es einen ständigen Ortswechsel auf Suche nach Arbeit suggeriert. Es sind Menschen, meist Bauern, die an einem anderen Ort arbeiten, als jener, an dem sie geboren wurden und wo sie offiziell gemeldet sind.

13   Michael Radunski: Zutaten für ernsthafte Probleme, *Neue Zürcher Zeitung*, 26. August 2016, https://www.nzz.ch/international/asien-und-pazifik/armutsbekaempfung-in-china-zutaten-fuer-ernsthafte-probleme-ld.113271

14   Alle Angaben OECD *Economic Surveys China*, March 2017, S. 45ff.

Teil des chinesischen Wirtschaftswunders. Der Aufbau von Industrie und Dienstleistungen in den Städten brachte für die bäuerliche Landbevölkerung wesentlich verbesserte Verdienstmöglichkeiten. Deshalb zogen hunderte Millionen in Städte. Das Einwohnermeldewesen (Haushaltsregistrierung, *hùkǒu* 戶 口 -System) und die Bindung von staatlichen Dienstleistungen (Sozialleistungen, Gesundheitsversorgung, Schulbesuch der Kinder) an den Wohnsitz war ursprünglich entwickelt worden, um den Zuzug in die Städte zu bremsen und Slumbildung aufgrund von Wohnungsnot zu vermeiden. Die Anpassung des *hùkǒu*-Systems an die neuen Gegebenheiten wurde als notwendig erkannt, braucht jedoch Zeit, da es nicht möglich ist, für hunderttausende Menschen am neuen Wohnort sofort Wohnungen, Schulplätze und Krankenversorgung zu garantieren. 2016 wurde 16 Millionen und 2017 13 Millionen Menschen vom Land der Hauptwohnsitz in einer Stadt mit allen damit verbundenen Rechten genehmigt.

Ein bekanntes Problem ist es auch, dass – gesetzwidrig – nur 60 % der Arbeitsmigranten einen Dienstvertrag von ihrem Arbeitgeber erhalten,[15] sodass sie nicht unter die Arbeitsgesetze fallen und benachteiligt sind. Es gibt zwar die Möglichkeit, die Ausstellung eines Vertrages mit Unterstützung eines der 300 000 Rechtsanwälte[16] vor Gericht einzuklagen, viele Menschen trauen sich aber (noch) nicht, das zu tun. Die chinesischen Gewerkschaften leisten hier leider auch nicht das Nötige.

Nach Zahlen der OECD geben Arbeitsmigranten 50 % mehr für Konsum aus als die Bevölkerung auf dem Land.[17] Die reguläre städtische Bevölkerung gibt 60 % mehr aus als die Arbeitsmigranten. Diese Verschiebung der Bevölkerung in die Städte hat eine große volkswirtschaftliche Bedeutung bei dem Versuch, die Export- und Investitionslastigkeit des Wirtschaftswachstums zu reduzieren.

Der Anteil der Stadtbevölkerung beträgt derzeit bereits fast 60 %. Dieser Übergang vom Land in die Stadt erfolgt in China, im Vergleich zu anderen

---

15   Angabe für das Jahr 2015.
16   Number of lawyers in China between 2006 and 2016, *Statista*, https://www.statista.com/statistics/224787/number-of-lawyers-in-china/
17   OECD, a. a. O. S. 23

Ländern, die einen rein kapitalistischen Entwicklungsweg gehen, wie zum Beispiel Brasilien, relativ organisiert.[18]

Chinas Exportboom und die »lernende Werkbank«

Seit Anfang der 1990er Jahre ist China die beliebteste Destination für ausländische Direktinvestitionen[19] im Vergleich zu allen anderen Entwicklungs- und Schwellenländern. Mehr als 80 % der 500 weltweit größten Unternehmen haben Niederlassungen in China.

Die ausländischen Partner nutzen den Vorteil der zumindest ursprünglich geringen chinesischen Löhne und exportierten einfache Konsumgüter. Diese Geschäfte wiesen enorme Wachstumsraten sowohl in Bezug auf Direktinvestitionen als auch in Bezug auf Warenexporte auf.

Die Warenexporte aus China wuchsen von 1990 bis 2014 durchschnittlich jährlich um 18 %, die Importe um durchschnittlich 16,6 %.[20] China hat sein Außenhandelsvolumen seit den 1980er Jahren rund alle vier Jahre verdoppelt. Chinas Anteil am weltweiten Export von Industriegütern lag im Jahr 2001, als China der Welthandelsorganisation (WTO) beitrat, bei 5 %. Dieser Anteil wuchs auf 18 % im Jahr 2014. Heute ist China der weltgrößte Exporteur. Der chinesische Exportboom hat für Konsumenten weltweit die Preise für Konsumgüter und technische Produkte (z. B. Solaranlagen) reduziert.

Um dem Vorurteil entgegenzuwirken, alle chinesischen Exporte kämen aus Staatsbetrieben, hier einige Zahlen: Der Anteil der chinesischen Privatbetriebe am Gesamtexport beträgt fast 50 %, der Exportanteil der ausländischen Betriebe (*Foreign-Invested Enterprises*, FIE) ca. 40 %, der Anteil staatlicher Unternehmen nur 11 %.[21]

Die Exporte werden auch immer hochwertiger:

18 Siehe dazu die Gedanken von Samir Amin, *China 2013*, http://monthlyreview.org/2013/03/01/china-2013

19 *Inward Foreign Direct Investments* (FDI), Zufluss ausländischer Direktinvestitionen

20 Wayne M. Morrison: *China's Economic Rise*, Congressional Research Service, Washington 2015.

21 January 2017 China's foreign trade import and export growth, *Longtemp*, http://www.longtemp.com/january-2017-chinas-foreign-trade-import-and-export-growth/

Der Anteil der Hochtechnologieexporte vervierfachte sich zwischen 1992 und 2005 auf fast 40 %, blieb danach jedoch stabil. Gleichzeitig sank der Lowtech-Export von rund 70 % auf knapp 40 % und stabilisierte sich ebenfalls auf diesem Niveau.[22]

Was waren die Ursachen dieses Exportbooms? Erst seit Anfang der 1980er Jahre dürfen chinesische Unternehmen den Außenhandel selbständig abwickeln und müssen nicht den Umweg über staatliche Handelsgesellschaften gehen. Ein weiterer Schub kam durch die ausländischen Investitionen und die darauf folgenden Warenexporte. Die Reformen im Rahmen des WTO-Beitritts 2001 führten zu weiteren Exportsteigerungen,[23] und schließlich gelang es chinesischen Unternehmen, sich in die internationalen Wertschöpfungsketten[24] einzuklinken.

China erwirtschaftete in den meisten Jahren seit 2005 große Handelsbilanzüberschüsse, im Jahr 2016 nach offiziellen Zahlen 510,7 Milliarden US-Dollar.[25] Die Handelsbilanuzüberschüsse und Direktinvestitionen führten zu riesigen Devisenreserven, mit einem Spitzenwert von 4 Billionen US-Dollar im Jahr 2014. Durch nachfolgende Spekulationen gegen die chinesische Währung, den Renminbi (RMB)[26] und die staatliche Stützung des RMB-Kurses durch Dollarverkäufe sanken die Reserven.[27]

Teile der Währungsreserven wurden in den letzten Jahren für Ankäufe von (niedrig verzinsten) US-Staatsanleihen verwendet, mit denen die USA ihr Handelsbilanzdefizit finanzieren. China hat die größten Währungsreserven weltweit.

22 OECD, a. a. O., S. 27.

23 Der WTO-Beitritt war die interne »Peitsche«, um Regulierungen aufzuheben und zu entbürokratisieren.

24 *Global value chains*, arbeitsteilige Produktverarbeitungsketten, enge Kooperation vor allem mit Japan, Südkorea und Taiwan (Lieferung von Vorprodukten).

25 China: Handelsbilanzsaldo von 2007 bis 2017, *statista*, https://de.statista.com/ statistik/daten/studie/15638/umfrage/handelsbilanz-von-china/

26 Die chinesische Währung heißt *Renminbi* (»Volkswährung«, abgekürzt RMB), der Yuan ist eine Währungseinheit.

27 Der US-amerikanische Spekulant und Fließband-NGO-Gründer George Soros hat dabei auch auf den Fall des RMB und ein »hard landing« Chinas spekuliert und ist ziemlich danebengelegen, siehe: China accuses George Soros of 'declaring war' on yuan, *The Guardian*, 27. Januar 2016, https://www.theguardian.com/ business/2016/jan/27/china-accuses-george-soros-of-declaring-war-on-yuan

In den letzten Jahren hat China fast 40 % zum globalen Einkommenswachstum beigetragen, mehr als die USA, EU und Japan zusammengenommen. China wird der auch in der nächsten Zukunft der größte Einflussfaktor für globales Wachstum sein.

China setzt diesen Außenwirtschaftsbeziehungen gezielte und WTO-konforme Grenzen. China gestattet ausländischen Unternehmen, in China zu investieren, den chinesischen Markt beliefern und den Profit, den sie durch die Arbeit chinesischer Arbeiter machen, ins Ausland transferieren, aber das hat seinen Preis: Der Preis ist der Know-how-Transfer und die Ausbildung chinesischer Techniker und Arbeiter. China war und ist eine Werkbank, aber eine »lernende Werkbank«. Der Preis für die Produktion in China ist, dass ausländische Investoren in vielen Branchen Partnerschaften mit chinesischen Firmen eingehen müssen. Diese Unternehmen gründen dann häufig mit dem erworbenen Know-how eigene Unternehmen und schaffen weitere Arbeitsplätze für chinesische Arbeiter.[28] Es dürfte sich für die meisten ausländischen Konzerne jedoch lohnen, diese Verträge zu unterschreiben und diese Geschäfte zu machen, sonst würden sie es nicht tun. Die letzte chinesische Reform der Investitionsregelungen vom Oktober 2016 wird neue Möglichkeiten für ausländische Unternehmen eröffnen.

China schützt diejenigen Bereiche der chinesischen Wirtschaft, die noch nicht konkurrenzfähig sind, bis zu dem Zeitpunkt, an dem sie es sind – eine vernünftige Vorgangsweise für ein Entwicklungs- bzw. Schwellenland. Ein gutes Beispiel ist der IT-Bereich: Hier ist es China (im Gegensatz zu Europa) gelungen, konkurrenzfähige Softwareprodukte, z. B. Pendants zu Twitter und Facebook, von heimischen Privatunternehmen entwickeln zu lassen und so die Abhängigkeit von amerikanischen Konzernen, die meist eng mit der US-Regierung verbunden sind, zu reduzieren. In Gebieten, in denen US-amerikanische Produkte unentbehrlich sind – z. B. Betriebssysteme und Administrationssysteme für Großrechner von IBM oder PC-Betriebssysteme und Officeprodukte von Microsoft – verlangt China Kooperation und zumindest Einsicht in den Quellcode, sodass chinesische Anwender im Falle der Verhängung von Sanktionen durch den US-amerikanischen

---

28   Entgegen der üblichen Meinung in Europa, bis weit in linke Kreise, gilt die Bestimmung des Artikels 6 des UN-Sozialpaktes über das Recht auf Arbeit auch für Nicht-Europäer. Der Sozialpakt ist übrigens ein wichtiger Teil der Menschenrechte. Menschenrechte beschränken sich nicht auf individuelle politische Rechte.

Präsidenten oder Kongress (das kann ganz schnell passieren, wie die Erfahrung zeigt) handlungsfähig bleiben. China schützt auch, wie alle Staaten, jene Bereiche, die wichtig für die nationale Sicherheit sind. Die Bestimmung, dass bei Cloud-Speicherung Daten chinesischer Unternehmen und Bürger in China gespeichert werden müssen, schützt diese vor dem Zugriff der US-amerikanischen Behörden und Geheimdienste auf diese Daten.

»Go Global!«

Im Jahr 2000 rief die chinesische Regierung den Unternehmen zu: »Go Global!« Die angehäuften Fremdwährungsbestände sollten nun auch für Direktinvestitionen ins Ausland verwendet werden.

Was war der Grund für diesen Aufruf? Es gibt viele Gründe für Auslandsinvestitionen. Die chinesische Wirtschaft hat trotz aller Fortschritte in wichtigen Bereichen noch immer einen sehr großen Know-how-Rückstand.[29] Während man in den 1980er und 1990er Jahren versuchte, ausländische Firmen nach China zu bringen und auf diese Weise Know-how ins Land zu bekommen, gab es 2010 genug chinesische Firmen, die aufgrund ihrer Größe, ihres vorhandenen Kapitals und ihrer Organisation dazu imstande waren, sich die technologische Unterstützung durch Ankäufe im Ausland selbst zu organisieren. Durch den Ankauf ausländischer Firmen werden auch Markennamen bekannter Unternehmen erworben,[30] um damit in China selbst und auf westlichen Märkten besser verkaufen zu können. Durch Zukäufe erreichen chinesische Unternehmen auch Größenordnungen, die sie international wettbewerbsfähig machen und zu »Global Champions« werden. Damit werden auch Märkte für chinesische Produkte geschaffen und für die wirtschaftliche Entwicklung benötigte Rohstoffe gesichert.

Nach Daten der UNO stiegen Chinas FDI-Veranlagungen von 12,3 Milliarden US-Dollar im Jahr 2005 auf 183 Milliarden US-Dollar im Jahr 2016, wobei es 2017 einen 29 % Rückgang auf ca. 120 Milliarden US-Dollar gab. Das Land mit dem größten Kapitalexport war und ist aber noch immer bei weitem die USA mit Auslandsinvestitionen von 299 Milliarden US-Dollar im Jahr 2016. China startete 2016 in Europa 297 Investitionsprojekte, die

29 Im Moment merkt man das sehr deutlich im Bereich der Halbleiterentwicklung.
30 Eines der bekanntesten Beispiele ist die IBM-PC-Tochter Lenovo.

USA hingegen 1310. Chinesische Investitionen stehen in der Zeitung, die amerikanischen nicht, so werden Investitionen chinesischer Unternehmen sichtbar und übertrieben.

Der *World Investment Report 2017* der Konferenz der Vereinten Nationen für Handel und Entwicklung (UNCTAD) bringt die Dinge ins Lot: »Der Gesamtbestand der chinesischen Direktinvestitionen ins Ausland macht nur 10 Prozent seines nationalen BIP aus. In den USA sind es 34 %, in Großbritannien 55 %, in Frankreich 51 % und in Deutschland 39 %.«[31]

Über die Motive chinesischer Unternehmen wird im Westen großes Misstrauen gesät. Statt mit Fakten wird mit Ängsten und Unterstellungen gearbeitet. Aufgrund der einseitigen und ungenügenden Informationen über China werden Zweifel erzeugt, »was wohl dahinter stecken« könnte. Dabei ist das Motiv ganz einfach: Es geht ums Geschäft. Es gibt keinen globalen Eroberungsplan, keine chinesische Verschwörung; die meisten Akquisitionen sind wirtschaftliche Entscheidungen, keine politisch gesteuerten.

Chinesische Investitionen sind auch in deutsche Unternehmen geflossen, die dringenden Kapitalbedarf hatten und sich Expansionsmöglichkeiten durch neue Märkte erschließen wollten. Beispiele sind Conergy (Solartechnik), Thielert (Flugzeugmotoren) und Putzmeister (Betonpumpen). Damit werden auch Arbeitsplätze u. a. in Deutschland gesichert oder geschaffen.[32] In Europa sind durch chinesische Investitionen ca. 8 000 Arbeitsplätze entstanden, davon jeder dritte in Deutschland.[33] Seit Jahrzehnten investieren u. a. amerikanische und japanische Unternehmen in Europa, ohne dass von einer Schwächung der europäischen Wirtschaft oder einem Know-how-Abfluss die Rede war. Warum sollte es bei chinesischen anders sein?

Der normale WTO-konforme Erwerb von Rechten an geistigem Eigentum durch chinesische Unternehmen wird als eine Art Diebstahl der westlichen Weisheit dargestellt. Es sollte bei dem bleiben, was es ist, nämlich ein legales Geschäft.

31   *UNCTAD World Investment Report* 2017, Anhang, Tabelle 8.
32   Nikolaus Doll: Chinas Übernahmeorgie in Deutschland hat eine gefährliche Schattenseite, *Die Welt*, 6. Juni 2017, https://www.welt.de/wirtschaft/article165247764/Chinas-Uebernahmeorgie-in-Deutschland-hat-eine-gefaehrliche-Schattenseite.html
33   Holger Zschäpitz: China macht eine deutsche Stadt zu Europas Top-Standort, *Die Welt*, 9. Juni 2017, https://www.welt.de/wirtschaft/article165343934/China-macht-eine-deutsche-Stadt-zu-Europas-Top-Standort.html

Hier werden wirtschaftliche Vorgänge aufgrund geopolitischer Ängste oder Taktiken politisiert. Aufgrund des Widerstands gegen chinesische Auslandsinvestitionen wird sich China stärker als bisher auf die Stärkung der eigenen Innovationskraft konzentrieren.

Exkurs: Historischer Hintergrund zum Vierzig-Jahre-Jubiläum der Wirtschaftsreformen

Zum Verständnis, wie es zu dieser positiven Entwicklung kommen konnte, empfiehlt sich ein Rückblick in die Geschichte.

Die Phase von der Gründung der Volksrepublik China 1949 bis zum Tod von Mao Zedong im September 1976 war geprägt vom Versuch, das Land zu stabilisieren, das Bankensystem und die Wirtschaft unter Kontrolle und zum Laufen zu bringen, und von der Suche nach dem richtigen wirtschaftlichen System für den Aufbau des Landes.

Der Bodenbesitz der feudalen Grundherrenklasse wurde beschlagnahmt und den Bauern die Nutzungsrechte übergeben. Das Monopolkapital der mit ausländischen Mächten verbundenen vier großen Familien wurde verstaatlicht.[34] Auch neue Gesetze im gesellschaftlichen Bereich wurden erlassen: Ein neues Ehegesetz machte Männer und Frauen vor dem Gesetz gleich, ermöglichte die Ehescheidung und beseitigte eine wichtige rechtliche Voraussetzung für die Unterdrückung der Frauen.

Die Organisation der Wirtschaft wurde im Wesentlichen nach dem sowjetischen Modell vorgenommen – eigene Erfahrungen hatte man ja noch nicht. Mit einer forcierten staatlichen Industrialisierungspolitik wurden große Investitionen in die Grundindustrie (Stahl, Energie) und in die Ausbildung getätigt. Privatbetriebe waren nur bis zu einer Größe von fünf Mitarbeitern zugelassen; damit wollte man die »Ausbeutung des Menschen durch den Menschen« beenden. Die Aufnahme von Auslandskapital war als Wieder-Hereinlassen ausländischen Einflusses auf die Entwicklung in China verpönt. Staatliche Planungsbehörden gaben verbindliche Input- und Output-Ziele für Betriebe und Provinzen vor und versuchten auf diese Weise, eine vernünftige Allokation der Ressourcen vorzunehmen. Ein wichtiges

34   Die Familien Jiang, Song, Kong und Chen. Der »nationale« kapitalistische Sektor blieb lange unbehelligt; japanische, deutsche und italienische Betriebe waren schon 1945 von der Guomindang verstaatlicht worden.

Kriterium für die Qualifikation des Managements war das politische, man musste »rot« sein. Die fachliche Qualifikation war sekundär und wurde fallweise sogar mit Argwohn betrachtet.

Die Regierung begann (zu) rasch mit der Zusammenfassung der Bauern in größere Einheiten bis hin zu Volkskommunen. Leistungsanreize für Bauern und Arbeiter wurden als vermeintlich kapitalistische Symbole reduziert, die Preise reguliert.

Wirtschaftliche (Großer Sprung vorwärts) und politische Rückschläge (Kulturrevolution) sowie die Unterstützung Koreas im Krieg gegen die USA brachten Erschwernisse für die Bevölkerung und für das Wachstum des Landes. Das BIP wuchs von 1953 bis 1978 aber immerhin durchschnittlich 6,7 % pro Jahr.[35]

Nach der Kulturrevolution bestand die erste Aufgabe darin, eine Grundordnung wiederherzustellen, die Zerrüttung der Infrastruktur zu beenden und die Zulieferung in den Grundindustrien sicherzustellen.

Nachdem die Situation auf dem Land immer prekärer wurde (Hunger, Armut), die Industrieproduktion sich nicht rasch genug entwickelte, der Lebensstandard der Bevölkerung sich im Vergleich zum Ausland nicht positiv entwickelte, wurde die Notwendigkeit von Wirtschaftsreformen immer dringlicher. Der chinesische Reformer und Staatsmann Deng Xiaoping rechnete mit dem vorhandenen System ab:

> Das System unserer Nation (...) ist im Wesentlichen von der Sowjetunion übernommen. Es ist rückständig, geht Probleme nur oberflächlich an, hat viele redundante Strukturen und fördert den Bürokratismus. (...) Wenn wir nicht schneller wachsen können als die kapitalistischen Länder, dann können wir die Überlegenheit unseres Systems nicht zeigen.[36]

Da viele Funktionäre keine Auslandserfahrung hatten, wurden 1978 Delegationsreisen organisiert, um die technologische Entwicklung und das Management ausländischer Unternehmen kennenzulernen. Man fuhr nach Japan, Hongkong, West- und Osteuropa. Hunderte von Ministern, Provinzgouverneuren, Parteisekretären und deren Mitarbeiter sammelten

---

35   Nach chinesischen Statistiken. Westliche Analytiker berechnen 4,4 %, siehe Maddison, a. a. O. Die Wahrheit wird wohl irgendwo dazwischen liegen.

36   Zitiert nach Ezra F. Vogel, *Deng Xiaoping and the Transformation of China*, The Belknap Press 2011, S. 228.

Eindrücke über den Vorsprung des Auslands und waren begeistert, welche Möglichkeiten sich für China auftun können, wenn man die Erfahrungen des Auslands nutzte.

In heftigen Diskussionen wurden Kompensationshandel, Joint Ventures mit ausländischen Unternehmen, ausländische Investitionen sowie sogar die bisher tabuisierten Auslandskredite erwogen. Wie sollte sich China an diese Dinge heranwagen, ohne wieder den Einfluss im eigenen Land zu verlieren und ein Anhängsel ausländischer Konzerne und Regierungen zu werden? Und wie konnte man alle diese Neuerungen mit dem damals noch vorhandenen System der Planung verbinden, ohne Chaos herbeizuführen? Auf dem Plenum des Zentralkomitees im Dezember 1978 wurden dann die richtungsweisenden Beschlüsse gefasst, ausländische Kredite, ausländische Technologie und ausländische Produkte kontrolliert ins Land zu lassen sowie die Situation in der Landwirtschaft zu verbessern. Es wurde auch die voluntaristische Politik der politisch motivierten Kampagnen (Großer Sprung, Kulturrevolution) kritisiert und politische Stabilität als Voraussetzung für die wirtschaftliche Entwicklung gefordert. In einer ersten Phase konzentrierte man sich auf die Entwicklung der Textil- und Chemiefaserindustrie, um das Angebot an Kleidung für die Bevölkerung zu verbessern.

Um die Standortvorteile der niedrigen Lohnkosten in China besser zu nutzen und die für Technologie-Importe dringend benötigten Devisen zu beschaffen, testete die Regierung zuerst an vier Orten, nämlich Shenzhen (bei Hongkong), Zhuhai (bei Macau), Shantou und Xiamen (beide gegenüber von Taiwan), eine exportorientierte Entwicklungsstrategie, die Auslandskapital anziehen sollte.[37] Man wählte diese Orte als Standorte für Sonderwirtschaftszonen, um in einer ersten Phase Kapital von Auslandschinesen anzuziehen, die oft aus diesen Provinzen (Guangdong und Fujian) stammten, was die Zusammenarbeit durch die gemeinsame Sprache und Kultur erleichterte. Diese Gebiete zogen die meisten Auslandsinvestitionen an und schufen Millionen Arbeitsplätze. Die Öffnung führte zu heftig kritisierten negativen Begleiterscheinungen, vor allem zu Schmuggel und Korruption.

Dringend nötige Reformen in der Landwirtschaft wurden nicht zentral »ausgedacht«, sondern sehr pragmatisch als Antworten auf Mangelsituationen

37 Sie wurden später auf 14 Sonderwirtschaftszonen erweitert, mit dem Schwerpunkt auf Hightech-Industrie, dann auf alle Provinzhauptstädte und regierungsunmittelbare (Groß-)Städte.

dezentral entwickelt. So gab es in den Provinzen Anhui und Sichuan engagierte Parteisekretäre, die »auf eigene Faust« die Dezentralisierung von Aufgaben an einzelne Haushalte bzw. Familien als kleinste Produktionseinheit (statt größeren Einheiten wie Produktionsteams und Brigaden) testeten. Die Entlohnung erfolgte stärker nach Leistung, und Familien durften die auf dem eigenen Feld produzierten Produkte auf eigene Rechnung auf lokalen Märkten verkaufen. Diese Experimente wurden zu einem riesigen Erfolg: Produktion und Einkommen wuchsen; daraufhin wurde das System bis 1982 landesweit übernommen und die Volkskommunen abgeschafft. Parallel dazu wurde die Kunstdüngerproduktion zwischen 1978 und 1982 verdoppelt und die staatlichen Ankaufspreise für Getreide im Jahr 1979 um 20 % erhöht, was in den wenigen Jahren von 1978 bis 1982 zu einer Verdoppelung des Einkommens der Bauern führte.

Aus Kommune-Werkstätten entwickelten sich kleine Gemeinde- und Dorfbetriebe im Privatbesitz einer oder mehreren Personen; Produktionsbetriebe, Reparaturwerkstätten und Restaurants entstanden, die die Kreativität und das Potenzial junger Leute ausschöpften. Sie durften Rohmaterial verwenden, das die Staatsbetriebe nicht benötigten, konnten ihre Produkte auf dem Markt verkaufen, die erwirtschafteten Gewinne behalten und schufen durch ihre arbeitsintensiven Prozesse Beschäftigung für Menschen in Stadt und Land. Als Resultat dieser Entwicklung stieg der Anteil des privaten Sektors an der Industrieproduktion von 22 % im Jahr 1947 auf 47 % im Jahr 1991, während der Anteil des Staatssektors von 78 % auf 53 % zurückging.[38]

Bei den Reformen der Staatsbetriebe entschloss sich die Regierung, die großen, strategisch wichtigen zu behalten und die vielen kleinen zu privatisieren oder in die Zuständigkeit der Provinzen oder Städte zu übergeben. Weitere Privatisierungen von Staats- und Dorfbetrieben führten zu einer Reduktion der Zahl der Beschäftigten in diesen Bereichen um ca. 170 Millionen. Diese Menschen wurden aber vom dynamischen Privatsektor rasch aufgesogen.[39] Die direkte Besteuerung der Staatsbetriebe ersetzte zunehmend die automatische Ablieferung der Überschüsse an das Budget. Staatsbetriebe konnten Überschuss über die vom Plan festgelegten

38   Shenggen Fan, Ravi Kanbur, Shang-Jin Wei, Xiaobo Zhang: The Economics of China. Successes and Challenges, *National Bureau of Economic Research*, November 2013, www.nber.org/papers/w19648
39   Fan/Kanbur/Wei/Zhang, a. a. O.

Liefermengen zunehmend selbständig verkaufen und als eigene Rechtsträger auch Entscheidungen treffen.

Der Planungsprozess und die Lenkung der Betriebe veränderten sich im Laufe der Jahre mit dem Fortgang von Dezentralisierung und Privatisierung völlig. Aus einem »imperativen Plan«, der die Aufgaben jedes Unternehmens im Staatsbesitz im Detail festlegte, die Produkte definierte und die Lieferung der notwendigen Vorprodukte garantierte, wurde eine »indikative Planung«, die im Fünfjahreszyklus die gesellschaftlichen, sozialen und wirtschaftlichen Schwerpunkte, Ziele, und Projekte für die staatlichen Organe verbindlich definierte.

China nutzte auch die japanischen Erfahrungen aus der Nachkriegszeit bei der Industriepolitik. Die Regierung nahm Wirtschafts- und Branchenanalysen als Leitlinien für gezielte Schwerpunktsetzungen zur Industrieentwicklung, die neben der Landwirtschaft den Schwerpunkt bildete. Diese Schwerpunktsetzungen wurden auch mit hohen Investitionen konsequent umgesetzt. Ein entwickeltes makroökonomisches Instrumentarium ermöglichte wirtschafts- und finanzpolitische Lenkungsmaßnahmen.

In den 1990er Jahren erfuhr das Bankensystem einen fundamentalen Umbau. Die People's Bank of China, die 1983 als Zentralbank institutionalisiert worden war, bekam die zusätzliche Aufgabe, Fiskalpolitik zu gestalten. Staatliche Geschäftsbanken waren schon in den 1980er Jahren gegründet worden; sie hatten die Aufgabe, Sparguthaben zu sammeln und die Wirtschaft mit Kapital zu versorgen. 1992 wurden in Shanghai und Shenzhen Wertpapierbörsen eröffnet.

Deng Xiaoping sah in der Wiederaufnahme eines regulären Betriebs der Hochschulen und der wissenschaftlichen Institute einen Schlüssel für die Entwicklung Chinas. Die Wiedereinführung von Aufnahmeprüfungen für Universitäten bzw. die landesweite Hochschulaufnahmeprüfung sollte das Niveau anheben. Die Chinesische Akademie der Wissenschaften wurde reorganisiert und ein Siebenjahrplan für die wissenschaftliche Entwicklung beschlossen.

Deng Xiaoping, der nicht der Erfinder der Reformen war, sondern derjenige, der den jeweiligen positiven Ansätzen, die aus den Provinzen kamen, mit zäher Beharrlichkeit über viele Jahre zum Durchbruch verhalf, war harter Kritik ausgesetzt. Ihm wurde vorgeworfen, dass China den »kapitalistischen Weg« gehe. Sein Ausspruch »Lasst einige zuerst reich werden!« trug dazu bei.

Er war entschlossen, die Märkte auszuweiten und hatte persönlich keine ideologischen Einwände gegen private Unternehmen; er akzeptierte den Wettbewerb als treibende Kraft im Handel. Aber er zielte auch darauf ab, dass die Kommunistische Partei Chinas die Entwicklung fest unter Kontrolle hält, dass die Märkte beschränkt werden, um sicherzustellen, dass sie den Zielen der Allgemeinheit dienen, dass Kapitalisten davon abgehalten werden, die chinesische Politik zu dominieren, dass das öffentliche Eigentum an Grund und Boden erhalten wird, dass die Staatsbetriebe weiterhin eine wichtige Rolle spielen und die staatliche Wirtschaftsplanung erhalten wird. Deng sagte, dass China nicht kapitalistisch werden würde.[40]

Was wäre die Alternative gewesen? Am sowjetischen Modell festzuhalten und aus China ein weiteres Beispiel dafür zu machen, dass Sozialismus gleich »Mangelwirtschaft« ist? Die Lebensbedingungen in China weiter armselig zu halten und Unzufriedenheit und Revolten der Bevölkerung auszulösen? Man konnte nur nach neuen, unkonventionellen Wegen suchen und sich aus dem ideologischen Korsett einer engstirnigen Auslegung der klassischen marxistischen Literatur zur Frage der Übergangsgesellschaften und des Sozialismus befreien; Entwicklung und sozialistische Perspektive sollen *langfristig* zusammenführt werden. Deng erkannte – aus seinem pragmatischen Ansatz heraus – ganz richtig, dass ein halbfeudales, armes Land wie China nicht auf Knopfdruck die Entwicklung von zweihundert Jahren, die die kapitalistischen Länder des Westens hinter sich haben, überspringen und voluntaristisch eine Gesellschaft, in der es keine Ausbeutung mehr gibt und in der jeder nach seinen Bedürfnissen lebt, »deklarieren« kann. Auf dem Weg zu einem Sozialismus chinesischer Prägung[41] war und ist eine lange Phase einer vom Staat kontrollierten Marktwirtschaft unerlässlich. Nicht die Unternehmen und Konzerne diktieren dem Staat – wie in den westlichen Industriegesellschaften –, sondern der Staat gibt den Konzernen die Linie und die Politik im Interesse der gesamten Bevölkerung vor. Man müsse »von Stein zu Stein tastend den Fluss überqueren«, wie Deng Xiaoping sagte. Die Steine im Fluss waren die Experimente, die zum Beispiel in Guangdong oder Anhui initiiert wurden. Man sollte sich keine sozialistische

---

40   Vogel, a. a. O., S. 399.
41   Der Begriff (*Zhōngguó tèsè shèhuìzhǔyì* 中国特色社会主义) war 1984 von Deng Xiaoping eingeführt worden.

Gesellschaft vorstellen, in der Akzeptanz von Mangel die Voraussetzung war, um »Gleichheit« einführen zu können; Gleichheit kann nur durch Entwicklung und Überfluss entstehen, wenn sie nachhaltig sein soll. Die ökonomische Basis dafür muss stimmen.

Ob man es gut findet oder nicht: Ohne eine starke Kommunistische Partei wäre China im Chaos gelandet, wie jetzt Afghanistan, der Irak oder Libyen, wo »Demokratien« nach westlichem Muster installiert werden sollten, ohne dass die Bedingungen im Land dafür entwickelt und bereit waren. Aber vielleicht gibt es Staaten, die ein Interesse daran hatten und haben, China ins Chaos zu führen, zu zerteilen und sich seine Bodenschätze und Ressourcen anzueignen, so wie es mit der Zerteilung der Sowjetunion und ihrer Wirtschaft passiert ist, die – unter der Führung von angelernten Chicago-Boys – in Russland zu einer Privatisierung mit maßloser privater Bereicherung, Armut und Chaos geführt hat.

Deng Xiaoping hielt nicht viel vom sowjetischen Präsidenten Michail Gorbatschow. »Mein Vater«, sagte Dengs jüngerer Sohn Deng Zhifang einem amerikanischen Bekannten, »denkt, Gorbatschow ist ein Idiot.« Gorbatschow, erklärte sein Vater, machte sich daran, zuerst das politische System zu ändern. Das war eine fehlgeleitete Politik, denn »er wird nicht die Macht haben, die wirtschaftlichen Probleme zu lösen, und das Volk wird ihn absetzen«[42] – was auch tatsächlich geschah.

Technologische Sprünge und Ausbau der Infrastruktur

China ist heute der Welt größter Produzent auf Basis der Bruttowertschöpfung;[43] es hat 2006 Japan als den damals zweitgrößten Produzenten und 2010 die USA überholt.

Die digitale Wirtschaft treibt Wachstum und Entwicklung an. Die chinesische IT-Branche entwickelt sich rasant. Das Kommunikations-, Informations- und Bezahlsystem WeChat hat annähernd eine Milliarde aktive Nutzer. In fast allen Geschäften in China und zunehmend im asiatischen Ausland kann man mit der WeChat- oder der Alipay-App auf dem Handy

---

42 Vogel, a. a. O., S. 423.
43 Bruttowertschöpfung bezeichnet den Gesamtwert der im Produktionsprozess erzeugten Waren und Dienstleistungen abzüglich (importierter) Vorprodukte und Rohmaterialien.

bezahlen. Sina Weibo, das chinesische Pendant zu Twitter, hat mehr Nutzer als das US-amerikanische System und ist noch dazu profitabel.

Auf Basis von 750 Millionen Internet-Nutzern wurde eine boomende E-Commerce-Branche (Marktführer: Alibaba) aufgebaut, die zu einem Boom im Logistikbereich und zur Schaffung vieler neuer Jobs auch für schlechter ausgebildete Personen im Zustellbereich führte. Mit dem E-Commerce wurden nicht nur internationale und nationale Geschäftsmöglichkeiten für kleine, von wichtigen Märkten weit entfernte Unternehmen geschaffen, sondern auch von jedem kleinen Provinzdorf aus ist es möglich, Waren zu bestellen und sich liefern zu lassen.

»China verfügt über bemerkenswerte wissenschaftliche und technologische Errungenschaften in einer Vielzahl von Bereichen, darunter 3D-Druck, Nanotechnologie und Robotik«, schreibt die OECD in ihrem *Economic Survey 2017*.[44] Das sind drei Bereiche, die für Produktivitäts- und Qualitätssteigerung in der Industrie und für neue Produkte stehen.

In Europa weiß inzwischen jeder, dass die meisten Handys in China produziert werden, auch jene von Apple. Handys chinesischer Unternehmen wie Huawei, ZTE, Oppo und Xiaomi erobern den Weltmarkt.

China schaffte es, vor Europa ein funktionierendes Satellitennavigationssystem auf die Beine zu stellen, nämlich Beidou. Beidou deckt derzeit Asien (in China mit einer Ortungsgenauigkeit von einem Zentimeter) und Teile des Pazifiks ab; ab 2020 wird es auch Europa abdecken. Samsung-Handys und neuere chinesische Handys haben bereits Beidou-Empfänger integriert.

Die erfolgreiche chinesische Raumfahrt wird in den westlichen Medien kaum erwähnt. Bisher ohne Rückschläge wurden Menschen ins All geschickt, eine Weltraumstation wird aufgebaut, die Reise zum Mond systematisch vorbereitet.

China treibt – teils in Kooperation mit Russland – die Entwicklung und Produktion von Mittel- und Langstreckenjets voran. Die ersten Testflüge des chinesischen Mittelstreckenjets C919 des Herstellers Comac haben nach acht Jahren Entwicklungszeit stattgefunden. Diese neuen Passagierflugzeuge stellen eine große Herausforderung für Boeing und Airbus dar.

China ist der Weltmeister im Infrastrukturausbau. Nach einer Studie des McKinsey Global Institute hat China von 1992 bis 2013 durchschnittlich

8,6 % des BIP in Infrastruktur investiert, mehr als Nordamerika und die EU zusammen (5 %).[45]

Das Hochgeschwindigkeits-Bahnnetz in China wurde rapide ausgebaut und bedient mit einer Streckenlänge von ca. 20 000 Kilometern 28 der 33 Provinzen und Autonomen Gebiete. Bis 2025 soll die Streckenlänge auf 38 000 Kilometer ausgebaut werden. In fast allen Städten wurden U-Bahnlinien gebaut oder erweitert.

Alle Städte sind über Autobahnen erreichbar; das Autobahnnetzwerk wächst um 20 % im Jahr. Auch kleine Straßen auf dem Land wurden mit jährlichen Investitionssteigerungsraten bis zu 50 % ausgebaut; Flughäfen folgen. Bis 2020 wird es in China fast 250 Flughäfen geben. Alle Chinesen profitieren vom Ausbau der Elektrizitäts- und Telekommunikationsnetze.

Die Entwicklung der Infrastruktur hat zwei Hintergründe. Erstens ist eine gute Infrastruktur an Straßen, Bahnen, Strom, Telekommunikation eine wichtige Voraussetzung für die allgemeine wirtschaftliche Entwicklung, für Handel und Mobilität von Arbeitskräften und Geschäftsleuten. Zweitens wurden zur Abfederung von Krisen nach keynesianischem Muster staatliche Infrastrukturinvestitionen eingesetzt, um Arbeitsplätze vor allem für schlechter Ausgebildete, oft vom Land kommende Bauern, zu schaffen und diesen Menschen auch höhere Verdienstmöglichkeiten in der Industrie zu verschaffen. Im Laufe der Krise 2007–2009 wurde ein Wirtschaftsstimulationspaket von 586 Milliarden US-Dollar umgesetzt. Die Investitionen waren und sind durch eine sehr hohe Sparrate der chinesischen Privathaushalte und Unternehmen möglich.

China noch immer Entwicklungsland

Bei allen erreichten Fortschritten ist China noch immer offiziell und de facto ein Entwicklungs- oder Schwellenland und nicht mit den fortgeschrittenen Industriestaaten gleichzusetzen. Wenn man Vergleiche betreffend Lebensstandard, Gesundheitswesen und Löhne anstellen möchte, ist es nicht zielführend, China mit westlichen Industriestaaten zu vergleichen, die seit mehr als hundert Jahren an der Entwicklung ihrer Wirtschaftssysteme arbeiten. China ist fairerweise mit Brasilien, Indien oder Ländern dieser Entwicklungsstufe zu vergleichen. So beträgt das BIP pro Kopf auf Basis

45   McKinsey Global Institute, *Bridging Global Infrastructure Gaps*, Juni 2016.

der Kaufkraftparität 2016 in China schätzungsweise 15 400 US-Dollar, in Deutschland 48 110 US-Dollar und in den USA 57 400 US-Dollar. Es wird noch viele Jahre dauern, diesen Rückstand aufzuholen.

Die Wirtschaft in den entwickelten Industriestaaten ist wesentlich produktiver als in China. Das Automatisationsniveau chinesischer Fabriken ist noch sehr gering. Chinesische Unternehmen verwenden durchschnittlich 19 Roboter pro 10 000 Industriebeschäftigten, dazu im Vergleich Südkorea 531, Deutschland 301 und die USA 176.[46] Aber China holt auf. Nach Angaben der International Federation of Robotics (IFR)[47] hat China 2015 seine Führungsposition als größter Industrierobotermarkt deutlich ausgebaut und hält 2015 bei einem Weltmarktanteil von 27 % des gesamten Verkaufes. Chinesische Unternehmen kaufen 2016 schätzungsweise 90 000 Industrieroboter, fast doppelt so viele wie alle europäischen Firmen zusammen. Diese Entwicklung wird durch die stark gestiegenen Personalkosten beschleunigt.

Aktuelle Reformen in einer neuen Entwicklungsphase

In welche Richtung wird sich Chinas Wirtschaft und Gesellschaft in den nächsten Jahren und Jahrzehnten entwickeln?

Eine Phase des langsameren aber nachhaltigeren und stabileren Wachstums hat begonnen, eine sogenannte »neue Normalität«. Die hohen BIP-Wachstumsraten sind nicht mehr erreichbar; man rechnet mit durchschnittlich immerhin 6,5 % Wachstum pro Jahr.

Es gibt Probleme, Reformen im wirtschaftlichen Bereich effizient umzusetzen. Auf dem 19. Parteitag der Kommunistischen Chinas im Oktober 2017[48] und auf der ersten Sitzung des 13. Nationalen Volkskongresses im März 2018 wurden neue historische wirtschaftliche und soziale Reformpa-

---

46   *Made in China 2025: The making of a high-tech superpower and consequences for industrial countries*, Mercator Institute for Chinese Studies (Merics), 2016.

47   www.ifr.org

48   Details siehe Xi Jinping: *Den entscheidenden Sieg bei der umfassenden Vollendung des Aufbaus einer Gesellschaft mit bescheidenem Wohlstand erringen und um große Siege des Sozialismus chinesischer Prägung im neuen Zeitalter kämpfen – Bericht auf dem XIX. Parteitag der Kommunistischen Partei Chinas* (18. Oktober 2017), http:// docs.dpaq.de/12860-rede_xi_Jinping_19._parteitag_parteikongress_1_.pdf; siehe auch eine detaillierte Analyse und Kommentar von Wilhelm Reichmann in: *International, Zeitschrift für internationale Politik* IV/2017.

kete verabschiedet, die neben inhaltlichen Zielen auch eine Verbesserung der Strukturen und Prozesse in Partei und Staat beinhalten, um die inhaltlichen Veränderungen rascher durchführen zu können.

Die neuen Beschlüsse beinhalten ein Abrücken vom bisherigen Wirtschaftsmodell der quantitativen Zielsetzungen hin zu zu qualitativen. »Qualität vor Quantität«, eigenständige Innovation und Leistungsfähigkeit sollen der treibende Wirtschaftsmotor für eine modernisierte Wirtschaft werden. Die im Westen oft als reine Nachahmer und Trittbrettfahrer unterschätzte chinesische Industrie verbessert ihre Produktpalette und geht von der Produktion von billigen zur Produktion von höherwertigen Produkten über. Die Industriebranchen sollen in mittlere und obere Stufen der globalen Wertschöpfungsketten aufrücken. Im 13. Fünfjahrplan, der die Periode von 2016 bis 2020 abdeckt, sind die Vorhaben in den verschiedenen Bereichen detailliert beschrieben.[49]

Die Entwicklung der Landwirtschaft und der ländlichen Gebiete ist ein weiterer wichtiger Schlüssel zur Erreichung eines höheren Einkommens, da sie nach wie vor einen großen Bevölkerungsanteil betrifft. Neue Strukturen und Mechanismen für die integrierte Entwicklung von Stadt und Land, die Modernisierung der Landwirtschaft und der ländlichen Gebiete sowie neue Bewirtschaftungsformen sollen einen Schub für ein besseres Leben auf dem Land bringen.

Weitere Reformen gelten der stärkeren Fokussierung der staatlichen Geschäftsbanken auf die Finanzierung der »echten« Realwirtschaft statt des Immobiliensektors, des öffentlichen Bereichs (Provinzen, Städte, usw.) und des Ankaufs von Wertpapieren – sowie einer stärkeren Öffnung für ausländische Investitionen.[50]

Trotz aller angekündigter Veränderungen fand im Westen nur die Stärkung der Rolle des Parteivorsitzenden und Präsidenten Xi Jinping und die Betonung der führenden Rolle der Kommunistischen Partei besondere Beachtung. Die Wahrheit ist konkret und einfach. Wenn man sich die Entwicklung der letzten Jahre ansieht, ist der Fortschritt beim

---

49   The 13th Five-Year Plan for Economic and Social Development of the People's Republic of China (2016–2020), *Central Compilation and Translation Press / National Develpment and Reform Commission*, http://en.ndrc.gov.cn/newsrelease/201612/ P020161207645765233498.pdf

50   Auf Basis der Erfahrungen der Freihandelszone in Shanghai werden weitere sieben Pilotzonen definiert.

Bürokratieabbau, der wirtschaftlichen Öffnung und auch bei der angebotsseitigen Reform zu langsam vorangegangen. Warum? Gegen die Beschlüsse der Zentralregierung gab und gibt es Widerstände derer, die diese Reformen durchführen müssen bzw. davon betroffen sind. »Die Zentralregierung ist im Himmel, die Provinzregierung auf der Erde«, lautet ein chinesisches Sprichwort. Die Reformen werden in Beijing beschlossen und vor Ort, in Provinzen und Städten, müssen sie umgesetzt werden. Aber die westliche Vorstellung, dass in Beijing etwas beschlossen und dies dann im ganzen Land umgesetzt wird, ist vorurteilsgeprägt und zeugt von einem Unverständnis für die Größe und Komplexität des Landes. Ein Beispiel: Betriebsschließungen aufgrund von Überproduktion erzeugen weniger Steuereinnahmen auf lokaler Ebene und unzufriedene Arbeiter vor Ort. So gibt es Orte, an denen zentrale Beschlüsse schleppend oder gar nicht umgesetzt werden, an denen die Widerstände groß sind. Diese Reformen sind aber im gesamtstaatlichen Interesse unbedingt notwendig und wurden auch lange diskutiert. Die Zentralregierung kann in den Provinzen nur überzeugen, indem sie klar macht, dass die Zentrale in Beijing kompetent ist, weiß, wo es langgeht, und dass Disziplin und Verantwortlichkeit der Behörden »draußen« von großer Bedeutung sind. Bei der Hervorhebung der besonderen Rolle Xi Jinpings geht es also nicht um »Personenkult« und »Machtzementierung«, sondern um die Steigerung des Vertrauens in die zentrale Führung sowie um Disziplin, Effizienz und Verantwortung bei der Umsetzung von Beschlüssen.

Soziale und gesellschaftliche Ziele

Ausgehend davon, dass der Mensch im Mittelpunkt der politischen und wirtschaftlichen Tätigkeit stehen soll, wurden auf dem 19. Parteitag und auf dem 13. Nationalen Volkskongress wichtige Weichenstellungen vorgenommen.

Eine davon besteht in der Verbesserung des Einkommens durch regelmäßige Steigerung, parallel zur Steigerung der Arbeitsproduktivität, die Beschränkung zu hoher Einkommen sowie einer gerechteren Verteilung. Auch die Systeme der sozialen Absicherung, der Krankenkassen und der Altersvorsorge sollen weiter verbessert werden. Besonders betont wird der verstärkte Wohnungsbau durch öffentliche Anbieter und der Standpunkt, dass Wohnhäuser zum Wohnen da sind und nicht zur Spekulation. Die

Beseitigung der restlichen Armut im Lande findet natürlich auch entsprechende Erwähnung.

Die sozialen Zielsetzungen Chinas sind durchaus vergleichbar mit den Sozialstaatsentwicklungen Westeuropas. Man muss immer bedenken, dass die Umsetzung von Sozialleistungen für 1,4 Milliarden Menschen in einem Entwicklungsland viele Jahre dauert, also Geduld erfordert.

Priorität wird außerdem der Verbesserung des Bildungswesens auf allen Ebenen gegeben, von der Vorschulbildung bis zu Weltklasseuniversitäten. Zur Höherqualifizierung der jungen Leute wurde auch der Ausbau des Schulsystems durch die Verbindung von Produktion und Lehre betont.

Die vor einigen Jahren erfolgte Kehrtwendung Richtung Umweltschutz wurde erneut bekräftigt. Nachhaltige Entwicklung, Lösung der hervorstechendsten Umweltprobleme mit aller Kraft, besserer Schutz des Ökosystems, Reform der Umweltbehörden und -auflagen und Entwicklung eines neuen Modells der Modernisierung in Einklang mit der Natur machen die neue Richtung »Qualität vor Quantität« deutlich.

Ein weiteres wichtiges Ziel besteht im Aufbau eines Rechtsstaates, d. h. die Stärkung des Rechtssystems, den Aufbau bzw. die Verbesserung einer staatlichen Verwaltung und Regierungsführung auf gesetzlicher Grundlage sowie die Hebung des allgemeinen rechtsstaatlichen Bewusstseins. Damit verbunden ist auch der kompromisslose Kampf gegen Korruption.[51] Dabei wird auch festgehalten, dass es verboten ist, Gesetze durch Anweisungen zu ersetzen und Amtsbefugnisse über Rechte zu stellen.

Bezüglich individueller demokratischer Rechte wird festgehalten, dass das Recht der Bürger auf Informationszugang, Beteiligung, Meinungsäußerung und Kontrolle zu gewährleisten ist und die geordnete Beteiligung des Volkes an der Politik erweitert werden soll. Aber eines muss man klar betonen: China wird keine westlichen politischen Systeme kopieren und einführen, sondern das eigene System in den nächsten Jahren und Jahrzehnten weiterentwickeln.

---

51   Seit einigen Jahren sind rigorose Kontroll- und Strafmaßnahmen gegen Korruption im Laufen, die weder die »Tiger« (die großen Persönlichkeiten) noch die »Fliegen« (die kleinen Fische) verschonen. Seit Beginn der großen Kampagnen 2012 wurden bis 2014 fast 200 000 Beamte bestraft.

Angebotsseitige Strukturreformen

Durch den Einsatz von 586 Milliarden US-Dollar für ein wirtschaftliches Stimulierungspaket und ein Kapitalkontrollregelwerk hat China die große globale Wirtschafts- und Finanzkrise der Jahre 2008 und folgende gut überstanden. Es haben sich aber in den letzten Jahren Instabilitäten (überhitzte Investitionen, exzessive Kreditaufnahmen und Liquidität) und ungleichmäßige Entwicklungen (zwischen Stadt und Land, zwischen verschiedenen Regionen, zwischen Investitionen und Konsum) gezeigt. Angebotsseitige Reformen, die eine Anpassung der Branchenstrukturen bzw. der Produktionsmengen an veränderte Nachfragestrukturen (es gibt einfach eine große Überproduktionskrise) bringen, sind der schmerzhafteste Teil der Reformen. Vor allem staatseigene Betriebe[52] im Stahl- und Aluminiumbereich haben aufgrund der früheren großen Nachfrage in China große Überkapazitäten aufgebaut und schreiben Verluste. Es geht um ca. 2000 Betriebe, die weniger als 5 % der staatlichen Unternehmenswerte darstellen.

Diese »Zombie-Betriebe«[53] erzeugten auch großen internationalen Druck. Chinesische Unternehmen werden beschuldigt, ihre Produkte zu Dumpingpreisen auf den Weltmarkt zu bringen.[54] Das betrifft sehr stark die Region im Nordosten Chinas, die »alte« Industrieregion.

Von der (meist staatlichen) chinesischen Eisen- und Stahlkapazität von 1,2 Milliarden Tonnen wurden 2016 800 Millionen Tonnen in China verbraucht. Die Produktion wurde seit 2013 um 170 Millionen Tonnen gedrosselt; seit 2013 wurden Kohlengruben mit einer Kapazität von 800 Millionen Tonnen stillgelegt; von beiden Maßnahmen sind mehr als eine Million Arbeiter betroffen. Zudem wurden auch Betriebe oder Betriebsteile mit unrentablen und nicht zukunftssicheren Produkten stillgelegt; rund eine halbe Million Arbeiter mussten in anderen Stellen untergebracht werden. Schätzungen sprechen davon, dass es letztlich bis zu sechs Millionen werden

---

52   Entgegen der landläufigen Ansicht sind nur ca. 50 % der 500 größten Produktionsbetriebe staatlich, siehe Wayne M. Morrison, a. a. O.

53   Als »Zombie-Betriebe« werden Unternehmen bezeichnet, die drei Jahre hintereinander Verluste einfahren.

54   Die chinesischen Stahlexporte sind 2017 um 30 % gesunken, im Januar 2018 um 36 %. Die Zeit der chinesischen Spitzenexporte ist vorbei. Andy Home: Chinese steel flood is ebbing just as trade war looms, *Reuters*, 2. März 2018, https://www.reuters.com/article/us-steel-trade-ahome/chinese-steel-flood-is-ebbing-just-as-trade-war-looms-andy-home-idUSKCN1GD5P2

können.[55] Von zentraler Seite ist ein Fonds von 15 Milliarden US-Dollar für Lohnfortzahlungen für die Arbeiter sowie für Umschulungsmaßnahmen vorgesehen, und die Provinzen sollen diesen Betrag aufstocken.

Die angebotsseitigen Reformen werden durch eine weitere Verstärkung der Rolle und der Effizienz des Marktes ergänzt, weg von investitions- und exportgetriebenem Wachstum hin zu einem Wachstum, das von heimischem Konsum getrieben ist. Dynamische Unternehmen in privater und in staatlicher Hand sollen Hand in Hand mit einer soliden makroökonomischen Steuerung und Regulierung gehen.

Öffentliches Eigentum und staatliche Makrosteuerung bleiben dominant

Der Anteil öffentlicher Betriebe wird im Westen oft überschätzt. Der private Sektor trägt 60 % zum BIP bei und stellt 80 % der Arbeitsplätze, also wesentlich mehr als der staatliche Sektor. Unter Kontrolle der Zentralregierung sind nur mehr 97 Unternehmen; andere öffentliche Betriebe sind im Eigentum von Provinzen und Städten.

Derzeit werden Pilotprojekte für öffentlich-private Partnerschaften durchgeführt. Staatsbetriebe werden je nach Bedeutung in »kommerzielle«, »strategisch wichtige« und »öffentliche Dienstleistungen erfüllende« unterteilt. Die kommerziellen Staatsunternehmen sollen rein wirtschaftlich orientiert agieren; die öffentliche Dienstleistungen erfüllenden (Infrastruktur, Wasser, etc.) können nicht rein marktorientiert geführt werden und erhalten Zuschüsse. Die strategischen Unternehmen sind entweder militärisch wichtig oder Schwerpunkte der Industriepolitik, in die Investitionen fließen. Aber das öffentliche Eigentum wird die führende Rolle behalten: »Wir werden sicherstellen, dass das öffentliche Eigentum eine dominierende Rolle hat und dass sich Wirtschaftseinheiten verschiedener Eigentumsformen nebeneinander entwickeln«, heißt es im 13. Fünfjahrplan.[56]

Die Existenz und Rolle der staatlichen Unternehmen in China ist den westlichen Neoliberalen und Hajek-Schülern ein besonderer Dorn im Auge. Nachdem es gelungen war, in der Sowjetunion und in Osteuropa die

55   China provinces rail against Beijing plan to tackle overcapacity, *Financial Times*, 10. März 2016, https://www.ft.com/content/b81bf434-e68f-11e5-bc31-138df2ae9ee6?mhq5j=e1
56   13. Fünfjahrplan, a. a. O.

Filetstücke der Wirtschaft durch gedankenlose Privatisierungen zu geringen Preisen lokalen Magnaten oder dem internationalen Kapital zu übergeben, hoffte und hofft man, dass das in China ebenso gelingt. Der Staat wird aber die Kontrolle über die Kommandohöhen der Wirtschaft aus grundsätzlichen politischen Erwägungen nicht aufgeben.

Von »Made in China« zu »Innovated in China«

Eine neue weltweite technische Revolution hat begonnen. Die Computerisierung, Vernetzung intelligenter Maschinen, 5G-Datennetze, Cloud Computing, Big Data sowie Robotertechnik werden einen grundlegenden Wandel in der industriellen Produktion, in der Verwaltung und im privaten Bereich mit sich bringen. Bekannt wurde dies unter den Schlagwörtern »Smart Manufacturing«, »Industrial Internet« oder »Industry 4.0«.

China kann in vielen technologischen Bereichen noch immer nicht mit den Weltmarktführern Europa, USA und Japan Schritt halten. Dieser neue Technologiesprung ist ein Ansporn für China, gleich ins Modernste, ins »Smart Manufacturing« zu springen sowie neueste Technologien zu erfinden und anzuwenden. Dieser Sprung ergibt sich als notwendiger Entwicklungsschritt, den alle Länder durchlaufen, von einfachen zu höherwertigen Produkten, aber auch durch den Rationalisierungsdruck aufgrund der stark gestiegenen Löhne in China. Er ergibt sich zwangsläufig aus der internen Entwicklung.

China betreibt zu diesem Zweck eine mit großen finanziellen Mitteln ausgestattete Industriepolitik, die in dem auf zehn Jahre ausgelegten Projekt »Made in China 2025« gebündelt wurde.[57] Die von vielen als Überbleibsel einer vergangenen Zeit gescholtenen Staatsunternehmen sind Schlüsselakteure in der ambitionierten landesweiten Industriepolitik, vergleichbar mit den japanischen und südkoreanischen Strategien der 1960er bis 1980er Jahre.

Die Ängste vor der technologischen Übermacht Chinas werden vom deutschen Merics-Institut relativiert. Es schätzt, dass in dieser kurzen Zeit eine auch über Mittelbetriebe breit gestreute Ausweitung des »Smart Manufacturing« nicht möglich sein wird. Man rechnet aber damit, dass Avantgarde-Firmen in einigen Produktionsbereichen (z. B. Autoindustrie, Flugzeugindustrie, Haushaltsgeräte) sowie die Technologieanbieter im

---

57   Mittel stehen auch ausländischen Unternehmen in China offen, die sich an Projekten beteiligen.

»Smart Manufacturing« (Roboter, Software, Radio Frequency Identification) Technologie und Produktion bieten können.[58]

Die Schlüsseltechnologien, die von dem Projekt »Made in China 2025« angepeilt werden, sind:

- neue Generation der Informationstechnologie
- hochentwickelte computergesteuerte Maschinen und Roboter
- Luft- und Raumfahrt
- maritime Ausrüstung und Hightech-Schiffe
- moderne Eisenbahntransportausrüstung
- neue Energien und energiesparende Fahrzeuge
- Energieanlagen
- Landmaschinen
- neue Materialien
- Biopharma und Hightech-Medizingeräte

Besondere Bedeutung erlangt die durch in Regierungsrichtlinien 2017 hervorgehobene künstliche Intelligenz (KI). China möchte eine führende Rolle in der Forschung und Entwicklung von KI und in der praktischen Anwendung in den Bereichen Gesundheitswesen, Produktion und Finanzsektor einnehmen. Zu diesen Themen werden vier nationale KI-Innovationsplattformen gegründet, jede geführt von einem der großen IT-Unternehmen.

Bis 2020 soll eine intelligente Internet-vernetzte Autoindustrie aufgebaut werden, verbunden mit einem großen Durchbruch bei Plattformen für selbstfahrende Autos.[59]

Ergänzend ist auch die Implementierung der Internet-Plus-Strategie vorgesehen, einem von IT-Unternehmen entwickelten Plan, der von der Regierung aufgegriffen wurde.[60] Bei diesem Konzept geht es um den Einsatz von Informationstechnologie in Bereichen, die über das »normale« Internet hinausgehen, nämlich in Gesundheit, Finanzwesen, Bildung und Transport.

---

58 Merics, a. a. O.
59 Ma Si: Key AI guidelines unveiled, *The State Council of the People's Republic of China*, 15. Dezember 2017, http://english.gov.cn/state_council/ministries/2017/12/15/content_281475977265006.htm
60 Federführend ist Ma Huateng, der Geschäftsführer des Internet-Giganten Tencent.

Zu »Made in China 2025« gibt es eine Kooperation mit Deutschland (Industry 4.0), die in den kommenden Jahren ein großes Geschäft für ausländische Technologielieferanten zu werden verspricht.

Wird »Made in China 2025« ein technologischer Sprung und Erfolg werden? China hat in den letzten vierzig Jahren eine Industriepolitik bewiesen, die sehr gut im Experimentieren mit neuen Business-Modellen und neuen Technologien ist. Neue Ansätze werden meist in »Demonstrationszonen« und Pilotprojekten getestet. Diese Projekte dienen später als Vorbild für die landesweite Einführung neuer Technologien. Das Ministerium für Industrie und Informationstechnologie hat 2015 und 2016 mehr als zweihundert Projekte im Bereich Smart Manufacturing initiiert.[61] Anfang 2018 wurden fünf nationale Innovationszentren eingerichtet und 48 auf Provinzebene.

Wachstumsstrategie Seidenstraßen-Initiative

Als Seide das wichtigste Handelsprodukt Chinas war, prägte der deutsche Geograf Ferdinand von Richthofen im Jahr 1877 den Begriff »Seidenstraße« für die alten Karawanenwege von China nach Westen. Es handelte sich dabei nie um eine einzige »Straße«, sondern um eine Reihe von Routen, die Handel und kulturelle Beziehungen zwischen China, Indien, Persien, Arabien, Griechenland, Italien und anderen europäischen Ländern ermöglichten. Die alte Seidenstraße erreichte ihren Höhepunkt während der chinesischen Tang-Dynastie (618–907); nach dem Zerfall dieser waren die politischen Verhältnisse entlang der Seidenstraße zu fragmentiert, um sicheren Handel zu ermöglichen. Der Seeweg für Seide und andere Produkte wurde schließlich im 15. Jahrhundert mit dem Aufschwung des Osmanischen Reichs unterbrochen.

Die Seidenstraßenvorhaben haben in China eine außergewöhnliche strategische Bedeutung.[62] Die »Neue Seidenstraße«[63] ist eine gigantische

---

61   Merics, a. a. O.

62   Es ist eines von drei großen Entwicklungsvorhaben, die anderen sind die koordinierte Entwicklung des Gebietes Beijing–Tianjin–Hebei sowie die Yangzi-Wirtschaftsgürtel-Initiative.

63   Offizielle chinesische Bezeichnung: *yī dài yī lù* 一带一路, »Ein Gürtel und eine Straße« (als Abkürzung für »Wirtschaftsgürtel Neue Seidenstraße und Maritime Seidenstraße des 21. Jahrhunderts«).

Entwicklungsstrategie, die 2013 von China begonnen wurde,[64] ein Vorhaben vergleichbar dem Marshall-Plan in Europa nach dem Zweiten Weltkrieg.[65] Sie ist mehr als ein klar abgrenzbares Projekt, eher eine weitreichende Vision, die ungefähr 4,4 Milliarden Menschen in mehr als sechzig Ländern in Asien, Europa und Afrika erreichen soll. Angestrebt wird eine Kooperation zum allseitigen Vorteil, die Förderung der wirtschaftlichen Zusammenarbeit, der gesellschaftlichen Entwicklung und Sicherheit entlang der Verbindung Chinas mit Südostasien, Zentralasien, Westasien, Südasien, Europa, Afrika und Lateinamerika über den »Wirtschaftsgürtel Neue Seidenstraße« (sieben Wirtschaftskorridore, über Land)[66] sowie die »Maritime Seidenstraße des 21. Jahrhunderts« (zwei Äste, übers Meer)[67].

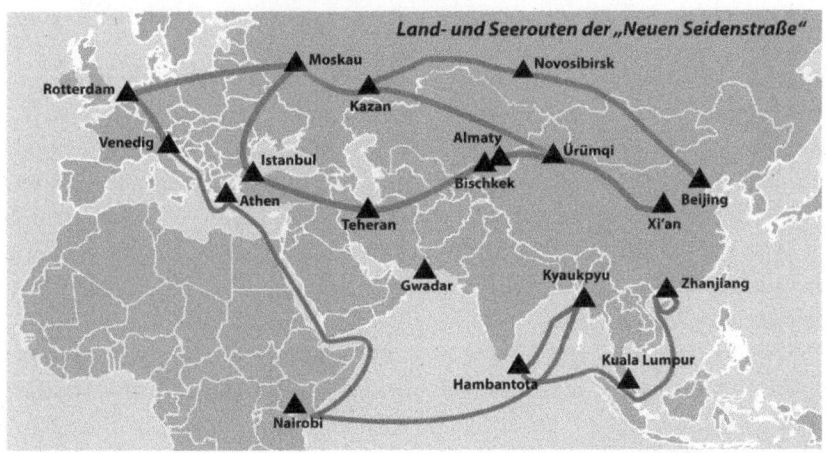

Land- und Seerouten der „Neuen Seidenstraße"

Copyright © Promedia-Verlag, Wien

64 Rahmenplan und Zielsetzungen sind auf der Website der chinesischen Nationalen Entwicklungs- und Reformkommission (NDRC) in einem interministeriellen Dokument klar dargestellt: Vision and Actions on Jointly Building Silk Road Economic Belt and 21st-Century Maritime Silk Road, *National Development an Reform Commission*, 28. März 2015, http://en.ndrc.gov.cn/newsrelease/201503/t20150330_669367.html

65 Die Seidenstraßen-Initiative unterscheidet sich vom US-amerikanischen Marshall-Plan dadurch, dass kein Land ausgeschlossen ist.

66 Details siehe: Robert Fitzthum: Die neue Seidenstraße – das größte Investitionsprogramm der Welt, *International, Zeitschrift für internationale Politik* 11/2017.

67 Details siehe: Robert Fitzthum, a. a. O.

Anfang 2018 kündigte Beijing an, in Kooperation mit Russland und skandi-
navischen Ländern auch eine »Polarroute« entwickeln zu wollen, was durch
die Klimaerwärmung möglich werden könnte.

Obwohl am Beginn die Schaffung der infrastrukturellen Basis im Vordergrund steht, tritt dieser Aspekt mittel- und langfristig zurück, und es geht
um die Entwicklung des erweiterten »täglichen Geschäfts« auf Grundlage
der vorher gelegten infrastrukturellen Schienen.

Das alles soll durch politische Abstimmung zwischen den Ländern,
Schaffung von Infrastrukturverbindungen, (möglichst) freiem Handel,
Finanzintegration und Verstärkung der Beziehungen zwischen den Menschen erreicht werden. Dadurch soll es auch leichter möglich sein, vorhandene territoriale Streitigkeiten zwischen den Ländern zu bereinigen oder
zumindest auf Eis zu legen.

China hat bis Ende 2017 mit 80 Ländern Seidenstraßen-Kooperations-
vereinbarungen geschlossen, 75 Wirtschafts- und Handelskooperationszo-
nen in 24 Ländern aufgebaut und über 50 Milliarden US-Dollar investiert.
Zwei große Projekte ragen derzeit heraus: der Wirtschaftskorridor China–
Pakistan (CPEC; Endausbaustufe 2030)[68] und der Lamu-Verkehrskorridor
(LAPSSET), der die Hafenstadt Lamu in Kenia über den Südsudan mit
Äthiopien verbinden soll. Allein diese beiden Projekte werden ca. 80 Mil-
liarden US-Dollar kosten.

Dieser große Projektrahmen wird von China und anderen Investoren
mit riesigen finanziellen Beiträgen ermöglicht. Die Asian Infrastructure
Investment Bank (AIIB), an der auch westeuropäische Staaten beteiligt sind,
ist mit 100 Milliarden US-Dollar ausgestattet, der chinesische Seidenstra-
ßenfonds mit 40 Milliarden US-Dollar. Der von privater Seite ins Leben
gerufene Energy Development Fund hat vor, mit staatlicher Unterstützung
mehr als 20 Milliarden US-Dollar verfügbar zu machen. Der China–ASEAN
Investment Cooperation Fund hat ein Kapital von ca. einer Milliarde US-
Dollar für Projekte in Südostasien zur Verfügung. Auch die 2015 gegründete
New Development Bank BRICS wird Seidenstraßen-Investitionsprojekte in
BRICS-Ländern fördern; das Startkapital der Bank beträgt 50 Milliarden US-
Dollar. Auch der chinesische Staatsfonds China Investment Corporation

---

68   In der pakistanischen Hafenstadt Gwadar rechnet man mit 40 000 neuen Ar-
     beitsplätzen und weiteren zehntausenden durch die Entwicklung des gesamten
     Wirtschaftskorridors bis zur chinesischen Grenze.

(CIC) schießt Gelder von seinen ca. 746 Milliarden US-Dollar zu, die verstärkt in Veranlagungen investiert werden sollen, die ertragreicher als US-amerikanische Staatsanleihen sind. Der Investment Cooperation Fund China–Central Eastern Europe hat 3 Milliarden US-Dollar zur Verfügung.

Durch die Mitgliedschaft Chinas bei der Europäischen Bank für Wiederaufbau und Entwicklung (EBRD), der verstärkten Zusammenarbeit zwischen China und der Europäischen Investitionsbank (EIB) und der finanziellen Beteiligung Chinas am Juncker-Investitionsplan wird auch von dieser Seite Investitionskapital in die Neue Seidenstraße fließen. Die westlichen Privatbanken Citigroup, HSBC und Standard Chartered nehmen ebenfalls an Finanzierungen teil.

Chinas Ziele

Was sind Chinas Ziele, und warum hat China ein derart umfassendes strategisches Programm gestartet?

Beijing hat durch seine gigantische Infrastrukturentwicklung der letzten Jahrzehnte Kapazitäten und Know-how aufgebaut, die den Infrastrukturbedarf in Asien, Afrika und teilweise auch in Europa ausgezeichnet abdecken können. Außerdem hat China auch die finanziellen Mittel und den wirtschaftspolitischen Willen, günstigste Finanzierungen für Großprojekte bereitzustellen und Projekte auch realisierbar zu machen.

Für China ist auch die Diversifizierung der Exportziele von Bedeutung, vor allem die Reduktion der Abhängigkeit von Exporten in die USA. 2018 gehen ca. 20 % der chinesischen Exporte dorthin.

Die landläufige Befürchtung in Europa, dass die Seidenstraßen-Initiative genutzt wird, um die Überproduktion subventionierter chinesischer Staatsbetriebe abzusetzen, hält der Realität im Großen und Ganzen nicht stand. Der Exportanteil der staatseigenen Unternehmen am chinesischen Export beträgt nur 11 %, der der chinesischen Privatbetriebe fast 50 %; der Exportanteil der ausländischen Investoren (FIE) beträgt ca. 40 %.[69] Wirtschaftliche

---

69 January 2017 China's foreign trade import and export growth, *Longtemp*, 13. Februar 2017, http://www.longtemp.com/january-2017-chinas-foreign-trade-import-and-export-growth/. Ende 2015 gab es ca. 19 Millionen Privatbetriebe in China.

Möglichkeiten durch verbesserte, schnellere Verkehrsverbindungen[70] bzw. bessere Exportmöglichkeiten kommen also zu 90 % privaten Unternehmen und auch ausländischen Betrieben zugute.

Energieversorgung und Sicherung der Transportrouten

China strebt im Rahmen der Seidenstraßen-Initiative die Diversifizierung der Energieversorgung und die Sicherung der Transportrouten im Import und Export an.

Im Falle einer Sperre der Seehandelsrouten nach Europa, in den Nahen Osten und nach Afrika wären viele exportorientierte Privatbetriebe in China innerhalb weniger Monate ruiniert. Eine solche Sperre hätte auch gravierende Auswirkungen auf exportorientierte ausländische Unternehmen, z. B. im Technologiebereich. Außerdem ist China ist seit 2017 der größte Rohölimporteur der Welt. Es ist in der Öl- und Gasversorgung vom Ausland abhängig, besonders von Ländern in Afrika[71] und im Mittleren Osten[72]. Während China einerseits bereits Rohstoffquellen durch Kriege westlicher Staaten oder durch vom Westen unterstützte Kriege abhandengekommen sind (Libyen, Jemen), sind die bestehenden Versorgungsrouten durch Meerengen[73] aufgrund der Oberhoheit der USA auf den Weltmeeren im Konfliktfall gefährdet. Deshalb ist ein Schwerpunkt der Ausbau der Öl- und Gasversorgung durch Länder in Eurasien: Kasachstan, Turkmenistan und Russland.

Als kleinräumige Alternative und Ergänzung zum Suezkanal[74] ist in Kooperation mit Israel die 350 Kilometer lange »Red-Med Railway« von Eilat am Roten Meer bis nach Aschdod am Mittelmeer geplant. Zur weiträumigen Umgehung des Bab al-Mandab für Erdöllieferungen aus dem

---

70   Der US-amerikanische IT-Gerätehersteller Hewlett-Packard (HP) nutzt bereits neue See- und Landwege zur Lieferung in China erzeugter Geräte nach Europa.

71   Rund ein Drittel der chinesischen Ölimporte kommt aus Ländern Afrikas südlich der Sahara, nämlich Äquatorialguinea, Angola, Nigeria und Sudan.

72   Iran, Saudi-Arabien, Irak und Katar.

73   Suezkanal: Exporte und Importe nach und von Europa; Bab al-Mandab: zwischen Dschibuti und Jemen – 50 % der chinesischen Öllieferungen passieren diese Meerenge; Straße von Hormus: zwischen Iran und Vereinigten Arabischen Emiraten; und vor allem die Straße von Malakka, durch die 80 % der chinesischen Öllieferungen importiert werden.

74   China hat eine Minderheitsbeteiligung am Suez Canal Container Terminal.

Sudan und anderen Ländern ist eine Bahnverbindung vom Südsudan bis zum kenianischen Hafen Lamu geplant; ein Ast wird auch nach Uganda führen. Diese Strecke sowie die Anfang 2017 eröffnete Bahnverbindung zwischen Addis Abeba und Dschibuti sind die ersten Linien eines geplanten 5000 Kilometer langen Eisenbahnnetzwerkes, das 2020 Äthiopien mit Kenia, dem Sudan und Südsudan verbinden wird.

China arbeitet auch an Umgehungsmöglichkeiten zu der im Krisenfall leicht von den USA blockierbaren Straße von Malakka, dem Alptraum chinesischer Politiker. So führen bereits eine Gas- und eine Ölpipeline von einem Hafen in Myanmar nach Kunming (Provinz Yunnan) in Südwestchina. Der in Bau befindliche Wirtschaftskorridor China–Pakistan vom pakistanischen Tiefseehafen Gwadar nach Kaxgar in Nordwestchina (Kosten: 46 Milliarden US-Dollar) ist ebenfalls für eine mögliche Umgehung der Straße von Malakka wichtig und gleichzeitig mit für Pakistan wichtigen Investitionen in die Energieversorgung (Kraftwerke) verbunden.

Eine Machbarkeitsstudie gibt es über den Bau eines Kanals durch Süd-Thailand, den Kra-Kanal. Er soll die Straße von Malakka umgehen, die Andamanensee mit dem Golf von Thailand verbinden und dadurch den Weg für Schiffe aus Europa, Afrika und dem Mittleren Osten nach Ostasien um 1200 Kilometer verkürzen.

Sicherheit und Terrorbekämpfung

Vom Uigurischen Autonomen Gebiet Xinjiang in Nordwestchina bis in den Mittleren Osten ist der islamistische Terrorismus neben der Gefährdung von Menschen eine große Gefahr für wirtschaftliche Entwicklung. Nordwestchinesische Uiguren haben enge Beziehungen in die Türkei und werden vom Islamischen Staat und von al-Qaʻida als Kämpfer in Syrien, im Irak und in Afghanistan militärisch ausgebildet. In den meisten zentralasiatischen Ländern finden immer wieder islamistische Terroranschläge statt. Die Shanghaier Organisation für Zusammenarbeit (SCO) spielt eine zentrale Rolle bei der Abstimmung dieser Sicherheitsfragen.

Ein virulentes Sicherheitsrisiko gibt es auch entlang des Wirtschaftskorridors China–Pakistan. In der pakistanischen Provinz Belutschistan finden zeitweise Überfälle von Aufständischen statt, wobei in Pakistan der Verdacht besteht, dass hier Indien im Hintergrund eine Rolle spielt. Indien steht aus Gründen der Konkurrenz mit China der Seidenstraße ambivalent bis ablehnend gegenüber, besonders dem Wirtschaftskorridor China–Pakistan, der in Nordpakistan durch Gebiete führt, die von Indien beansprucht werden.[75] Aber auch die USA haben ihre Finger im Spiel: Der republikanische Abgeordnete Dana Rohrabacher (ein ehemaliger Redenschreiber von Ronald Reagan) drohte Pakistan bereits mit einer Abspaltung von Belutschistan, ähnlich wie die Abspaltung von Bangladesch im Jahr 1971. Er schlug in einer Rede vor, die USA sollten die Unabhängigkeit von Belutschistan unterstützen.[76]

Die Entwicklung der Situation in Syrien, das ebenfalls ein wichtiger Baustein der Seidenstraße sein könnte, ist nicht absehbar. Es ist zu befürchten, dass die USA ein neues Kapitel der Aggression gegen den Seidenstraßen-Baustein Iran aufschlagen. Es gibt Beobachter, die die Feindschaft der USA gegen die Seidenstraße als eine Ursache der amerikanischen Iranpolitik orten.

Abstimmung mit Russland

Die ursprünglichen Bedenken Russlands zur Teilnahme an dem Korridor wurden auf höchster politischer Ebene ausgeräumt. Man sah die Seidenstraße ursprünglich als Gefährdung für das russische Projekt der Eurasischen Wirtschaftsunion (EEU) und den traditionellen russischen Einfluss in Zentralasien an.

Bei der Ministerpräsidentensitzung der SCO in der kirgisischen Hauptstadt Bischkek im November 2016 schlug der chinesische Ministerpräsident Li Keqiang dann vor, im Rahmen der SCO eine Freihandelszone der Mitglieder zu diskutieren und einzurichten. Er sprach sich für eine vorsichtige Abstimmung zwischen der Seidenstraßen-Initiative und der EEU aus. Man versucht, die durch chinesische Freihandelsvereinbarungen mit den zentralasiatischen Ländern entstandenen Probleme durch Re-Exporte in Gesprächen aufzuarbeiten und die Projekte miteinander zu verbinden. Dabei dürfte es substanzielle Fortschritte geben.[77] Vor allem hat Russland durch

---

75   Die Routen führen durch Gilgit-Baltistan im von Pakistan regierten Kaschmir.

76   US should support independent Balochistan: American lawmaker, *The Times of India*, 13. Oktober 2017, https://timesofindia.indiatimes.com/world/pakistan/us-should-support-independent-balochistan-american-lawmaker/articleshow/61071098.cms

77   Siehe Aussage des russischen Botschafters in China, Andrej Denisow, in Dadan Upadhyay: Bishkek SCO Meet aims to boost trade and economic cooperation,

die Aussicht auf Energieexporte nach China in einer schwierigen Zeit eine Alternative bzw. Ergänzung zu seinen Exporten Richtung Westen gefunden.

EU-Länder agieren schaumgebremst[78]

Viele Länder der EU haben der chinesischen Initiative einen eher lauwarmen Empfang bereitet.[79] Man hat den Eindruck, dass Regierungen und Unternehmen schockstarr überlegen, ob sie eigentlich »mitspielen« dürfen, anstatt die Chancen, die sich zuerst durch die Infrastrukturentwicklung und dann durch die bessere Zugänglichkeit des asiatischen Marktes ergeben, auszuloten und zu ergreifen. Statt es zu probieren, werden mögliche Hintergedanken Chinas und Benachteiligungen europäischer Unternehmen erörtert.

Über die alten sibirischen Routen wurden erfolgreich Frachtzugverbindungen mit Europa in Betrieb genommen. Der Trans-Eurasia-Express erstreckt sich über 10 000 bis 12 000 Kilometer von London bis zu mehreren Städten in China. Die Reise dauert zwölf bis sechzehn Tage, rund die Hälfte der Zeit, die Fracht per Schiff benötigt und rund ein Drittel billiger als Luftfracht. In Europa gibt es bereits fünfzehn Städte, die angefahren werden; die bedeutendsten sind London, Rotterdam, Duisburg,[80] Hamburg, Riga, Warschau, Moskau, und auch Wien ist ein Ziel. Die Züge sind auf dem Weg nach Europa derzeit noch stärker beladen als auf der Rückfahrt.

Für die Seidenstraße zur See wird in Europa ein Transportkorridor für Importe und Exporte entstehen, der den Athener Hafen Piräus – der weitgehend von der chinesischen China Ocean Shipping Company (COSCO) betrieben wird – über Hochgeschwindigkeitsbahnstrecken mit Mittel- und Westeuropa verbinden wird. In konkreter Vorbereitung ist die Verbindung Belgrad–Budapest (Verkürzung der Fahrzeit von acht auf drei Stunden).[81] Geplant ist des Weiteren die Verknüpfung mit einer Hochgeschwindig-

Russia Beyond, 7. November 2016, http://in.rbth.com/world/2016/11/07/bishkek-sco-meet-aims-to-boost-trade-and-economic-cooperation_645697

78   Eine Einschätzung der USA-hörigen Blockadehaltung der EU zu diesem Thema siehe: Robert Fitzthum, a. a. O.

79   Ausnahmen sind z. B. die CEE-Staaten, Griechenland, England, Portugal.

80   Auf der Strecke Chongqing–Duisburg fahren derzeit schon zwanzig Züge pro Woche.

81   Ein Projekt, über das die EU seit fünfzehn Jahren in ihrem TEN-Beitrag nur Papier produziert hat; aber der EU ist es auch nicht Recht, dass es weitgehend China finanziert und baut. Während der serbische Teil bereits in Bau ist, rechnet man

keitsstrecke durch Mazedonien, die an der griechischen Grenze mit der zu modernisierenden Bahnstrecke nach Piräus verbunden werden soll. Dass China die Seidenstraßen-Initiative in diesen Ländern so aktiv verfolgen kann, ist eine Folge der »16+1-Strategie«, einer engen Kontaktnahme und Abstimmung mit ost- und zentraleuropäischen Ländern,[82] die großen Infrastruktur-Nachholbedarf haben und keine ausreichenden Finanzierungsmöglichkeiten von der EU erhalten. Dazu zählt beispielsweise die im Dezember 2014 mit Hilfe chinesischer Kredite fertiggestellte Donaubrücke in Belgrad (Pupin-Brücke), die Sanierung eines großen Stahlwerks in Serbien und die Rettung von 5000 Arbeitsplätzen durch die chinesische Hesteel-Gruppe.

Eurasien!

Wurde das Projekt der Neuen Seidenstraße von China primär gestartet, um sich geopolitisch in eine bessere Position gegenüber den USA zu bringen? Die Seidenstraßen-Initiative scheint mehr dazu geeignet, die Ziele Chinas im wirtschaftlichen Bereich voranzubringen als im geostrategischen. Dennoch: Hat das Vorhaben Seidenstraße geopolitische Auswirkungen? Eine Verstärkung der Kontakte Chinas im wirtschaftlichen und diplomatischen Bereich Richtung Europa bewirkt ohne Zweifel eine Aufwertung Chinas, aber auch eine Aufwertung ganz Asiens und Europas. China entwickelt sich damit von einem ostasiatischen Land zu einem Teil von Zentralasien, zu einer großen Macht auf dem eurasischen Kontinent und zu einem Partner Europas.

Eine stärkere – zunächst wirtschaftliche – Orientierung Europas Richtung Zentral- und Ostasien bewirkt automatisch eine gewisse Loslösung von den USA, eine Emanzipation Europas von der transatlantischen Bevormundung und damit eine Aufwertung Europas als eigenständiger Faktor. Die USA versuchen, das zu verhindern, indem sie sich bemühen, einen Keil zwischen Europa und Russland sowie China zu treiben, aber durch die hemdsärmelige und strategisch kurzsichtige Politik von Donald Trump bedroht, könnte sich Europa neue Partner im Osten suchen (müssen).

aufgrund juristischer Bedenken der EU mit einem Baubeginn in Ungarn erst Ende 2020.

82   Mit der »16+1-Initiative« verfolgt China einen Ansatz der regionalen Kooperation, der elf EU-Mitgliedsländer und fünf Beitrittskandidaten aus Mittel- und Osteuropa einschließt; Österreich hat Beobachterstatus.

2. Vom »Wandel durch Handel« zur Bekämpfung eines aufstrebenden Konkurrenten

Die USA hatten den Aufstieg Chinas im Interesse ihrer Wirtschaft lange Zeit begrüßt und einen »Wandel durch Handel« angestrebt, d. h. eine Veränderung der gesellschaftlichen, politischen und wirtschaftlichen Landschaft Chinas durch enge Beziehungen und Einflussnahmen auf Gesetze und Strukturen.

Die Entwicklung des Handels und das Handelsdefizit

China und die USA haben die Kooperation im Handel rasant ausgeweitet. Nach Handelsdaten der USA stieg der wirtschaftliche Austausch zwischen den Ländern von 5 Milliarden US-Dollar im Jahr 1980 auf 636 Milliarden US-Dollar 2017. China ist der größte Markt für amerikanische Exporte außerhalb Nordamerikas und der größte Importeur in die USA. Die USA exportierten im Jahr 2017 Güter und Dienstleistungen im Wert von 130 Milliarden US-Dollar nach China. Die USA sind andererseits Chinas größter Exportmarkt.

Ein großer Kritikpunkt Trumps aus Wahlkampfzeiten ist das Handelsbilanzdefizit der USA gegenüber China, das im Jahr 2017 nach Angaben des Statistischen Bundesamtes der USA 375 Milliarden US-Dollar betrug. Die entsprechende Zahl der chinesischen Zollbehörden beträgt 298 Milliarden US-Dollar. Hier wird der Transithandel anders berücksichtigt. Dabei wird nicht berücksichtigt, dass viele Vor- und Zwischenprodukte, die in den USA oder in Asien erzeugt werden, nach China importiert, dort nur weiterverarbeitet und dann in die USA re-exportiert werden; das sind oft von US-amerikanischen Unternehmen aufgebaute Lieferketten. »Der frühere Pekinger Repräsentant des US-Finanzministerium, David Dollar, bezifferte ihren Anteil an allen China-Ausfuhren auf 37 Prozent.«[83] Ein Beispiel: Die

83   Johnny Erling: Handelskrieg USA und China: Nach Drohen kommt Feilschen, *Der Standard*, 1. April 2018, http://derstandard.at/2000077096489/Handelskrieg-USA-und-China-Nach-Drohen-kommt-Feilschen

Kosten für die Bestandteile eines iPhone 7/7Plus betragen 258 US-Dollar. Nur 3–6 % davon sind chinesische Wertschöpfung für den Zusammenbau. Der Rest geht nach Asien zu Samsung, Toshiba, SK Hynix etc. für Displays, Chips, und so weiter. Apple versandte 2017 61 Millionen iPhones 7/7Plus in die USA; hochgerechnet trug die iPhone-7-Serie 15,7 Milliarden US-Dollar zum Handelsdefizit der USA bei, das sind ca. 4,4 Prozent des gesamten Defizits.[84]

Die USA nutzen allerdings nicht alle Exportmöglichkeiten. Zusätzlich zum bestehenden Waffenembargo halten die USA für wettbewerbsfähige amerikanische Hightech-Produkte weiterhin eine strenge Exportkontrolle gegen China aufrecht, obwohl es schon unter Barack Obama Gespräche gab, zumindest technisch überholte Teile davon auszunehmen. So informiert der chinesische Vizepremier Wang Yang mit konkreten Zahlen:

> Am Beispiel integrierter Schaltkreise (IC) erklärte er, dass China im Jahr 2016 227 Milliarden US-Dollar an IC-Produkten importierte, mehr als die Importe von Rohöl, Eisenerz und Primärkunststoffen zusammengenommen, aber nur vier Prozent davon stammten aus den USA.[85]

So schneiden sich die USA durch die restriktive Exportpolitik ins eigene Fleisch.

Protektionismus, oder: »Wenn der Wind der Veränderung weht, bauen die einen Mauern und die anderen Windmühlen«[86]

Mit der Begründung, dass China »unfaire Handelspraktiken« (wie eine unterbewertete Währung, Subventionen und Diebstahl geistigen Eigentums) betreibe, verschärfen die USA die wirtschaftspolitischen Spannungen. In den USA beginnen nun Zeiten des Protektionismus heraufzuziehen, die

---

84   Adam Jourdan: Designed in California, made in China: how the iPhone skews U.S. trade deficit, *Reuters*, 21. März 2018, https://www.reuters.com/article/us-usa-trade-china-apple/designed-in-california-made-in-china-how-the-iphone-skews-u-s-trade-deficit-idUSKBN1GX1GZ

85   Chinese vice premier upbeat about China–U.S. economic cooperation, *China.org.cn*, 19. Juli 2017, http://www.china.org.cn/world/Off_the_Wire/2017-07/19/content_41244410.htm

86   Nach einem chinesischen Sprichwort (*jiàn fēng zhuǎn duò* 见风转舵).

die ganze Welt treffen. Die USA bezeichnen nun die Regeln, die sie selbst aufgestellt haben, als »unfair« und halten sich einfach nicht mehr daran.

Bis 2016 hatten die USA schon 262 Untersuchungen wegen unfairen Handels (*trade remedy investigations*) gegen chinesische Produkte im Wert von mehr als 28 Milliarden US-Dollar geführt. Zudem verhängten sie Zollsätze von bis zu 500 % auf einzelne Produkte in der Eisen- und Stahlbranche.

2018 hat Trump einen Zahn zugelegt. Er verlangte völlig unrealistisch von Beijing, das Handelsbilanzdefizit bis 2020 um 200 Milliarden US-Dollar zu verringern.[87] Er erhebt aus dubiosen Gründen der »nationalen Sicherheit« unter Berufung auf Paragraf 232 des *Trade Law* von 1962 Strafzölle für Stahl- und Aluminiumimporte, um China zu treffen.[88] Dabei ist China nur der elftgrößte Stahlimporteur in den USA mit einem Anteil von unter 4 %. Und die US-Stahlimporte aus China sind seit 2011 ohnehin um 30 % gefallen.

Trump verhängte außerdem Strafzölle gegen chinesische Importe im Wert von 50 Milliarden US-Dollar und drohte, auf weitere Waren im Wert von 200 bis 500 Milliarden US-Dollar Strafzölle zu verhängen, wenn Beijing Retorsionsmaßnahmen gegen die Strafzölle ergreift. Ob die Ankündigung dieser Maßnahmen Teil der Trump'schen Drohkulisse ist oder die Zölle wirklich zumindest temporär verhängt werden sollen, ist derzeit (Stand Ende August 2018) nicht abschätzbar.

Die Trump-Regierung kündigte auch Strafzölle auf Grundlage einer Untersuchung nach Paragraf 301 des *Trade Act* von 1974 an. Die Beschuldigung: China zwinge US-Unternehmen, bei Investitionen in China Geschäftsgeheimnisse preiszugeben. Die USA haben aber offenbar keine Beweise für einen von der chinesischen Regierung »erzwungenen Technologietransfer« bzw. für eine Unterstützung des Diebstahls von Geschäftsgeheimnissen,[89] sonst wären sie zwecks einer Schlichtung des Konfliktes zur WTO gegangen. Tatsächlich ist es so, dass China in manchen

---

87   Wobei Trump offenbar nicht weiß, dass er kein Billionen-Dollar-Staatsdefizit finanzieren kann, wenn er das Außenhandelsdefizit reduziert. Ausländer, die amerikanische Staatsanleihen kaufen, können dies nur mit US-Dollar tun, die sie zuvor beim Export in die USA verdient hatten.

88   Der US-Handelsbeauftragte Robert Lighthizer, der die Politik der Strafzölle betreibt, ist ein früherer Rechtsberater der Stahlindustrie.

89   Sie stützten sich nur auf Aussagen von Industrielobbies und Beratungsunternehmen.

Bereichen Gemeinschaftsunternehmen vorsieht, aber keinen Technologie-transfer vorschreibt. Die entsprechenden chinesischen Gesetze und deren Umsetzung können sicher verbessert werden, aber es gibt keine Verpflichtung zum Transfer von Firmengeheimnissen. Außerdem tut jede Firma, die in China investiert, dies freiwillig und wird nicht die aktuellste Technologie in ein Joint Venture einbringen, sondern eine etwas überholte Technik.

Es gibt kein anderes Land, das so viel für Lizenzen zur Verwendung intellektuellen Eigentums bezahlt wie China; nach Daten der Weltbank sind es rund 25 Milliarden US-Dollar pro Jahr.[90]

Alle protektionistischen Aktionen von Trump waren nach internatio-nalem Recht nicht legal, da er den Weg zur WTO beschreiten hätte müssen, die entsprechende Schlichtungsverfahren anbietet,[91] anstatt mit amerika-nischen Gesetzen aus dem vorigen Jahrhundert zu hantieren.

Während China auf amerikanische Strafzölle mit Retorsion gemäß den WTO-Regeln in gleichem Ausmaß antwortete, hat es gleichzeitig angekündigt, sich weiter zu öffnen, die Beschränkung ausländischer Eigentumsanteile an Finanzinstituten auf 51 % zu erhöhen, die Joint-Venture-Verpflichtung in der Automobilindustrie aufzuheben, die Zölle auf importierte Autos und andere Produkte abzusenken und den Schutz der geistigen Eigentumsrechte zu verbessern.

Die USA halten sich auch nicht an die Verpflichtungen nach Artikel 15 des Beitrittsprotokolls Chinas zur WTO, nämlich ab 11. Dezember 2016 im Rahmen von Anti-Dumping-Untersuchungen gegen China bei der Berech-nung von Dumping-Exportspannen nicht Vergleichspreise eines beliebigen Drittstaates heranzuziehen. Durch Verwendung hoher Drittstaatpreise anstatt konkreter Dumpingkalkulationen wird China benachteiligt.

Während die USA sich zunehmend nach außen abschotten, öffnet sich China nach seinem eigenen Plan und Rhythmus langsam, je nachdem wie es die wirtschaftliche Lage erlaubt, aber es öffnet sich.

90   David P. Goldman: Trump moves to Navarro-Navarro Land, *Asia Times,* 21. Juni 2018, http://www.atimes.com/article/president-trump-moves-to-navarro-navarro-land/

91   Der US-Handelsbeauftragte Robert Lighthizer blockiert derzeit die Neubestel-lung von Schlichtern, da einige Ergebnisse von Schlichtungsverfahren den USA nicht gepasst haben. Damit versuchen die USA, durch Schaffung von Personal-engpässen die WTO-Verfahren auszuhebeln.

»China 2030« (Washington) versus »China 2025« (Beijing)

Warum gehen die USA bei Beschwerden nicht den Weg über die WTO, wollen nicht verhandeln, wie bei Tarif- und Handelsproblemen üblich und wie es viele Firmen und Wirtschaftsexperten vorschlagen, sondern erheben Strafzölle und poltern? Es geht um mehr als Handel. Das dahinterstehende Ziel der USA sind nicht nur die Verringerung des Handelsdefizits und mehr Arbeitsplätze in der US-amerikanischen Stahlindustrie;[92] Washingtons protektionistischer Zug soll verhindern bzw. verzögern, dass China in der industriellen Wertschöpfungskette hochklettert und eine moderne Hightech-Industrie aufbaut. Trumps Leute wollen, dass die chinesische Regierung die Maßnahmen umsetzt, die in der 2013 veröffentlichten Studie *China 2030* der Weltbank[93] gemeinsam mit (neoliberalen) Ökonomen des chinesischen Forschungszentrums des Staatsrates für Entwicklung propagiert wurden. Ein Ausschnitt aus der Zielformulierung der Studie:

> Es ist zwingend erforderlich, dass China ... ein marktorientiertes System mit solider Grundlage entwickelt, in dem öffentliche Mittel die Bereitstellung wichtiger öffentlicher Güter und Dienstleistungen finanzieren, während ein starker privater Sektor die wichtigere Rolle für das Wirtschaftswachstum spielt.

Im Klartext: Der Staat möge sich aus der Wirtschaft heraushalten und die Volkswirtschaft dem Kapital überlassen. Washington möchte konkret, wie bei Verhandlungen der Trump-Leute mit chinesischen Vertretern formuliert, dass China die starke wirtschaftspolitische Rolle der Staatsbetriebe einstellt, die staatliche Unterstützung für Hightech-Unternehmen aufgibt, staatliche Förderungen und Unterstützung für das »China-2025«-Überholprogramm einstellt, also keine Industriepolitik betreibt. China soll auch jede Politik betreffend Technologietransfer aus den USA beenden.[94]

---

92 Wobei der Verlust an Arbeitsplätzen in der US-Stahlindustrie zu ca. 50 % durch Rationalisierungen erfolgte, nicht durch Außenhandel.

93 China 2030: Building a Modern, Harmonious, and Creative Society, *The World Bank / Development Research Center of the State Council, the People's Republic of China*, 2013, https://www.worldbank.org/content/dam/Worldbank/document/China-2030-complete.pdf

94 Details des unverschämten US-Forderungsprogramms siehe Enda Curran, Keith Zhai: Here's What the U.S., China Demanded of Each Other on Trade, *Bloomberg*,

Passenderweise sind 70 % der Produkte, die auf der zweiten Trump'schen Strafzollliste stehen, Produkte, die in Zusammenhang mit »China 2025« stehen. »China 2025« entwickelt sich im Jahr des zweihundertsten Geburtstages von Karl Marx zum wirtschaftspolitischen Gespenst für die USA. Die USA befürchten, dass sie auf der Ebene des Wettbewerbs nicht mit China mithalten können und versuchen deshalb mit protektionistischen Mitteln, China in die Knie und zu einem politischen Systemwechsel zu zwingen. Flankierend soll sich China sofort bedingungslos und vollständig öffnen und den US-Technologiekonzernen den internen Markt in den Bereichen Robotik, künstliche Intelligenz, usw. freimachen. China hat einer realistischen Verringerung des Handelsbilanzdefizits zugestimmt, eine Abkehr von »China 2025« ist jedoch nicht zu erwarten.

Die USA messen mit zweierlei Maß. Was sie »vergessen« haben, ist, dass bis 1980 auch die Fonds der USA für Forschung und Entwicklung mehrheitlich vom Staat finanziert waren, nicht privat.[95] Ihre Luft- und Raumfahrtbehörde (NASA), ihre Atomenergiekommission (AEC) und ihr Verteidigungsministerium investierten in der zweiten Hälfte des 20. Jahrhunderts in Forschung und Entwicklung, mit dem Ergebnis, dass eine Reihe bahnbrechender Technologien entwickelt wurde. Mitte der 1960er Jahre finanzierte die US-Regierung zwei Drittel der Forschung und Entwicklung, nur ein Drittel war privat. Genau diese Politik wird heute China vorgeworfen.

Das Thema wird die Welt noch länger beschäftigen, da die US-Forderungen nicht realistisch und nicht nur auf den Handel begrenzt sind.

Auslandsinvestitionen chinesischer Unternehmen werden behindert und blockiert

Nach Angaben des Büros für wirtschaftliche Analysen des US-amerikanischen Handelsministeriums lag Großbritannien 2016 mit 598,3 Milliarden US-Dollar an ausländischen Direktinvestitionen (FDI) an erster Stelle, gefolgt

---

4. Mai 2018, https://www.bloomberg.com/news/articles/2018-05-04/here-s-what-u-s-demanded-of-china-at-the-start-of-trade-talks

95   Andrew P. Hunter: A U.S. Investment Strategy for Defense, in: James Andrew Lewis (Hg.): *Meeting the China Challenge, Responding to China's Managed Economy*, Center for Strategic and International Studies, 29. Januar 2018, https://www.csis.org/analysis/meeting-china-challenge

von Kanada, Japan und Deutschland. China war mit nur 58,2 Milliarden US-Dollar nicht einmal in der Lage, die Top-10 zu knacken und investierte nur fast ein Fünftel so viel wie Irland. Die Investitionen chinesischer Firmen sind 2017 um 35 % auf 29 Milliarden US-Dollar zurückgegangen und betreffen 141 Transaktionen. In den letzten Jahren wurden 80 % der Investitionen von privaten Unternehmen getätigt, wobei nach amerikanischen Experten die meisten mit kommerziellen Überlegungen erklärt werden können und keine staatliche Strategie dahintersteckt.[96]

Die Nationale Sicherheitsstrategie der USA von Ende 2017 definierte nun China als »strategischen Rivalen«, eine gravierend neue Einschätzung.[97]

Die anfangs aufgrund der Schaffung von Arbeitsplätzen begrüßten Investitionen chinesischer Firmen werden zunehmend zum Konfliktpunkt, der von den USA mit der Keule »Problem für die nationale Sicherheit« behandelt wird. Man vermutet hinter chinesischen Direktinvestitionen paranoid einen geheimen Plan der Kommunistischen Partei Chinas zur Aushöhlung der technologischen Basis und Sicherheit der USA. Sogar der Kauf eines Großbetriebes für Schweineschlachtung und Fleischverarbeitung (Smithfield) wurde von dem zuständigen Komitee für Auslandsinvestitionen in den USA (CFIUS, untersteht dem Finanzministerium) untersucht, ob er nicht die nationale Sicherheit gefährde.

Die Rolle des ursprünglich gegen japanische Investitionen gegründeten CFIUS als Werkzeug im Kampf gegen Investitionen chinesischer Unternehmen in Hochtechnologieunternehmen wurde noch weiter ausgebaut. »Mein übergeordnetes Anliegen ist der Schutz unserer nationalen Sicherheit und die ausdrückliche Bewahrung der militärischen Überlegenheit der USA für die Zukunft«,[98] sagt der für den Gesetzentwurf federführende konservative

96 Siehe die Aussage von Thilo Hanemann, Direktor und Ökonom der Rhodium-Gruppe: Hearing on Chinese investment in the United States: impacts and issues for policy makers, *US-China Economic and Security Review Commission*, Januar 2017, https://www.uscc.gov/Hearings/hearing-chinese-investment-united-states-impacts-and-issues-policymakers

97 National Security Strategy of the United States of America, *White House*, Dezember 2017, https://www.whitehouse.gov/wp-content/uploads/2017/12/NSS-Final-12-18-2017-0905.pdf

98 Deborah Lehr: Foreign Investments and National Security: A Conversation With Senator John Cornyn, *Council on Foreign Relations*, 22. Juni 2017, https://www.cfr.org/event/foreign-investments-and-national-security-conversation-senator-john-cornyn

US-Senator John Cornyn. Es ist ihm nicht nur wichtig, den Kauf von Firmen durch chinesische Unternehmen untersuchen zu lassen, sondern auch Joint Ventures bis hin zu Minderheitsbeteiligungen zu beobachten. »Zu den Bereichen, die sie in die CFIUS-Liste aufnehmen wollen, gehören Roboter, autonome Systeme wie selbstfahrende Autos, künstliche Intelligenz, Halbleiter, Immobilien und sogar Medien.«[99] Das würde auch Unternehmen wie Google, Ford oder General Motors bei Kooperationen mit chinesischen Partnern betreffen, die in diesen Bereichen aktiv sind. Gegen dieses Gesetz gibt es erheblichen Widerstand von US-amerikanischen Technologieunternehmen, die ihre Exportmöglichkeiten behindert sehen (wie Google, Facebook, IBM, Intel und Qualcomm), Unternehmen, die Kapitalspritzen benötigen, die es im Inland nicht gibt (z. B. Xcerra) und natürlich von den Beratungsunternehmen, die solche Deals finanziell und juristisch begleiten.[100] Die Verhandlungen innerhalb des CFIUS sind geheim und es gibt keine rechtliche Einspruchsmöglichkeit gegen seine Entscheidungen. Das bedeutet eine ungeheure Einschränkung der Eigentumsrechte von amerikanischen Aktionären und Firmeninhabern.

Die USA regieren damit politisch in andere Länder hinein und setzen sie unter Druck, insbesondere auch Deutschland. So wurde Berlin auf Druck der USA der Verkauf des deutschen Chipanlagenbauers Aixtron an den chinesischen Fujian Grand Chip Investment Fund untersagt – gegen den Wunsch der deutschen Eigentümer, die eine ungewisse Zukunft für das Unternehmen sehen. Auch der Kauf der von Daimler, BMW und Audi gehaltenen 10 % des niederländischen Landkartentechnologieunternehmens HERE durch die chinesische Navinfo wurde von CFIUS verboten. Hintergrund: mögliche internationale Verwendung der Landkarten im Zusammenhang mit dem chinesischen Satellitennavigationssystem Beidou und der Versuch, eine Konkurrenz zum US-amerikanischen System GPS zu blockieren.

Es gibt auch Überlegungen, chinesischen Unternehmen, die ganz oder teilweise in öffentlichem Eigentum sind, die Übernahme von US-

99   William McConnell: Washington Hellbent on Strengthening Cfius, *The Street*, 24. Juni 2017, https://www.thestreet.com/story/14193995/2/washington-hell-bent-on-strengthening-cfius.html

100 Patrick Tucker: What's the 'Risk' in China's Investments in US Artificial Intelligence? New Bill Aims to Find Out, *Defense One*, 22. Juni 2017, http://www.defenseone.com/technology/2017/06/how-not-win-ai-arms-race-china/138919/

Unternehmen überhaupt gesetzlich zu untersagen. Das wäre eine grobe Ungleichbehandlung chinesischer Unternehmen, wobei laut einer UNCTAD-Studie sogar wesentlich mehr EU-Staatsmultis international tätig sind als chinesische.[101]

In Washington greift offensichtlich Panik um sich: Der US-Präsident überlegt auch, unter Anwendung des Gesetzes über wirtschaftliche Befugnisse bei einem internationalen Notstand (*International Emergency Economic Powers Act*, IEEPA) von 1977 informelle Partnerschaften zwischen chinesischen und US-amerikanischen Unternehmen im Technologiebereich, jegliche Investitionen chinesischer Unternehmen in Technologieunternehmen sowie Grundstückskäufe in der Nähe von amerikanischen Militäranlagen zu verbieten.[102] Dazu müsste er einen internationalen Notstand ausrufen, um solche Investitionen zu verhindern.

Der Kampf gegen das Telekomunternehmen Huawei

Besonders unbeliebt beim US-Kongress ist das chinesische Telekomunternehmen Huawei. Es gab vor vielen Jahren den Anfangsverdacht, dass Huawei über »Hintertüren« in seinen Netzen und Routern Daten stehlen würde. Damit war dann die offizielle Legitimation für CIA, NSA und FBI verbunden, Huawei auszuspionieren, wie der US-amerikanische Aufdecker Edward J. Snowden enthüllt hat. Die NSA brach in die Server des Hauptquartiers der Firma in Shenzhen ein und suchte einerseits zu erfahren, wie man Softwarefehler und Backdoors bei Huawei-Kunden ausnutzen könnte, und andererseits Beweise für den Verdacht, dass Huawei eine enge Verbindung zum chinesischen Militär unterhält. Obwohl letzteres nicht gelang und eine Untersuchung des US-Kongresses keine Beweise vorlegen konnte, kam der zuständige Ausschuss zu folgendem Schluss:

> Der Geheimdienstausschuss erklärte nach einer einjährigen Untersuchung, er sei zu dem Schluss gekommen, dass die chinesischen

---

101 World Investment Report 2017, *UNCTAD*, http://unctad.org/en/pages/Publication Webflyer.aspx?publicationid=1782

102 Saleha Mohsin: U.S. Weighs Emergency Powers to Curb China Tech Investments, *Bloomberg*, 20. April 2018, https://www.bloomberg.com/news/articles/2018-04-19/u-s-weighs-emergency-powers-to-curb-tech-investments-by-china

Unternehmen Huawei Technologies und ZTE Inc. wegen ihrer Versuche, vertrauliche Informationen von amerikanischen Unternehmen zu gewinnen und wegen ihrer Loyalität gegenüber der chinesischen Regierung eine Bedrohung der nationalen Sicherheit darstellen.[103]

Das Ergebnis war, dass sich Huawei vom US-amerikanischen Telekom-Markt zurückziehen musste, da US-amerikanischen Telekomunternehmen die Zusammenarbeit aus Gründen der nationalen Sicherheit untersagt wurde. In einem neuen Gesetz von 2018 wurde auch beschlossen, dass Regierungsbehörden und externe Auftragnehmer keine Huawei- und ZTE-Geräte in ihren Systemen verwenden dürfen. Auch der Handyverkauf wird erschwert. Die Netzbetreiber AT&T und Verizon wurden gezwungen, Huawei-Handys aus dem Sortiment zu nehmen. Da Huawei sowie ZTE unter den ersten Handyherstellern mit 5G-Datenverbindungen sein werden, werden sie auch im Handybereich von den USA blockiert.

Die Untersuchung, ob Geräte Daten abzweigen, wäre ja nicht kompliziert durchzuführen. Man bräuchte sich nur die Geräte und die Software aushändigen lassen und untersuchen (was China macht). Die nationale Sicherheit dürfte auch hier eine Ausrede sein für das größere Ziel, einen wichtigen Konkurrenten für die amerikanische Telekom- und Handyindustrie, namentlich für Apple, zu blockieren.

Wirtschaftskrieg durch sekundäre Sanktionen

Neben direkten Sanktionen verhängen die USA auch gigantische Strafen gegen ausländische Firmen (oder Personen), die gegen US-Sanktionen verstoßen. Meist geht es um US-Sanktionen (nicht UNO-Sanktionen, die selbstverständlich für alle Länder weltweit gelten) gegen Kuba, Iran, Nordkorea, Syrien oder Russland, sogenannte »sekundäre Sanktionen«. »Wir machen die Welt aufmerksam: Die Spielchen sind vorbei«, sagte Handelsminister Wilbur L. Ross. »Diejenigen, die unsere Wirtschaftssanktionen und Ausfuhrbeschränkungen missachten, werden nicht ungestraft bleiben – sie werden die

---

103 Michael S. Schmidt, Keith Bradsher, Christine Hauser: U.S. Panel Cites Risks in Chinese Equipment, *New York Times*, 8. Oktober 2012, http://www.nytimes.com/2012/10/09/us/us-panel-calls-Huawei-and-zte-national-security-threat.html

härtesten Konsequenzen erleiden.«[104] Die USA maßen sich die international umstrittene extraterritoriale Anwendung von US-amerikanischem Recht auf ausländische Firmen und Personen in weiter Auslegung des Völkerrechts an.[105] Es reichen schon die Verwendung eines Servers in den USA für den Transfer eines E-Mails für eine Bestellung oder die Verwendung von US-Dollar für die Bezahlung[106] dafür, dass sich US-amerikanische Institutionen zuständig erklären und ein Rechtsverfahren eröffnen. Der börsennotierte private chinesische Telekomausrüster ZTE wurde wegen des Verkaufs von Elektronikprodukten an die unter US-Sanktionen stehenden Länder Iran und Nordkorea zu einer Strafe von 1,2 Milliarden US-Dollar verurteilt. Zusätzlich verbot Washington 2018 US-Unternehmen, Produkte an ZTE zu verkaufen.[107] Auch wurde der US-Chipfirma Qualcomm untersagt, Chips für Handys zu liefern. Diese Sanktion, die den Ruin des Unternehmens und Entlassung von 80 000 Mitarbeitern bedeutet hätte, wurde letztlich abgeschwächt, hängt aber wie ein Damoklesschwert über ZTE und seinen Kunden.

Diese aggressive Methode der USA, ihre Hegemonie durch weltweite Anwendung US-amerikanischen Rechtes durchzusetzen, hatte bereits katastrophale Auswirkungen auf europäische Unternehmen. So musste die französische Bank BNP Paribas 8,9 Milliarden US-Dollar, die britische HSBC 1,9 Milliarden US-Dollar und die deutsche Commerzbank 1,5 Milliarden US-Dollar an Strafen bezahlen. Die Deutsche Bank zahlte im Zusammenhang mit sekundären Sanktionen ca. 900 Millionen.

---

104 Paul Mozur, Cecilia Kang: U. S. Fines ZTE of China $1.19 Billion for Breaching Sanctions, *New York Times*, 7. März 2017, https://www.nytimes.com/2017/03/07/technology/zte-china-fine.html

105 Zur völkerrechtlichen Auslegung siehe die kurze Stellungnahme des Schweizer Parlaments: Extraterritoriale Anwendung von US-Recht, *Die Bundesversammlung – Das Schweizer Parlament*, 26. Dezember 2010, http://ws-old.parlament.ch/affairs/20023555

106 Ein weiterer Grund für chinesische Unternehmen, den Renminbi als Zahlungsmittel im Außenhandel zu forcieren und ein eigenes Zahlungsverkehrssystem aufzubauen.

107 An der Verhängung der neuen Sanktionen 2018 trifft das Management von ZTE ein gerüttelt Maß Mitschuld, da vorherige Vereinbarungen mit dem US-Handelsministerium nicht umfassend eingehalten wurden.

Der Druck zur Aufwertung des Renminbi

Um das Außenhandelsdefizit zu reduzieren, bezichtigt US-Präsident Trump China der »Währungsmanipulation« und versucht, die Aufwertung des Renminbi zu erzwingen, um bessere Absatzmöglichkeiten für in den USA erzeugte Produkte zu finden. Eine Aufwertung des RMB würde zu einer Verteuerung chinesischer Produkte im Ausland, aber auch zu einem Exodus ausländischer Betriebe führen, die neue Produktionsstätten in anderen Ländern suchen müssten. Deshalb sind auch größere Teile der amerikanischen Industrie gegen eine solche Vorgangsweise, da sie ja in China erzeugen lassen und die in die USA exportierten Produkte (z. B. iPhones, HP-Drucker) sich dadurch verteuern würden. Die objektiven Zahlen lassen aber eine »Verurteilung« sowieso nicht zu, was auch die Berichte des US-Finanzministeriums über internationale Wirtschafts- und Wechselkurspolitik zugeben müssen.[108]

Solche Erpressungspolitik der USA ist historisch nichts Neues. In den 1980er Jahren gab es eine ständige Aufwertung des US-Dollars, ausgelöst durch ein hohes Außenhandelsdefizit, ein hohes Budgetdefizit und einer damit verbundenen starken staatlichen Kreditnachfrage, die die Zinsen und den Dollar steigen ließ. Im legendären Plaza-Abkommen von 1985 zwangen die USA Deutschland und Japan, einer massiven Dollarabwertung zuzustimmen, um damit die amerikanische Industrie zu entlasten. Das Ergebnis war ein Sinken des Dollarkurses um 50 % innerhalb von zwei Jahren. In Japan löste die damit verbundene Yen-Aufwertung einen massiven Kapitalzufluss aus (ermöglicht durch freien Kapitalverkehr), da das internationale Kapital von der japanischen Aufwertung profitieren wollte und Veranlagungsmöglichkeiten in Japan suchte. Eine Spekulationsblase im Immobilienbereich führte letztlich zum Aufbrechen der aufgeschaukelten Lage (»Bubble-Situation«) und einer längeren Zeit der Deflation und Stagnation in Japan.[109]

Diese Entwicklungen sind den chinesischen Verantwortlichen natürlich bekannt und man lässt sich von den USA nicht wie seinerzeit Japan zu einer über die Marktentwicklung hinausgehenden Aufwertung des RMB zwingen. Die USA haben bisher auch kein Mittel gefunden, China dazu zu nötigen.

---

108 Siehe z. B.: Foreign Exchange Policies of Major Trading Partners of the United States, *U. S. Department of Treasury*, 14. April 2017, https://www.treasury.gov/resource-center/international/exchange-rate-policies/Documents/2017-04-14-Spring-2017-FX-Report-FINAL.PDF

109 https://de.wikipedia.org/wiki/Bubble_Economy

Beijing hat aber nicht nur aus der Krise Japans gelernt. Die Asienkrise 1997/1998 wurde durch die Liberalisierung der Finanzmärkte und den darauffolgenden Kreditboom ausgelöst, der überwiegend in Immobilien und Wertpapiere ging. Die Krise führte nach dem Platzen der Blase, verschlimmert durch die üblichen unsozialen Spar-Rezepte des Internationalen Währungsfonds, zu einer starken Rezession und negativen sozialen Auswirkungen.

Die chinesische Regierung wird deshalb auch keiner völligen Liberalisierung des Kapitalverkehrs zustimmen und die Kontrolle über die chinesischen Finanzmärkte aufrechterhalten.

Washington kontrolliert mittels des Dollars die internationale Währungspolitik

In den letzten zehn Jahren hat in China, das sich bis dahin sanft in das internationale ökonomische System eingeklinkt und die Krise besser als die westlichen Industriestaaten überstanden hatte, ein Nachdenkprozess über das internationale Währungssystem begonnen.

Es waren die USA, die 1944 die Konferenz von Bretton Woods einberufen hatten und die Gründung des Internationalen Währungsfonds, der Weltbank und des Allgemeinen Zoll- und Handelsabkommens (GATT; später Welthandelsorganisation, WTO) nach ihren Regeln und Interessen betrieben. Es waren die USA, die 1945 die Konferenz von San Francisco einberiefen, aus der die UNO entstanden ist, inklusive der von den USA gewünschten Zusammensetzung des Sicherheitsrats. Und es sind die USA, die entschieden haben, die G20 einzuberufen und die Liste der Teilnehmerstaaten vorgeben.

> Amerika steht im Mittelpunkt eines ineinandergreifenden Universums, in dem Macht durch dauerndes Verhandeln, im Dialog, durch Diffusion und in dem Streben nach offiziellem Konsens ausgeübt wird, selbst wenn diese Macht letztlich von einer einzigen Quelle, nämlich von Washington ausgeht. Das ist auch der Ort, wo sich der Machtpoker abspielt, und zwar nach amerikanischen Regeln.[110]

Die USA haben immer wieder bewiesen, wie rücksichtslos sie die dominante Dollarposition zu ihrem Vorteil ausnutzen. 1971 beschloss der damalige

110 Zbigniew Brzeziński, *Die einzige Weltmacht – Amerikas Strategie der Vorherrschaft*, Fischer Taschenbuch 1999, S. 49f.

US-Präsident Nixon, die Konvertibilität des US-Dollars gegen Gold aufzuheben und entwertete damit die weltweiten Währungsreserven der Notenbanken durch das Absacken des Dollar mit einem Federstrich. Nur der französische Präsident de Gaulle war Mitte der 1960er Jahre so klug gewesen, seine Dollarreserven in Gold zu tauschen und per U-Boot nach Frankreich bringen zu lassen.

Die Frage war und ist, ob die von den USA und den westlichen Industriestaaten aufgestellten Regeln tatsächlich optimal für die Weltwirtschaft sind, vor allem für die Entwicklungs- und Schwellenländer, also die Mehrheit aller Länder. Und diese Frage wurde von China klar mit Nein beantwortet. Diese Erkenntnis ist nicht ganz neu. Der US-Dollar ist für die Weltwirtschaft durch deren große Abhängigkeit davon und durch die bewusste Ausnutzung des Dollars als Reservewährung (ca. 70 % der Nicht-Gold-Reserven sind US-Dollar) viel zu riskant.

> In den späten 1950er Jahren erkannte der belgisch-amerikanische Ökonom Robert Triffin den als »Triffin-Dilemma« bekannt gewordenen Zielkonflikt zwischen kurzfristigen nationalen und langfristigen internationalen ökonomischen Interessen, der entsteht, wenn eine nationale Währung als internationale Reservewährung fungiert. Um diesem Konflikt entgegenzutreten, wurden 1969 vom Internationalen Währungsfonds (IWF) sogenannte Sonderziehungsrechte (SDR) eingeführt.[111]

Auf der Bretton-Woods-Konferenz 1944 war auf Betreiben des Verhandlungsführers der USA, Harry Dexter White, der US-Dollar – goldgestützt – als Internationale Reservewährung durchgesetzt worden. Der Vorschlag des britischen Vertreters, des Ökonomen John Maynard Keynes, eine internationale Verrechnungseinheit (ähnlich der später geschaffenen SDR) zu gründen, war von den USA blockiert worden, die die starke Rolle des Dollars durchsetzen wollten.

China stellte 2009 die dominante Position des US-Dollars im internationalen Handel und als Reservewährung infrage und schlug vor, die SDR des IWF stärker als Reservewährung zu nutzen. Das wurde von den USA

111   https://de.wikipedia.org/wiki/Bancor

abgelehnt. Der RMB wurde dann 2016 formal in den Währungskorb des IWF aufgenommen – ein großer Erfolg Chinas.

Blockade der IWF-Reform durch den US-Kongress

China und andere Schwellenländer verlangen eine Reform der Anteils-quoten und Stimmrechte im IWF, da diese der neuen weltwirtschaftlichen Situation der Stärkung der Entwicklungs- und Schwellenländer nicht mehr entsprechen. Fünf Jahre lang, von 2010 bis 2015, blockierte der US-Kongress diese Reform. Dabei war auch diese Reform nur halbherzig, da die USA einen Stimmrechtsanteil von 16,73 % erzwingen konnten und damit weiter-hin Entscheidungen blockieren können. Für wichtige Entscheidungen des IWF ist nämlich eine Mehrheit von 85 Prozent erforderlich. Chinas Anteil wurde von 3,8 auf 6,16 % erhöht. 2018 wurde auch der Kapitalanteil Chinas an der Weltbank leicht erhöht, von 4,5 % auf 5,7 %. Chinesen erlangten nun in Anerkennung der wachsenden Rolle Chinas auch Posten in wichtigen internationalen Organisationen wie in der UNO, der Weltbank, dem IWF und der Asiatischen Entwicklungsbank.

Stärkung der eigenständigen internationalen Rolle im Finanzsektor

China hat eine Reihe von Maßnahmen ergriffen, die es ohne institutionelle Abhängigkeiten von den USA selbst aktiv betreiben konnte, um die Interna-tionalisierung seiner Währung Richtung Handelswährung und Verwendung als Reservewährung durch Notenbanken zu forcieren. Es rechnet im Rahmen der Erweiterung der bilateralen und regionalen Freihandelsabkommen (Free Trade Agreements, FTA)[112] mit immer mehr Ländern Handelsgeschäfte in RMB ab. Die Internationalisierung des RMB wächst zum Missfallen der USA, die diese Entwicklung aber nicht verhindern können.

---

112   China hat mit rund sechzehn Ländern (ASEAN) FTA; zehn FTA sind in Verhand-lung, über zehn gibt es Machbarkeitsstudien; China hat Verhandlungen für ein Regional Comprehensive Economic Partnership (RCEP) mit 15 Ländern im West-pazifik und eine Initiative zur Wiederbelebung der Free Trade Area of the Asia-Pacific (FTAAP) begonnen. Von der Teilnahme am Transpacific Partnership (TPP) war China von den USA ausgeschlossen worden.

Im Herbst 2017 begann ein Payment-versus-Payment-System (PVP) für RMB und Rubel, in dem mit Russland gegenseitige Bezahlungen direkt – ohne Umweg über Dollar und ohne das internationale SWIFT- System[113] – abgewickelt werden können. China wird das System auch auf andere Währungen entlang der Seidenstraße ausweiten.

Im März 2018 begann die Internationale Energiebörse in Shanghai, Futures-Verträge[114] für Rohöl in RMB[115] zu lancieren und Rohölkurse in RMB festzulegen, eine Voraussetzung für zukünftigen Ölhandel in RMB. Das ist ein langfristig angelegter Schlag gegen den Petrodollar, der 1974 eingeführt worden war. Saudi-Arabien und andere Öllieferanten stimmten im Austausch gegen US-amerikanische Militärunterstützung zu, ausschließlich den US-Dollar als Bezahlung für Ölverkäufe zu verlangen und die Einnahmen in US-Staatsanleihen anzulegen. Und jedes Land, das Öl kauft, muss dann natürlich zuerst US-Dollar erwerben, was eine signifikante Nachfrage nach dem Dollar erzeugt. China versucht als weltweit größter Ölimporteur, die diversen Öllieferanten auf RMB-Bezahlung umzustellen. Der wichtigste zu überzeugende Partner ist natürlich Saudi-Arabien. Sobald die Saudis zustimmen, würden die anderen OPEC-Länder folgen. Die Gespräche laufen.

Den Dollar als Reserve- und Handelswährung zu ersetzen, ist noch ein langer Weg. Der RMB ist derzeit noch weit davon entfernt, eine führende Rolle einzunehmen.

Kauf von US-Staatsanleihen wird tendenziell reduziert

Was ist das größte Druckmittel, das China gegenüber den USA in Händen hält? Am 4. Dezember 2010 veröffentlichte WikiLeaks eine Botschaftsdepesche, die ein Gespräch zwischen der amerikanischen Außenministerin Hillary Clinton und dem australischen Premierminister Kevin Rudd (irgendwann um den 28. März 2009) zum Gegenstand hatte. Darin hieß es: »Die Außenministerin wies weiter auf die mit dem wirtschaftlichen Aufstieg

---

113   Internationales Überweisungssystem.

114   Termingeschäft zur Preisabsicherung eines Ölkäufers. Futures werden zusätzlich bis zur Fälligkeit auch zur Spekulation verwendet.

115   Der RMB-Preis ist mit Gold abgesichert.

Chinas verbundenen Herausforderungen hin und fragte: ›Wie kann man den eigenen Banker unter Druck setzen?‹«[116]

Nachdem die USA aus China bezogene Waren in Dollar bezahlen, werden die erworbenen Dollar von China zu großen Teilen wieder in die USA »exportiert« – zum Kauf von US-Staatsanleihen (und zu einem geringen Anteil für Direktinvestitionen). China ist seit Jahren der größte Käufer von US-Staatsanleihen mit einem Stand von ca. 1,2 Billionen US-Dollar Anfang 2018. Die US-Regierung kann so ihr Budgetdefizit finanzieren und die Zinsen durch die starke chinesische Nachfrage niedrig halten. Würde China den Ankauf stark reduzieren, dann müssten die USA die Zinsen auf die Anleihen erhöhen, um andere Käufer zu finden. Das würde durch Kapitalzufluss in die USA den Dollar-Kurs steigen und den Preis bestehender Anleihen fallen lassen. Da China große Bestände im Portfolio hat, ist eine solche Vorgangsweise nicht im chinesischen Interesse – und auch nicht im Interesse anderer Länder, die viele US-Anleihen im Portfolio haben –, sehr wohl aber eine langsam zunehmende Verwendung der erworbenen US-Dollars für andere, profitablere Investitionen, die nicht die USA stützen. Wenn der Euro seine Krisenperiode überwinden könnte, könnte China seine Reserven künftig verstärkt in Euro investieren, erklärt der Gouverneur der chinesischen Zentralbank Yi Gang. Allerdings sind die Zinsen auch im Euro-Raum sehr gering, außer in den riskanteren Veranlagungen wie in griechischen Staatsanleihen.

Im Januar 2018 erschütterte allein das Gerücht, dass China überlege, den Kauf von US-Staatsanleihen zu reduzieren, kurz die Finanzmärkte. Was würde erst passieren, wenn es 200 oder 300 Milliarden an US-Staatsanleihen verkaufte? Deren Kurs würde absacken, die US-Zinsen würden mangels Nachfrage stark steigen und das US-Haushaltsdefizit wäre nicht mehr finanzierbar. Durch den Kapitalabfluss in die USA würden weltweit viele Länder unter Kapitalnot leiden, es könnte eine globale Wirtschaftskrise entstehen. Aus letzterem Grund wird China wohl die Finanzwaffe nur in einem äußersten Notfall einsetzen und Handelsthemen von Währungsthemen getrennt handhaben.

---

116   Yanis Varoufakis: *Der globale Minotaurus: Amerika und die Zukunft der Weltwirtschaft*, Kunstmann Verlag, Kindle Edition, Position 3617.

Chinas Aufstieg als Vorbild für Entwicklungsländer: chinesisches Entwicklungsmodell versus »Washington Consensus«

Die Beobachtung, dass sich die USA (ausgenommen im militärischen Bereich) im Abstieg befinden und dass Schwellenländer wie Indien oder Russland die westliche Dominanz immer mehr in Frage stellen und dabei mit China zusammenarbeiten, macht die US-Eliten im Kongress und deren Beratungsorganisationen zunehmend nervös. Der Aufstieg Chinas hat nicht nur Einfluss auf das Verhältnis China–USA, sondern auch auf die internationale Staatengemeinschaft. Globale Handelsregeln werden zukünftig in steigendem Maße von China mitbestimmt werden. Auch der Klimawandel oder die Nichtweitergabe von Atomwaffen sind Themen, bei denen China »mitspielt«.

Die langsam wachsende chinesische *»soft power«* ärgert die USA zusehends und untergräbt ihr Ansehen sowie den blinden Glauben an ihre wirtschaftspolitischen Konzepte. Der chinesische Erfolg hat im Globalen Süden zu einer Debatte geführt, wieweit Prinzipien des chinesischen Entwicklungsmodells – eine starke politische Führung, die bevölkerungsorientiert, effizient und erfolgreich soziale und wirtschaftliche Angelegenheiten regelt sowie strukturelle wirtschaftliche Veränderungen durch staatlichen Einfluss in die Wege leitet – für andere Entwicklungsländer anwendbar ist. Nachdem die von US-Ökonomen geprägten Liberalisierungskonzepte mit dem IWF als Speerspitze in einigen Ländern Lateinamerikas, in Russland und anderen Ländern zu einem wirtschaftlichen Desaster für die Bevölkerung geführt haben, ist man auf der Suche nach besseren Ansätzen.

Das chinesische Entwicklungsmodell des *»Beijing Consensus«* ist das lebendige Gegenbeispiel gegen die westliche Entwicklungsstrategie des *»Washington Consensus«*.[117] Statt Sparkurs, Ende von Lebensmittelsubventionen, Reduzierung der Gesundheitsausgaben, Privatisierung der Staatsunternehmen, volle Öffnung der Grenzen für Handel und Kapital und Deregulierung wählte China erfolgreich Staatsdefiziterhöhung für Investitionen, Hilfsprogramme für die Ärmsten und Beseitigung der Armut, Ausbau der Staatsbetriebe zu profitablen Motoren der Wirtschaft und nur sanfte Privatisierung, begrenzte Öffnung der Grenzen für Handel – abhängig vom

---

117   Konzept und Name wurden erstmals 1989 von John Williamson vom Institute for International Economics in Washington vorgestellt.

Entwicklungsstand der einheimischen Branchen und Unternehmen – sowie nur eine kontrollierte Öffnung für den Kapitalverkehr.

Jedes Land muss für sich, basierend auf seiner geografischen und historischen Ausgangsposition, seinen eigenen Weg zur Entwicklung finden, ohne Einmischung von außen. China will anderen Ländern jedenfalls nicht seinen Weg aufdrängen.

Die zunehmende Anziehungskraft des chinesischen Modells erschüttert die Grundfesten des neoliberalen kapitalistischen Modells.

3. China und die Welt

Entwicklung der Außenpolitik

Die chinesische Grundlage für zwischenstaatliche Beziehungen stammt aus den 1950er Jahren, es sind die »Fünf Prinzipien der friedlichen Koexistenz«, die erstmals vom damaligen chinesischen Ministerpräsidenten Zhou Enlai im Dezember 1953 beim Empfang einer indischen Delegation vorgestellt wurden. China und Indien verhandelten gerade die Grundlage ihrer Beziehungen. An der Ausarbeitung waren die beiden legendären Ministerpräsidenten Jawaharlal Nehru und Zhou Enlai direkt beteiligt. Im Juni 1954 besuchte Zhou Enlai Indien. Nach Gesprächen mit Nehru wurden in einem gemeinsamen Communiqué die Fünf Prinzipien mit Erläuterungen festgehalten:[118]

1. Gegenseitige Achtung des territorialen Besitzstandes (Unverletzlichkeit) und der Souveränität;
2. Ablehnung aller Angriffshandlungen (gegenseitiger Nichtangriff);
3. keine Einmischung in innere Angelegenheiten des anderen Landes (gegenseitige Nichteinmischung in die Angelegenheiten des anderen);
4. Gleichberechtigung und Streben nach gegenseitigen Vorteilen (Gleichheit und gegenseitiger Nutzen);
5. friedliches Nebeneinanderleben (friedliche Koexistenz).

Diese Fünf Prinzipien wurden in erweiterter Form 1955 bei der historischen Afroasiatischen Konferenz in Bandung (Indonesien) angenommen. Die teilnehmenden 29 Entwicklungsländer repräsentierten ca. 54 % der Erdbevölkerung und wollten ein Statement gegen Kolonialismus und Neokolonialismus setzen. Der chinesische Ministerpräsident wurde bei der Anreise übrigens Ziel eines Mordanschlages, dem er durch eine

---

118 Zitiert nach Hans-Eberhard Heike: Die Prinzipien der Friedlichen Koexistenz. Zu ihrem Ursprung und ihrer Entwicklung, *Politische Vierteljahresschrift*, Dezember 1966, S. 582.

Flugplanänderung zufällig entkam.[119] Diese Fünf Prinzipien der friedlichen Koexistenz sind also nicht nur die Grundlage der chinesischen Außenpolitik, sie werden inzwischen auch von den meisten Ländern der Welt akzeptiert. Eines der Probleme der chinesischen Regierung bestand früher darin, zu erklären, wie diese Außenpolitik mit dem damals propagierten »proletarischen Internationalismus« und der Unterstützung von Befreiungsbewegungen zusammenpasste.

In den 1970er Jahren standen der Aufbau und die Erhaltung guter Beziehungen mit dem Ausland im Zentrum der chinesischen Außenpolitik, da man dringend Technologie und Kapital aus dem Ausland benötigte. China war mit der Bewältigung der großen inneren Entwicklungsaufgaben beschäftigt.

Die generelle außenpolitische Linie, die Deng Xiaoping vertrat, formulierte er mit der Redewendung *tāoguāng yǎnghuì* 韬光养晦, übersetzt in etwa »seine Stärken verbergen (und einen günstigen Moment abwarten)«. Damit war gemeint, China solle sich auf seine Hausaufgaben konzentrieren, nämlich den wirtschaftlichen Aufbau, gute Kontakte mit dem Ausland pflegen, sich international nicht besonders hervortun, nicht besserwisserisch und belehrend auftreten, und den Frieden halten.

Es gab natürlich schon zu Deng Xiaopings Zeiten Territorialkonflikte. Deng versuchte immer, den Streit zu entschärfen, eine Lösung – sofern im Moment nicht möglich – aufzuschieben und die positiven Möglichkeiten der Zusammenarbeit in den Vordergrund zu stellen. Für ihn war es wichtig, gute Beziehungen mit den Nachbarstaaten aufrechtzuerhalten. So meinte er beim Besuch in Japan im Oktober 1978 in Anspielung auf die Diaoyu/Senkaku-Inseln:

> Es spielt keine Rolle, wenn diese Frage für einige Zeit, sagen wir für zehn Jahre, zurückgestellt wird. Unsere Generation ist nicht weise genug, um in dieser Frage eine gemeinsame Sprache zu finden. Die

119 »Die Ermittler glaubten, dass die Explosion durch eine Zeitbombe verursacht wurde, die ein Geheimagent der Guomindang an Bord des Flugzeugs platziert hatte, um den chinesischen Premierminister Zhou Enlai zu ermorden, der nach Plan an Bord dieser Maschine gehen sollte, um an der Konferenz teilzunehmen, aber in letzter Minute seine Reisepläne geändert hatte«, https://en.wikipedia.org/wiki/Kashmir_Princess

nächste Generation wird sicher klüger sein. Sie wird bestimmt eine für alle akzeptable Lösung finden.[120]

Diese Herangehensweise hatte natürlich den kurzfristigen Vorteil, den friedlichen Aufbau Chinas in dieser Zeit zu fördern und nicht zu stören; andererseits wurden einige Probleme aufgeschoben und bis jetzt scheinen noch keine weiseren Generationen nachgekommen zu sein.

Für Deng Xiaoping, der sich aktiv um die Außenbeziehungen kümmerte, war die Einkreisungspolitik der Sowjetunion gegen China das größte außenpolitische Problem, das sich im Laufe der Jahre entwickelt hatte. Dieses Problem ließ sich nicht »aufschieben«, da es um die Existenz Chinas ging. Deshalb wurden die Beziehungen zu den USA weiter ausgebaut, und Deng unternahm schließlich 1979 seine aufsehenerregende Reise nach Washington.

Während die Sowjetunion eine große Anzahl von Truppen an der chinesisch-sowjetischen Grenze stationiert hatte und Kämpfe an der sowjetisch-chinesischen Grenze ausbrachen, versuchte sie, den überstürzten Abzug der USA aus Vietnam zur Festigung der eigenen Position in Vietnam zu nutzen. In den von den USA ausgebauten vietnamesischen Kriegshäfen Cam Ranh und Đà Nẵng nisteten sich zunehmend sowjetische Kriegsschiffe ein. »Deng folgerte, dass die Sowjetunion entschlossen sei, die Vereinigten Staaten als dominierende Weltmacht zu ersetzen, und dass die Vietnamesen die dominierende Macht in Südostasien werden wollten.«[121] Hier war er gegen jegliche Kompromisse.

Und tatsächlich, nachdem Vietnam im Juli 1977 Laos unter seine Kontrolle gebracht hatte, begann im Dezember 1978 der Angriff auf Kampuchea (Kambodscha). Nachdem die vietnamesischen Truppen einen Gebirgspass eingenommen hatten, der leicht einen Vormarsch nach Thailand ermöglicht hätte, startete Deng in Abstimmung mit den USA und südostasiatischen Staaten den Angriff gegen den Norden Vietnams, der zeitlich und in seinen Zielen begrenzt war. Es ging darum, Vietnam zu zeigen, dass seine regionalen Großmachtambitionen Richtung Südostasien keine Chance auf Erfolg haben und die Sowjetunion auch keinen Beistand leisten kann.

---

120 Zitiert nach Kimie Hara: Okinawa, Taiwan, and the Senkaku/Diaoyu Islands in United States–Japan–China Relations, *Asia-Pacific-Journal*, http://apjjf. org/2015/13/28/Kimie-Hara/4341.html

121 Ezra F. Vogel, a. a. O., S. 269

Diese Auseinandersetzung vor vierzig Jahren war der letzte Krieg, in den China verwickelt war.

Diplomatie in einer neuen Entwicklungsphase

Die ungeheuren Veränderungen und die gewachsenen Sicherheitsrisiken stellten China vor die Aufgabe, sich außenpolitisch neu zu orientieren. China war von einem nach innen gewandten, international unbeachteten Staat zu einem Staat geworden, der auf der Weltbühne agiert. Die neuen Verpflichtungen, die China übernimmt, drücken sich in der Formel »Diplomatie eines großen Landes chinesischer Prägung«[122] aus. Ausgehend davon, dass die Menschheit in einer Schicksalsgemeinschaft vereint ist, soll die *»Global Governance«*[123] gestärkt und die Schaffung eines neuen multipolaren Modells internationaler Zusammenarbeit mit dauerhaftem Frieden, allgemeiner Sicherheit, gemeinsamer Prosperität, Offenheit, Inklusion und »Win-Win«-Lösungen für alle Länder gefördert werden.

China betont immer wieder, dass es selbst eine friedliche Entwicklung für den weiteren Aufstieg benötigt. Diese Formulierung ist eine ernstzunehmende, die sich nicht nur an das Ausland richtet, sondern auch an die eigene Bevölkerung und an das Militär. Da gibt es keinen doppelten Boden, in dem Sinne »nach außen ›friedlich‹, in internen Sitzungen kriegerisch«. Diese Formulierung der »friedlichen Entwicklung« hebt auch den Kontrast zum nicht-friedvollen Aufstieg Japans über ein halbes Jahrhundert von 1895 bis 1945 hervor. Man schätzt heute in Beijing, dass eine »Periode strategischer Chancen« bis zumindest ins Jahr 2020 vorhanden ist, in der ein günstiges äußeres Sicherheitsumfeld besteht. China sieht Entwicklung und Sicherheit national und international nicht trennbar: »Entwicklung ist die Grundlage

122 Das chinesische *dàguó wàijiāo* 大国外交, wörtlich »Diplomatie eines großen Landes« wird im deutschsprachigen Raum als »Großmachtdiplomatie« übersetzt, wobei das Wort »Großmacht« im Deutschen negativ besetzt ist. Es ist aber von der chinesischen Formulierung kein klassisches Großmachtverhalten intendiert.

123 »Global Governance ist keine Weltregierung sondern ein internationaler Rahmen von Prinzipien, Regeln und Gesetzen inklusive einer Reihe von Institutionen um diese aufrechterhalten, die notwendig sind, um globale Probleme zu bewältigen.« Was ist Global Governance? – Zwei Definitionen, *Bundeszentrale für Politische Bildung*, 27. Juni 2012, http://www.bpb.de/veranstaltungen/netzwerke/teamglobal/67464/definition

von Sicherheit und Sicherheit die Voraussetzung für Entwicklung.«[124] Wenn es keine wirtschaftliche und soziale Entwicklung gibt, ist die Gefahr von Kriegen größer, da die Menschen unzufrieden sind und leicht Bedrohungen »von außen« sehen; Nationalismus und Rassismus entstehen. Und wenn es keinen Frieden und keine Sicherheit gibt, geht der Wirtschaftsaufbau nur langsam und zögerlich voran, da nicht investiert wird.

Prinzipien der heutigen chinesischen Außenpolitik[125]

China hat neben den nach wie vor gültigen Fünf Prinzipien der friedlichen Koexistenz weitere Grundsätze der Außenpolitik, die es von anderen Ländern unterscheidet.

China bildet keine Militärbündnisse und Beistandspakte mit Ländern oder Ländergruppen, spricht sich gegen Hegemonismus aus und greift militärisch nicht an, wenn es nicht selbst attackiert wird. Es möchte die Vorgangsweise früherer oder bestehender Imperien nicht wiederholen.

Beijing tritt für die unumkehrbare Tendenz in Richtung einer »multipolaren Welt« ein – im Gegensatz zu einer von einer einzigen Supermacht dominierten unipolaren Welt, wie sie nach dem Zusammenbruch der Sowjetunion von den USA aufgebaut wurde. Jedes Land, unabhängig von seiner Größe, soll – zum allgemeinen Vorteil – gleichberechtigt an den Entscheidungen über internationale Angelegenheiten teilnehmen können.

China ist die einzige Atommacht, die öffentlich kundgetan hat, nie als erste Atomwaffen einzusetzen und den Einsatz von Atomwaffen weder anzudrohen noch durchzuführen.

Bei aller Orientierung auf friedliche Entwicklung hat auch China seine »roten Linien«, die von anderen Staaten nicht überschritten werden dürfen, nämlich die sogenannten »nationalen Kerninteressen«. Worum geht es dabei? In erster Linie geht es um Fragen der Souveränität, der nationalen

---

124　Xi Jinping: New Asian Security Concept For New Progress in Security Cooperation, *Ministry of Foreign Affairs of the People's Republic of China*, 21. Mai 2014, http://www.fmprc.gov.cn/mfa_eng/zxxx_662805/t1159951.shtml

125　Yang Jiechi: Innovations in China's Diplomatic Theory and Practice Under New Circumstances, *Qiushi Journal*, 1. Januar 2014; http://english.qstheory.cn/magazine/201401/201401/t20140121_315115.htm. Yang Jiechi ist Mitglied des Staatsrates.

Sicherheit, der territorialen Integrität und der nationalen Wiedervereinigung. Man muss ganz klar festhalten, dass es bezüglich folgender Punkte keinerlei politische Flexibilität gibt:

- Unabhängigkeitsentwicklung Taiwans
- sezessionistische Tendenzen in Tibet
- Terrorismus und sezessionistische Tendenzen in Xinjiang
- Unabhängigkeitsbestrebungen in Hongkong
- Souveränität über die Diaoyu/Senkaku-Inseln im Ostchinesischen Meer
- Souveränität über Teile des Südchinesischen Meeres

China hat aus den Erfahrungen mit kolonialer Besatzung, aufgezwungenen ungleichen Verträgen und Krieg[126] gelernt und ist entschlossen, allen Versuchen entgegentreten, chinesisches Territorium abzutrennen oder eine Wiedervereinigung mit Taiwan zu verhindern. Dies ist ein Teil der Bewältigung der kolonialen Vergangenheit, des chinesischen »Wiedererwachens«.

Und hier ist auch anzumerken, dass alle diese fremden Mächte über das Meer nach China gekommen waren, um China zu unterdrücken, auszubeuten und Teile Chinas abzuspalten. Aus diesem Gesichtspunkt heraus möge man auch verstehen, warum China gerade dabei ist, seine Küste und seine Handelswege zu schützen und eine Flotte aufzubauen.

Gestaltung des Verhältnisses zu den USA oder: »Können zwei Tiger auf einem Berg leben?«

Einen Schwerpunkt der aktuellen chinesischen Außenpolitik bildet die Beziehung zu den USA.

China hat keine mit der US-amerikanischen Monroe-Doktrin vergleichbare politische Richtlinie. Es hat oft betont, dass es die USA nicht aus Asien »verdrängen« möchte. Aber die US-amerikanische Hegemonie mit ihrer Militarisierung des Westpazifiks ist ein Hindernis für Vertrauen und Zusammenarbeit. China ist auch soweit realistisch, dass aufgrund der Supermachtstellung der USA ein plötzlicher Rückzug der USA aus den verschiedenen Krisenherden weltweit nicht konstruktiv wäre. »Das plötzliche

126 19. und 20. Jahrhundert; federführend waren Großbritannien, Frankreich, Deutschland, die Vereinigten Staaten, Russland und zuletzt Japan.

Hervortreten der ersten und einzigen Weltmacht schuf eine Lage, in der ein abruptes Ende ihrer Vorherrschaft (...) erhebliche internationale Instabilität auslösen würde. Die Folge wäre weltweite Anarchie.«[127] Ein Rückzug der USA kann nur langsam erfolgen.

Xi Jinping hat den Aufbau einer »neuen Art von Beziehungen großer Länder« zwischen China und den USA vorgeschlagen, um Probleme anzusprechen sowie wirtschaftliche und militärische Konflikte unter Kontrolle zu halten und in Verhandlungen zu klären. Diese Beziehungen sollen auf drei Pfeilern beruhen: »Erstens, Nicht-Konflikt und Nicht-Konfrontation. (...) Zweitens, gegenseitiger Respekt. (...) Drittens, Zusammenarbeit zum beiderseitigen Vorteil.«[128] Diese drei Pfeiler sprechen die wichtigsten möglichen Konfliktpunkte an. Respekt vor der jeweiligen Wahl des (unterschiedlichen) gesellschaftlichen Systems und Entwicklungsweges und Akzeptanz der jeweiligen Kerninteressen und Anliegen.

Die chinesischen Vorschläge sind sowohl bei US-Präsident Obama anlässlich des Besuchs von Xi Jinping in Annenberg Estate im Jahr 2015 als auch bei Obamas Team teilweise auf positives Echo gestoßen.

Trump verschärft den Konflikt mit China; statt Kooperation ist Konflikt angesagt. In der Nationalen Sicherheitsstrategie des US-Präsidenten vom Dezember 2017 wird China erstmals negativ als »Konkurrent« bezeichnet und als Bedrohung für die USA dargestellt.[129] Alles, was China im internationalen Bereich unternimmt, von Exporten über Kredite für Entwicklungsländer bis hin zu Investitionen, wird in der neuen Strategie paranoid auf die USA gemünzt und als Bedrohung für die USA dargestellt. Die USA, so heißt es, müssen überall dagegenhalten; dabei wird aber unterschätzt, dass die USA gar nicht mehr in der Lage dazu sind. Trumps Nationale Sicherheitsstrategie unterscheidet sich markant von den früheren, noch unter Obama gestalteten, die die weltweite Kooperation – bei allen vorhandenen Problemen – stärker in den Vordergrund gestellt hatten. Trump ist im Gegensatz dazu auf Krawall gebürstet.

Die chinesische Wirtschaft hat sich so rasch entwickelt, dass der Zauberlehrling nun glaubt, die Kontrolle über China verloren zu haben, die er in Wirklichkeit nie hatte. Die wirtschaftliche Entwicklung Chinas zeitigt

127 Zbigniew Brzeziński, a. a. O., S. 53.
128 Yang Jiechi, a. a. O.
129 National Security Strategy of the United States of America, a. a. O.

tiefgreifende internationale Auswirkungen. Der frühere australische Premier und ausgezeichnete China-Kenner Kevin Rudd formuliert den Zusammenhang: »Und wie wir alle (...) wissen, ist es die wirtschaftliche Macht in all ihren Dimensionen, die letztlich die strategische Macht und damit die politische Macht prägt.«[130] Wenn man die Entfaltung der strategischen und politischen Macht behindern will, muss man die weitere Entfaltung der wirtschaftlichen Macht und Innovationskraft Chinas behindern, so sehen es immer mehr der Eliten in Washington.

Diejenigen Teile der amerikanischen Industrie, die mit der chinesischen Wirtschaft nicht konkurrenzfähig sind, und Teile der Eliten, denen es schwer fällt, die Rolle der USA nach dem Ende des Kalten Krieges als weltweite »Nummer Eins« schwinden zu sehen und die den weltweiten Einflussverlust der USA in *»hard power«* und *»soft power«* nicht wahrhaben wollen, Beratungsunternehmen und Forschungsinstitute, die mit Aufbauschen von Problemen mehr Geschäft machen als mit friedlicher Entwicklung, das US-Militär, Geheimdienste und die damit verbundene Presse – alle diese Gruppen rüsten für eine hitzigere Auseinandersetzung. Sie verstärken die Tendenzen des *»China Containment«*, die Entwicklung Chinas einzudämmen und zu behindern.

Die Erscheinungsformen des *»China Containment«* sind vielfältig: Rückfall in den Unilateralismus, Protektionismus und sonstige Handels- und Investitionshemmnisse, Erweiterung und Vertiefung von Bündnissen zur regionalen militärischen Einkreisung Chinas, Behinderung Chinas in internationalen Organisationen, Aufrüstung der Streitkräfte im Westpazifik sowie Entwicklung neuer Waffensysteme, Ausnutzen und Aufschaukeln von historischen Problemen mit dem Ziel, China zu destabilisieren, sowie Desinformationsarbeit über die Situation in China in Medien und an Universitäten.

Es gibt in den USA zunehmend Stimmen, die einen militärischen Konflikt mit China nahezu als unvermeidlich sehen, oft ausgehend von der Annahme, dass China den USA ohne militärisches Eingreifen »über den Kopf wächst« und die USA zu viel Einfluss verlieren.

Die Konfliktsicht vertritt auch der amerikanische Politikwissenschaftler Graham T. Allison, der voraussagt, das amerikanisch-chinesische Verhältnis

---

130   Kevin Rudd: China's impact on regional and global order, Alistair Buchan Lecture 2013, *IISS*, 16. Dezember 2013, https://www.iiss.org/en/events/events/archive/2013-5126/december-c771/rudd-buchan-083c

befinde sich in der »Thukydides-Falle«, der wahrscheinlichen Kriegsgefahr zwischen einem etablierten Imperium und einer neu aufstrebenden Großmacht. Allison untersuchte historische Fälle des Abstiegs bzw. Aufstiegs von Mächten und stellte in einer Anhörung des Rüstungsausschusses des US-Senats fest: »In den letzten fünfhundert Jahren war das Ergebnis in zwölf von sechzehn Fällen Krieg, wenn eine aufsteigende Macht eine herrschende Macht herausforderte.«[131] Um seine Studien noch griffiger und besser verkäuflich zu machen, zitiert er einen Satz des griechischen Strategen und Historikers Thukydides aus dessen Werk *Geschichte des Peloponnesischen Krieges*, der die Angst Spartas vor der wachsenden Macht Athens als Grund für einen unausweichlichen Krieg bezeichnete: »Es waren der Aufstieg Athens und die Angst, die dieser in Sparta hervorrief, die den Krieg unvermeidlich machten.«[132]

Der Aufstieg Chinas entspricht aber keineswegs den historischen Vorbildern des Aufstiegs von Großmächten. China sucht einen friedlichen Aufstieg der wirtschaftlichen Entwicklung; China hat keine Kolonien erobert und hat dies auch nicht vor; China kämpft nicht um Einflusssphären und führt keine militärischen Expansionen durch.

Was Allison den Mitgliedern des Ausschusses nicht sagte und diese wahrscheinlich mangels historischer Kenntnisse und der Werke von Thukydides und Xenophon auch nicht wissen, formuliert der Militärspezialist Franz-Stefan Gady:

> Die Erzählung vom Krieg zwischen dem Athenischen Reich und Sparta und ihren Verbündeten, wie sie von Thukydides (und Xenophon) dargestellt wird, zeigt, dass Kriege zwischen Großmächten oft nicht durch eine oder mehrere entscheidende Schlachten gewonnen werden, sondern durch langwierige Stellungskriege, nachdem anfängliche Strategien beider Seiten, ein eindeutiges Ergebnis zu erzwingen, gescheitert sind. Darüber hinaus lehrt die Geschichte des Peloponnesischen Krieges, dass der Sieg in einem solchen Krieg

131 Opening Statement by Dr. Graham T. Allison before the United States Senate Committee on Armed Services at a hearing convened to discuss "China, the US and the Asia-Pacific", 14. April 2015, http://www.armed-services.senate.gov/imo/media/doc/Allison_04-14-15.pdf

132 Allison, a. a. O.

für beide Seiten mit enormen Kosten verbunden ist und den klaren Unterschied zwischen Sieger und Verlierer oft verwischt.[133]

Sowohl ein Wirtschaftskrieg als auch ein militärischer Krieg würden schweren Schaden für die USA und China bringen. Beides sollte unbedingt vermieden werden. Eine realistische amerikanische Sichtweise, formuliert vom Strategen Zbigniew Brzeziński:

> Chinas einflussreiche und aufstrebende Rolle in der Weltpolitik ist eine Realität, auf die sich die Amerikaner einstellen müssen anstatt sie zu dämonisieren oder sich einem kaum verschleiertem Wunschdenken über ein Scheitern Chinas hinzugeben.[134]

Chinesische Nachbarschaftspolitik

Ein zweiter Schwerpunkt der chinesischen Außenpolitik ist die Nachbarschaftspolitik. China ist weltweit das Land mit den längsten Landesgrenzen, nämlich 22 117 Kilometern. Es hat vierzehn Nachbarstaaten. Das erklärt, warum China immer wieder in territoriale Konflikte verwickelt war und ist, obwohl es an guten Beziehungen und Frieden besonders mit den Nachbarstaaten interessiert ist. Es ist China aber gelungen, mit zwölf der vierzehn Staaten historisch gewachsene Grenzziehungsprobleme durch Verhandlungen zu lösen.

Weil immer wieder von Politikern, Journalisten und Politologen behauptet wird, dass China in Grenzstreitigkeiten so aggressiv vorginge, möchte ich darauf näher eingehen.[135] Der US-amerikanische Politologe Alan M. Taylor, ein China-Spezialist, hat das chinesische Verhalten bei Grenzverhandlungen und den daraus folgenden Vereinbarungen detailliert analysiert, mit für ihn erstaunlichen Ergebnissen:

> Nach gängigen Theorien über internationale Beziehungen wäre zu erwarten, dass ein Land wie China bei Grenzstreitigkeiten

---

133 Franz-Stefan Gady, Thucydides' Ignored Lesson, *The Diplomat*, 11. August 2017, http://thediplomat.com/2017/08/thucydides-ignored-lesson/

134 Zbigniew Brzeziński: *Strategic Vision*, Basic Books, 2011, Kindle Edition.

135 Siehe z. B. den manipulativen Artikel bei *Quora* von Jason Chen, einem »Experten für chinesische Geschichte und Zeitgeschehen«, dessen Titel schon alles sagt: Why does China have border disputes with almost every neighbouring country? https://www.quora.com/Why-does-China-have-border-disputes-with-almost-every-neighbouring-country

kompromisslos und unversöhnlich agiert und dazu neigt, bei territorialen Streitigkeiten Gewalt einzusetzen. Entgegen der Meinung der Vertreter des offensiven Realismus hat China seine militärische Überlegenheit jedoch nur selten benutzt, um über Territorien, die es beansprucht, hart zu verhandeln oder sie gewaltsam zu besetzen.

Und:

China ist oft erhebliche Kompromisse eingegangen und bot in der Regel an, sich bei einer endgültigen Einigung mit weniger als der Hälfte des umstrittenen Gebietes zufriedenzugeben. Außerdem haben diese Kompromisse zu Grenzverträgen geführt, in denen China potenzielle irredentistische Ansprüche auf mehr als 3,4 Millionen Quadratkilometer Land, das zu Beginn des 19. Jahrhunderts Teil des Qing-Reiches gewesen war, aufgegeben hat.[136]

Tatsächlich versucht China, eine Balance zwischen historischem Recht und Gerechtigkeit und den jeweiligen Interessen zu finden.

Nur mit zwei Staaten war das bis jetzt nicht möglich: mit Indien,[137] das sich seit den 1950er Jahren weigert, die von der britischen Kolonialmacht gezogene MacMahon-Linie auch nur zu diskutieren, und mit Bhutan, wobei dahinter wieder Indien steckt, das großen Einfluss in Bhutan hat und dem kleinen Land die Aufnahme diplomatischer Beziehungen mit China sowie den Abschluss eines Grenzziehungsvertrags nicht genehmigt.[138]

Zur Grenze auf dem Land kommen noch die Rechte und Interessen Chinas zur See, die vor allem im Bereich des Ost- und Südchinesischen Meeres von Bedeutung und schwierig zu lösen sind.[139] Die Grenzziehung zu Vietnam an der Küste (Golf von Tonkin) wurde von den beiden Staaten durch Verhandlungen geklärt und 2004 ratifiziert.

China verstärkt im Rahmen der Nachbarschaftspolitik ständig die

---

136 M. Taylor Fravel: *Strong Borders, Secure Nation*, Princeton University Press, 2008.

137 Die Gebiete, die noch nicht verhandelt sind, sind Aksai Qin in Tibet bzw. Kaschmir und Südosttibet bzw. Arunachal Pradesh. Es wurden aber Vereinbarungen unterschrieben, die »Linie der tatsächlichen Kontrolle« (*Line of Actual Control*, LAC) zu akzeptieren.

138 P. Stobdan: In the Tri-Junction Entanglement, What Does Bhutan Want? *The Wire*, 11. Juli 2017, https://thewire.in/156180/bhutan-doklam-border-china/; P. Stobdan ist ein ehemaliger indischer Botschafter.

139 Siehe dazu die Kapitel über das Ostchinesische und das Südchinesische Meer.

Kontakte und die Kooperation mit dem Verband Südostasiatischer Nationen (ASEAN). 1996 wurde China ein »Full Dialogue Member« der ASEAN, und im Oktober 2003 vereinbarten China und die ASEAN eine »Strategische Partnerschaft für Frieden und Wohlstand«. China nimmt auch an den Treffen des ASEAN-Regionalforums (ARF), des ASEAN+3 (China, Südkorea, Japan), am Ostasiengipfel (EAS) und am Treffen der ASEAN-Verteidigungsminister Plus (ADMM Plus) teil. Die ASEAN und China haben elf Prioritäten der Zusammenarbeit beschlossen: Landwirtschaft, Informations- und Kommunikationstechnologie, Personalentwicklung, Entwicklung des Mekong-Beckens, Investitionen, Energie, Transport, Kultur, öffentliches Gesundheitswesen sowie Tourismus und Umwelt. 2010 trat ein China–ASEAN-Freihandelsabkommen in Kraft, das größte Freihandelsabkommen der Welt gemessen an der Bevölkerungszahl und das drittgrößte nach der Europäischen Union und dem Nordamerikanischen Freihandelsabkommen (NAFTA) gemessen an der Wirtschaftskraft. Die Kooperation mit der ASEAN umfasst auch politische und Sicherheitsaktivitäten, die durch die forcierte »Machtprojektion« der USA im Westpazifik eine besondere Herausforderung darstellen.

Mitarbeit in internationalen Organisationen

Das führt zum nächsten Schwerpunkt der chinesischen Außenpolitik, nämlich die Präsenz und die Arbeit in internationalen Organisationen. Als Verfechter eines Multilateralismus und einer Mitbestimmung aller Staaten bei der Lösung von Problemen legt China großen Wert auf die Rolle der Vereinten Nationen und anderer internationaler Organisationen. Es ist Mitglied bei mehr als hundert zwischenstaatlichen Organisationen und hat mehr als dreihundert internationale Konventionen unterzeichnet. China ist ein permanentes Mitglied im UNO-Sicherheitsrat mit Vetorecht. Wiewohl China die UNO voll unterstützt, tritt es für einen Umbau des Sicherheitsrates in Richtung größerer Repräsentativität und Effektivität ein. China ist das Sicherheitsratsmitglied mit dem meisten Personal in Friedensmissionen. Es hat ca. 21 000 Personen in 30 UNO-Friedensmissionen entsandt und beteiligt sich aktiv am Kampf gegen Terrorismus und der Nichtweiterverbreitung von Atomwaffen. China stellt Schiffseskorten im Golf von Aden und vor der Küste von Somalia zum Schutz von Schiffen vor Piraterie und entsendet Hilfsteams zu Katastropheneinsätzen. Aufgrund der Entwicklung der chinesischen Wirtschaft und der wachsenden Bedeutung Chinas werden immer größere Aktivitäten in dieser Richtung erwartet.

Internationale Kooperationsarchitektur

Ein wichtiger Mosaikstein für Chinas Außenpolitik ist die BRICS-Gruppe (Brasilien, Russland, Indien, China und Südafrika). 2009 fand der erste BRIC-Gipfel noch ohne Südafrika statt; im Dezember 2010 kam Südafrika dazu. Die BRICS wurden zu einer wichtigen überregionalen Wirtschafts- und Sicherheitskooperationsplattform für Schwellen- und höher entwickelte Länder auf vier Kontinenten. In diesen Ländern leben 43 % der Weltbevölkerung und sie generieren ca. 25 % des weltweiten BIP. Wichtig ist die internationale institutionelle Bedeutung. Die BRICS-Staaten halten zusammen 13,24 % der Stimmrechte in der Weltbank und 15 % der Quotenanteile im Internationalen Währungsfonds (IWF). Damit versuchen sie, größeren Einfluss für Entwicklungs- und Schwellenländer in internationalen Organisationen zu erreichen, z. B. im UNO-Sicherheitsrat und im IWF. Auf der Tagung 2017 in Xiamen (China), waren neben den Mitgliedern auch Ägypten, Kenia, Tadschikistan, Mexiko und Thailand eingeladen. Nachdem einige BRICS-Länder sehr stark mit internen Problemen beschäftigt sind, gibt es Überlegungen, ein BRICS-Plus zu schaffen, das weitere Schwellen- und Entwicklungsländer umfasst.

Ein weiterer Mosaikstein der Kooperationsarchitektur ist die Shanghaier Organisation für Zusammenarbeit (SCO). Sie ist eine permanente internationale Organisation in Asien, die 2003 in St. Petersburg von China mitgegründet worden war. Ihre Aufgaben sind die Stärkung des zwischenstaatlichen Vertrauens und die Zusammenarbeit in Politik, Handel und anderen Bereichen. Immer wichtiger wird die Zusammenarbeit im Sicherheitsbereich, vor allem im Kampf gegen den Terrorismus. Wichtig ist es der Organisation auch, »sich in Richtung einer demokratischen, gerechten und rationalen neuen internationalen politischen und wirtschaftlichen Ordnung zu bewegen«,[140] also Abstimmungen auf internationaler Ebene Richtung multipolare Ordnung zu erreichen. Die SCO hat derzeit acht Mitglieder: China, Indien, Kasachstan, Kirgisistan, Pakistan, Russland, Tadschikistan und Usbekistan. Die Mongolei, Afghanistan, der Iran und Belarus haben

140 *The Shanghai Cooperation Organisation*, 9. Januar 2017, http://eng.sectsco.org/about_sco/

Beobachterstatus; Armenien, Aserbaidschan, Kambodscha, Nepal, Sri Lanka und die Türkei sind Dialogpartner. 2017 fand das erste Kontaktgespräch zwischen der SCO und der ASEAN mit den Überlegungen statt, Programme in Südost- und in Mittelasien zu verbinden.

China ist aktives Mitglied der Konferenz für Interaktion und vertrauensbildende Maßnahmen in Asien (CICA),[141] ein multinationales Forum zur Stärkung der Kooperation, um Frieden, Sicherheit und Stabilität in Asien zu unterstützen. Die CICA wurde 1992 von Kasachstan gegründet und hat derzeit 26 Mitgliedstaaten und neun Beobachterstaaten aus ganz Asien. Die CICA könnte zum Nukleus für die Entwicklung einer neuen regionalen asiatischen Sicherheitsarchitektur werden, einer Architektur, die auf Kooperation und Inklusion beruht und die sich nicht gegen einzelne Staaten richtet. Ein Schwerpunkt der internationalen Entwicklungszusammenarbeit Chinas, der von den USA und der EU argwöhnisch beäugt wird, liegt in Afrika.[142] Im China–Afrika-Kooperationsforum (FOCAC, 54 Mitgliedsstaaten) laufen viele der Fäden zusammen.[143] In Unterstützung der »Agenda 2063«[144] der Afrikanischen Union hat China im Dezember 2015 auf dem Gipfel in Johannesburg ein großes Unterstützungspaket für die Jahre 2016 bis 2018 zugesagt. China bietet 60 Milliarden US-Dollar Finanzierung, davon 5 Milliarden US-Dollar als Gratis-Hilfe und zinslose Darlehen, 35 Milliarden US-Dollar an begünstigten Krediten und den Rest für den Aufbau von Kooperationsfonds. China sagte auch zu, regionale Berufsbildungszentren aufzubauen, 200 000 afrikanische Techniker auszubilden und 40 000 Ausbildungsplätze in China bereitzustellen. Dazu kommen noch Ausbildungsplätze an chinesischen Universitäten. Es wurde auch zugesagt, in 100 afrikanischen Dörfern landwirtschaftliche Entwicklungsprojekte durchzuführen und 30 Teams von Landwirtschaftsexperten nach Afrika zu schicken.

---

141 *Conference on Interaction and Confidence Building Measures in Asia* (CICA) http://www.s-cica.org/page.php?page_id=7&

142 Es gibt viele Falschinformationen und Skandalisierung von negativen Einzelproblemen betreffend die Zusammenarbeit zwischen China und Afrika; gute Informationen bietet http://www.chinaafricarealstory.com von Deborah Brautigam, Leiterin der China Africa Research Initiative (CARI) an der School of Advanced International Studies (SAIS) der Johns Hopkins University in Washington.

143 http://www.focac.org/eng/

144 About Agenda 2063, *African Union*, https://au.int/en/agenda2063/about

4. Die geopolitische Strategie der USA und ihre Umsetzung

Mackinders Geopolitik

Am 25. Januar 1904 hielt der britische Geograf Halford Mackinder einen Vortrag vor der Royal Geographical Society in London mit dem Titel *Der geografische Angelpunkt der Geschichte (The Geographical Pivot of History)*. Mackinder, der sich Sorgen um die britische Vormachtstellung in der Welt machte, stellte Überlegungen an, in welcher Weise die politische Landschaft der Welt auf den geografischen Bedingungen basiert und welche Chancen und Handlungsspielräume Länder deshalb hätten. Mit diesem Vortrag und seinen Ideen wurde er zum »Vater der Geopolitik«. Mackinder zeichnete Festland-Europa und Asien als einen großen Kontinent, als ein Eurasien (auch »Weltinsel« genannt). In Eurasien gebe es im Zentrum und im Osten einen Kernbereich, das Herzland *(heartland)*, das durch seine geografische Lage militärisch und wirtschaftlich begünstigt ist. Abgeschlossen gegen das Meer und riesig groß – deshalb schwer zu erobern –, mit weiten Ebenen, die früher mit Pferden dann mit Eisenbahnstrecken zu erschließen waren, befinden sich zahlreiche Bodenschätze. Es deckt sich in etwa mit dem geografischen Gebiet der späteren Sowjetunion. Im Westen, Süden und Osten, um das Herzland herum, erstrecken sich in einem halbmondförmigen Bogen die vier »inneren Randgebiete«, nämlich Europa inklusive Nordafrika (unmittelbare Nachbarn des Herzlandes waren Deutschland und Österreich-Ungarn), der Mittlere Osten (Ägypten, Türkei, Arabische Halbinsel, Iran), Südasien sowie das Ost- und Südostasiatische Festland. Schließlich gibt es außerhalb noch die »äußeren Randgebiete«: Großbritannien, Nord- und Südamerika, Afrika südlich der Sahara, Australien und Japan. Aufgrund der Geografie und anhand historischer Beispiele untermauerte Mackinder die Gefahr aus britischer Sicht, dass ein Zugriff zur Weltherrschaft in der Schlüsselregion *(pivot region)*, dem Herzland, seinen Ausgangspunkt finden kann und soll. So formuliert er in seinem späteren Werk *Democratic Ideals and Reality*: »Wer über Osteuropa herrscht, beherrscht das Herzland; wer

über das Herzland herrscht, beherscht die Weltinsel: Wer über die Weltinsel herrscht, beherrscht die Welt.«[145] Um die Denkweise zu illustrieren,
die sich daraus ergibt, hier seine Einschätzung der konkreten Situation im
Jahr 1904: Er sieht zwei gefährliche Konstellationen, die die Entwicklung
einer Weltmacht herbeiführen könnten. Einmal mit Russland als führende
Macht: Russland liegt auf dem Gebiet des »Herzlandes« und expandiert
in alle Richtungen. Falls es Russland gelänge, in die inneren Randgebiete
und darüber hinaus zu expandieren, würden diese zusätzlichen Ressourcen
es ihm ermöglichen, eine Flotte zu bauen, und ein Weltreich wäre in Sicht.
Das könnte passieren, wenn sich Russland mit Deutschland verbündet. Die
zweite (unwahrscheinliche) Konstellation wäre ein Bündnis Japans mit
China (mit Japan als führender Macht). Eine japanisch-chinesische Allianz könnte Russland erobern und hätte mit den Grundlagen einer großen
Bevölkerung, großen Industrie- und Rohstoff-Ressourcen sowie mit dem
Zugang zum Meer die Fähigkeit, eine große Flotte zu bauen und die Macht
Englands in den Randgebieten (Kolonien) zu gefährden.

Nachdem Großbritannien an einer geostrategisch ungünstigen Position
auf einer Insel sitzt – und nicht im »Herzland« –, besteht seine geostrategi-
sche Chance nur darin, zu verhindern, dass aufstrebende Mächte sich durchsetzen. Mackinder definierte es demgemäß als vorrangige Aufgabe Großbritanniens, zu verhindern, dass sich jemals Konstellationen oder Bündnisse
zu seinen Ungunsten entwickeln. Es galt, gegen das zunehmend expansive
Deutschland Bündnisse mit Frankreich und mit den USA zu schmieden und
vor allem ein Bündnis Deutschlands mit Russland zu verhindern.

Nach dem Ersten Weltkrieg sah Mackinder es erneut als Aufgabe, ein
Wiedererstarken Deutschlands sowie Russlands als zentrale Mächte in
Europa zu verhindern. Tragischer Weise waren es Deutsche, die seine The-
orien für ihre aggressiven Pläne verwendeten. Den deutschen Professor für
Geografie Karl Haushofer und seine Kollegen am Münchner Institut für
Geopolitik sprachen die globalen Thesen Mackinders an. Haushofer, der sich
mit Geopolitik aus der Sicht Deutschlands befasste, verband seine Theorie
des »notwendigen deutschen Lebensraumes« mit Mackinders Herzland-
Theorie. Die Stoßrichtung war bei beiden Theorien klar: nach Osten, gegen
die Sowjetunion, als Zwischenschritt zur Weltherrschaft. Haushofer hatte

145 Halford Mackinder: *Democratic Ideals and Reality*, Neuauflage: National Defense
University Press, Washington, 1942 (Ersterscheinung: 1919), S. 106.

freundschaftliche Kontakte zu Rudolf Heß, der sein Schüler und Assistent war. Es soll auch direkte Kontakte mit Hitler gegeben haben. Ob und wieweit Haushofer Hitlers imperialistische strategische Entscheidungen direkt beeinflusste, ist nicht bekannt.

In der englischsprachigen Welt waren Mackinders strategische Überlegungen zuerst nicht weiter aufgegriffen worden und wurden rasch vergessen. Erst 35 Jahre später, während des Zweiten Weltkrieges, gruben Engländer und US-Amerikaner seine Untersuchungen wieder aus und nutzten seine Herzland-Theorie als Grundlage für Diskussionen über geopolitische Erklärungen der Ereignisse und Empfehlungen für die Politik. Der Deutsch-Sowjetische Nichtangriffspakt, der Beginn des Zweiten Weltkriegs und die rasche Invasion der Sowjetunion durch Deutschland lenkten in den USA die Aufmerksamkeit auf Mackinders Werk. Auch die Stärke der gegen Hitler siegreichen Sowjetunion, die ihren Einfluss sukzessiv nach Westen ausdehnte und das »Herzland« abdeckte, ließen die USA noch während des Zweiten Weltkrieges nach einer geopolitischen Strategie zur Eindämmung der Sowjetunion suchen.

US-amerikanische Geopolitik nach dem Zweiten Weltkrieg: »Eindämmung« und antikommunistische Hysterie

Der bekannte amerikanische Diplomat George F. Kennan, ein Anhänger der realistischen Schule der Außenpolitik, gilt als der »Vater der Eindämmung«. Im April 1947 gab Außenminister George Marshall ihm den Auftrag, im Außenministerium einen politischen Planungsstab für strategische Politik aufzubauen. Kennan suchte eine theoretische Grundlage für die Festlegung der US-amerikanischen Politik, und er fand sie in den Herzland-Konzepten Mackinders. »Halford Mackinder lieferte eine brillante geopolitische Analyse, die die theoretische Grundlage für Amerikas Eindämmungspolitik bildete.«[146]

Die lange Zeit erfolgreiche US-amerikanische und britische machtpolitische Zielsetzung, nämlich auf dem europäischen Festland keine Macht aufkommen zu lassen, die eine andere militärisch dominieren kann, hatte durch den Zweiten Weltkrieg Schiffbruch erlitten. Die Sowjetunion, in

---

146 Francis P. Sempa: *Geopolitics: From the Cold War to the 21st Century*, Transaction Publishers, 2002, S. 25.

einem Kriegsbündnis mit den Westmächten, ging als Siegerin auf dem Festland hervor. Kennan befürchtete, dass diese große Landmacht eine Seemacht aufbauen und mit dieser eine Expansion über das Meer beginnen könnte, die sich negativ auf die Interessen Englands und der USA auswirkt. Man überlegte, wie die alte Situation wieder herzustellen sei. Es sollten mit Westdeutschland, Frankreich, Italien, Francos Spanien, Großbritannien und Japan wieder Staaten aufgebaut werden (die »inneren Randgebiete«, von Westeuropa über den Mittleren Osten bis Ostasien), die unter Führung der USA die sowjetische Macht eindämmen können. Kennan war kein Verfechter einer militärischen Eindämmung, sondern einer wirtschaftlichen, ideologischen und politischen:

> Ich und andere, die die Sowjetunion gut kannten, glaubten nicht, dass auch nur die geringste Gefahr eines militärischen Angriffs der Sowjets gegen die westlichen Großmächte oder Japan bestünde. Es handelte sich mit anderen Worten um eine politische Gefahr, keine militärische.[147]

Kennan spielte eine zentrale Rolle beim Erstellen des Marshall-Plans, der Gründung von Radio Free Europe, verdeckter politischer Unterstützung für westeuropäische Regierungen und Japan und des CIA-Direktorats für »verdeckte Operationen«.[148] Kennan schlug u. a. die verdeckte Unterstützung linker Parteien und Gewerkschaften in Westeuropa vor, die nicht an Moskau orientiert waren, um eine Spaltung zwischen der Sowjetunion und der Arbeiterbewegung im Westen herbeizuführen.

Aber die Weichen wurden von anderen in Richtung militärische Eindämmung gestellt. Kennan verlor schließlich durch den neuen Außenminister Dean Acheson seinen Einfluss.

> Aber aus Gründen, die ich nie ganz verstanden habe, schienen im Jahre 1949 sehr viele Menschen in Washington – im Pentagon, im Weißen Haus und sogar im Außenministerium – zu dem Schluss

---

147 George F. Kennan: *American Diplomacy*, University of Chicago Press, 2012, S. 170.

148 Diese Nacht-und-Nebel-Aktionen bezeichnete Kennan später als einen seiner größten Fehler.

gekommen zu sein, dass es eine wirkliche Gefahr gäbe, dass die Sowjets in naher Zukunft einen Dritten Weltkrieg entfesseln.[149]

Durch eine konservative, antikommunistische Hysterie, angeführt durch Senator Joseph McCarthy, kamen Acheson und Truman unter Druck, die Containment-Politik zu militarisieren. In Europa wurde die NATO gegründet, die nach Aussage ihres ersten Generalsekretärs, des Briten Lord Hastings Lionel Ismay, folgende Aufgabe hatte: »Die Sowjetunion draußen halten, die Amerikaner drinnen und die Deutschen unten.«[150]

Japan nach dem Ende des Krieges

Japan kapitulierte am 2. September 1945. Anders als in Deutschland blieben – mit Ausnahme einiger angeklagter Kriegsverbrecher – die Regierung und die Bürokratie, geführt und kontrolliert von amerikanischen Verantwortlichen, im Amt.

Nachdem sich Ende der 1940er bis Anfang der 1950er Jahre im US-Militär und der Führung der USA die Meinung durchgesetzt hatte, dass die Sowjetunion weltweit, vor allem in Asien, aggressiv militärisch eine Ausweitung ihres Areals suchte, war klar, aus Japan auf Dauer einen Verbündeten und eine Bastion des US-Militärs zu machen. Denn ohne entsprechende Basen in der Region war die See- und Luftmacht der USA nicht einsetzbar.

> Hauptsächlich deshalb, weil wir uns bereits entschieden hatten, Moskau sei entschlossen, einen neuen Weltkrieg zu beginnen. Um dem zu widerstehen, brauchten wir Japan als militärischen Außenposten. Aber auch weil Russland bereits als der Inbegriff des Bösen identifiziert wurde; und es würde vom innenpolitischen Standpunkt aus nicht gut aussehen, mit dem Bösen zu verhandeln und Kompromisse zu schließen.[151]

Die sowjetische Reaktion auf diese Einkreisungspolitik ließ nicht lange auf sich warten. Die Sowjetunion versuchte, ihre militärische Position auf dem Festland vis-à-vis Japan zu konsolidieren, ließ Nordkorea in den Süden vorrücken, um das Land wieder zu vereinigen und den amerikanischen Schritten

---

149 George F. Kennan, a. a. O., S. 170.
150 Lord Ismay, *NATO*, http://www.nato.int/cps/en/natohq/declassified_137930.htm
151 George F. Kennan, a. a. O., S. 172.

bezüglich Japan zu entgegnen. Kennan sieht einen direkten Zusammenhang zwischen dem Beschluss der USA, dauerhaft Truppen in Japan zu stationieren, und dem Beginn des Koreakrieges.

Kennan war in seiner Funktion als Leiter des *Policy Planning Staff* in Asien aktiv. Er besuchte 1948 den Oberbefehlshaber des Pazifik, General Douglas MacArthur, um die weitere Vorgangsweise im besetzten Japan zu definieren. Neben dem Wirtschaftsaufbau in Japan als Hauptpriorität gegen den wachsenden kommunistischen Einfluss wurde die militärische Einflusszone definiert:

> Kennan und MacArthur waren sich einig, dass die Sicherheit der USA im Fernen Osten durch einen ›Offshore-Sicherheitsbereich‹ gesichert werden könnte, der die Aleuten, die Ryūkyū-Inseln, die ehemaligen japanischen Mandatsgebiete sowie Guam [und] Okinawa umfasst.[152]

Für die Entwicklung der japanischen Wirtschaft war es notwendig, deren Rohstoffversorgung sicherzustellen. Das US-Außenministerium beschloss eine zweigleisige Politik, einerseits Japan zu erlauben, vorübergehend und begrenzt Handel mit der Volksrepublik China zu betreiben (was China und Japan ebenfalls wollten) und parallel dazu die Versorgung Japans über Südostasien aufzubauen, gemäß den zuvor von den USA bekämpften japanischen Plänen für eine »Gemeinsame Großostasiatische Wohlstandssphäre«. Präsident Harry Truman bekräftigte die Linie des Außenministers Dean Acheson, dass ein Handelsembargo gegen Festland-China den Verbündeten der USA schaden und China weiter in die Arme der Sowjetunion treiben würde und überlegte eine nicht-konfrontative Außenpolitik gegenüber der Volksrepublik China. Dafür solle man sich auf die »Sicherung« der Nachbarländer Chinas konzentrieren, die sich in einem Halbkreis von Japan bis Indien gruppieren.[153] Da die USA die Volksrepublik China formal nicht anerkannten (dies geschah erst 1979), sondern das auf die Insel Taiwan

152 Francis P. Sempa: The Kennan-MacArthur Meeting and the Future of Japan, *The Diplomat*, 17. März 2015, http://thediplomat.com/2015/03/the-kennan-macarthur-meeting-and-the-future-of-japan/

153 Andererseits unterstützte die CIA mit Ausbildung und Waffen den Guomindang-General Li Mi, der von Nordostburma aus China attackieren sollte, aber dreimal scheiterte, siehe https://en.wikipedia.org/wiki/CIA_activities_in_Myanmar

geflüchtete Tschiang-Kai-schek-Regime der »Republik China« unterstütz-
ten, die sie auch in den UNO-Sicherheitsrat hievten, stieß das auf heftigen
Widerstand bei der amerikanischen »China-Lobby« (eigentlich Taiwan-
Lobby), die zum Sturz der Kommunistischen Partei Chinas militärisch
eingreifen wollte. Sie sahen ihre wirtschaftlichen Felle davonschwimmen.
Das chinesische Festland wäre ja ein wichtiger Markt und Rohstofflieferant.
Acheson wurde beschuldigt, im Außenministerium kommunistische Spione
zu beschäftigen, denn nur so sei seine Politik zu erklären, die dazu führte,
dass die USA China »verloren«. Die nicht-konfrontative Außenpolitik brach
mit dem Koreakrieg, in dessen weiterer Verlauf Amerikaner gegen Chinesen
kämpften, endgültig zusammen.

Der Friedensvertrag von San Francisco und die Perlenkette der ungelösten Probleme

Die endgültige Zuordnung der Gebiete im Westpazifik, die Japan erobert
und besetzt hatte, wurde mit dem Friedensvertrag von San Francisco 1951
entschieden.

Die USA drängten auf einen möglichst raschen Abschluss eines Friedensvertrages, um eine Annäherung Japans an seine Nachbarn Sowjetunion und China zu verhindern, und um durch wirtschaftliche Hilfe den
Wiederaufbau Japans und eine enge Bindung an die USA zu fördern. Die
Vorbereitung des Friedensvertrags von San Francisco mit Japan – die Formulierung des Textes – wurde federführend von den USA betrieben und
monopolisiert, anstatt alle Staaten, die gegen Japan gekämpft hatten, daran
zu beteiligen. Korea, China und die Sowjetunion waren von den USA nicht
als Vertragsparteien vorgesehen.

In den seit 1947 entstandenen internen Versionen des Außenministeriums entwickelte sich der Vertrag auf Grundlage der Vereinbarungen von
Kairo, Jalta, Potsdam, der »Grundlegenden Politik für Japan nach der Kapitulation«, die von der Fernostkommission der Alliierten am 19. Juni 1947
angenommen wurde, zu einer Variante, die auf die strategischen Bedürfnisse
der USA im Fernen Osten zugeschnitten war. Die Versionen änderten sich
von einer präzisen, detaillierten geografischen Bezeichnung der Gebiete, auf
die Japan verzichten und an welches Land Japan welches Gebiet übergeben

muss, zu einer mehr und mehr »vereinfachten«, nicht eindeutig definierten Version, die schließlich Differenzen hervorrufen musste.[154]

Die USA schlugen absichtlich eine Reihe von unklaren Lösungen vor, die bis heute für Konflikte sorgen – die Südkurilen: ein Problem zwischen Japan und Russland; Takeshima/Dokdo: zwischen Korea und Japan; Diaoyu/Senkaku-Inseln: zwischen China und Japan; Nansha/Spratly- und Xisha/Paracel-Inseln: zwischen mehreren südostasiatischen Staaten untereinander und mit China –, alles entlang der »Acheson-Line«, die der US-Außenminister als vorderste Frontlinie der »Verteidigung« der USA im Westpazifik festgelegt hatte.

Die USA hätten es in der Hand gehabt, diese und einige andere Probleme im Vertrag von San Francisco ein für alle Mal zu lösen. Aus einer Änderung ihrer strategischen Interessen von »Japan als Feind« in Richtung »Japan als Verbündeter« entwickelten sie eine Eindämmungspolitik gegen die Volksrepublik China und die Sowjetunion mit einer »Perlenkette« von Problemzonen entlang der Acheson-Line. Damit machten sie sich »unentbehrlich« für die Bewahrung des Status Quo.

Die Entwicklung der »Grand Area Strategy«: Der große Masterplan zur Weltherrschaft und Schritte zur Verwirklichung

Die antikommunistische Hysterie in den USA bildete den Deckmantel, unter dem sich wirtschaftliche Interessen versteckten, die man nicht offen formulieren konnte. Der Großteil der globalen Strategie der USA für die Zeit während und nach dem Zweiten Weltkrieg basierte auf einem Plan, der vom Außenministerium und vom Rat für auswärtige Beziehungen (CFR) ausgearbeitet wurde. Der CFR war die größte »Nichtregierungsorganisation«, die sich mit Außenpolitik beschäftigte; Mitglieder waren Vertreter der Machtelite, Banker, Investoren, Rüstungs- und sonstige Industrielle, Bergwerks- und Erdölunternehmer, Politiker und Medienleute.

Von 1939 bis 1945 hielten das Außenministerium und der CFR regelmäßige Strategietreffen ab, um ein globales politisches und wirtschaftliches Szenario für die Nachkriegszeit zu entwerfen. Im Projekt »*War and Peace*

---

154 Kimie Hara: Okinawa, Taiwan, and the Senkaku/Diaoyu Islands in United States–Japan–China Relations, *The Asia Pacific Journal/Japan Focus*, 13. Juni 2015.

Studies« wurde eine neue politische und ökonomische Weltordnung für die Nachkriegszeit geplant, in der die USA die dominante Macht sein würden.

> Die Schlüsselfragen, die die amerikanischen Eliten seit fast zehn Jahren beschäftigten, konzentrierten sich auf die Probleme der Selbstversorgung und der wirtschaftlichen Kriegsführung. War die westliche Hemisphäre (USA, Kanada, Südamerika)autark oder brauchte sie den Handel mit anderen Weltregionen, um ihren Wohlstand zu erhalten? Wie abgeschlossen war die westliche Hemisphäre im Vergleich zu einem von Deutschland kontrollierten Europa?[155] Wieviel von den Ressourcen und Territorien der Welt benötigten die USA, um Macht und Wohlstand zu erhalten?[156]

Fünf Studiengruppen wurden eingerichtet – Wirtschaft und Finanzen, Politik, Rüstung, Territorium, Friedensziele. Insgesamt waren rund hundert Personen ständig involviert. Man teilte die Welt in Blöcke auf und analysierte die Produktion, Warenströme und Rohstoffe für 95 % des Welthandels. Dabei kam man zu dem Schluss, dass ein von Deutschland dominierter kontinentaleuropäischer Block (Deutschland wurde in der Planung später durch die Sowjetunion ersetzt) in weitaus höherem Grad wirtschaftlich autark war als die westliche Hemisphäre. Man schlug zur westlichen Hemisphäre rechnerisch den Fernen Osten sowie Großbritannien mit seinen Kolonien dazu und kam zu einer befriedigenden Lösung:

> Die Planer des CFR kamen daher zu dem Schluss, dass das nationale Interesse der USA zumindest den freien Zugang zu den Märkten und Rohstoffen im Britischen Empire, im Fernen Osten und der gesamten westlichen Hemisphäre beinhalten müsse.[157]

Dieses Gebiet wurde später »*Grand Area*« genannt.

> Die Vereinigten Staaten wären der größte Nutznießer einer solchen Vereinigung, weil der pazifische Raum ein bedeutender Markt für

155 Anfangs war man noch davon ausgegangen, dass sich Deutschland auf dem europäischen Festland durchsetzen wird.

156 Laurence H. Shop, William Minter: *Imperial Brain Trust*, S. 125, Monthly Review Press 1977.

157 Laurence H. Shop, William Minter, a. a. O., S. 128.

in den USA hergestellte Produkte und die primäre Quelle für viele der wichtigsten Rohstoffimporte war.[158]

Nachdem das nationale Interesse definiert war, ging man daran, die daraus folgenden politischen, militärischen, territorialen Schritte und Maßnahmen zu entwickeln, die eine Umsetzung dieses imperialistischen Konzepts ermöglichten. Man muss betonen, dass die Entwicklung der US-amerikanischen Hegemonie nicht Ausdruck aggressiver persönlicher Stimmungen von Politikern oder der Bevölkerung waren und sind, sondern dass konkrete wirtschaftliche Profitinteressen dahinterstehen.

Die Unterstützung des Widerstands Großbritanniens gegen Hitler war ein erster wichtiger Eckpunkt, da die USA aufgrund der Blockade Europas durch England vor der deutschen Flotte geschützt und die Expansion Deutschlands nach Westen gestoppt war. Und England war für die Nachkriegszeit ein unverzichtbarer Markt für den landwirtschaftlichen Überschuss der westlichen Hemisphäre und des Fernen Ostens.

Der zweite große Problempunkt war das imperialistische Japan, das aufgrund seiner Importabhängigkeit von Rohmaterialien den Fernen Osten militärisch erobern wollte. In einer Note an die US-Regierung vom 15. Januar 1941 mit dem Titel »Amerikanische Fernostpolitik« erklärte der CFR:

> Das Programm, das der CFR vorgeschlagen hatte, um das japanische Vordringen nach Süden zu stoppen, hatte drei Aspekte: Erstens sollte man China jede erdenkliche Hilfe, vor allem Kriegsmaterial, zukommen lassen, um die japanischen Truppen dort zu binden. Zweitens sollte die Verteidigung Südostasiens durch die Entsendung von See- und Luftstreitkräften und durch ein Abkommen mit den Briten und den Niederländern zur Verteidigung des Gebiets gestärkt werden. Schließlich sollte Japan geschwächt werden, indem ein Teil seines Nachschubs an Kriegsmaterial abgeschnitten wird.[159]

Die Vorschläge wurden innerhalb einiger Monate von der Regierung umgesetzt und führten, ausgelöst durch US-amerikanische Rohstoffembargos und der Forderung an Japan, sich vollständig aus China zurückzuziehen (China war in der »*Grand Area*« inkludiert), letztlich zum Eintritt der USA in den Zweiten Weltkrieg.

158   Laurence H. Shop, William Minter, a. a. O., S. 127.
159   Laurence H. Shop, William Minter, a. a. O., S. 134.

Die ursprüngliche Definition der »*Grand Area*« war eine »Minimalvariante«, die die USA definierten, um ihre Wirtschaft ausweiten zu können, sich Rohstoffe zu sichern und ihre Exporte nach Südostasien durch den Export eben dieser Rohstoffe von dort zu finanzieren. Die »Grand Area« wurde im Lauf der Kriegshandlungen, des Überfalls der deutschen Wehrmacht auf die Sowjetunion, der vernichtenden Niederlage Hitlers in Stalingrad und des erfolgreichen Eingreifens der USA in Westeuropa angepasst und ausgedehnt. Sie war leicht erweiterbar:

> Amerikanische Pläne, wie sie in der endgültigen Formulierung der »Grand Area« vorgeschlagen worden waren, dehnten sich auf die Einbeziehung des gesamten Erdballes aus. Es wurde eine neue Weltordnung mit internationalen politischen und wirtschaftlichen Institutionen entworfen, die alle Länder der Erde unter der Führung der Vereinigten Staaten vereinen und integrieren würde.[160] Das Ziel des CFR und der Regierungsplaner war jetzt die Vereinigung der ganzen Welt.[161]

Der Grundstein für eine Welt, die nach den Interessen der USA ausgerichtet war, war gelegt.

> Die amerikanische Kapitalistenklasse hatte via CFR vorgeschlagen, den amerikanischen Kapitalismus durch eine Politik zum Aufbau eines Imperiums zu erhalten und zu erweitern – durch eine Expansion der Vereinigten Staaten nach Übersee.[162]

In der »*Grand Area*« waren politische Kontrolle und Rohstoffzugang durch andere Länder (sowie Unabhängigkeitsbestrebungen der Länder) nicht gestattet, und die »Eindämmungspolitik« war der passende politische argumentative Überbau, um später die Sowjetunion von den Gebieten politischen und wirtschaftlichen Interesses der USA fernzuhalten. Nach außen war man darauf bedacht, die »Eindämmung« *(containment)*

---

160 Diese Überlegungen führten auch zur Gründung des IWF und der Weltbank – US-intern schon 1942 vorgeschlagen – sowie der Vereinten Nationen, mit ersten Überlegungen 1943; auch der Marshall-Plan entstand aus Überlegungen des CFR, Ziel war die Stimulierung von US-Exporten nach Europa.

161 Laurence H. Shop, William Minter, a. a. O., S. 141.

162 Laurence H. Shop, William Minter, a. a. O., S. 174.

als defensive Maßnahme darzustellen, die die Welt vor der »aggressiven« Sowjetunion schützen sollte; gleichzeitig wollte man Wirtschaftskraft und Rohstoffe der Welt für die USA und ihre abhängigen Verbündeten erobern und sichern. In internen Dokumenten der USA wird Klartext gesprochen:

> Wir besitzen etwa 50 % des Reichtums dieser Welt, stellen aber nur 6,3 % seiner Bevölkerung. Diese Differenz ist im Verhältnis zwischen uns und den Völkern Asiens besonders groß. In einer solchen Situation ziehen wir unweigerlich Neid und Missgunst auf uns. Unsere eigentliche Aufgabe in der nächsten Zeit besteht darin, eine Form von Beziehungen zu finden, die es uns erlaubt, diese Wohlstandsunterschiede ohne ernsthafte Abstriche an unserer nationalen Sicherheit beizubehalten.[163]

Und weiter:

> Wir sollten aufhören von schwammigen – und für den Fernen Osten unrealistischen – Zielen wie Menschenrechten, Verbesserung des Lebensstandards und Demokratisierung zu reden. Der Tag ist nicht mehr fern, an dem unser Handeln von nüchternem Machtstreben geleitet sein muss. Je weniger wir dann von idealistischen Parolen behindert werden, desto besser.

Vietnam war einer der ersten Leidtragenden der aggressiven Verfolgung dieser »*Grand Area Strategy*«.

Nachdem die USA sich nicht sicher sein konnten, ihre Dominanz nach der Niederlage der Achsenmächte allein durch vertragliche Vereinbarungen und »*soft power*« halten zu können, beschlossen sie einen gigantischen Ausbau des Militärs. Durch den Beschluss des *National Security Report* 68 (NSC-68) wurde für die Friedenszeiten ein riesiges Aufrüstungsprogramm beschlossen: eine Steigerung des Rüstungsbudgets von 5 % des BIP auf 14,2 %.

Diese Investitionen waren die Grundlage für die Bildung des militärisch-industriellen Komplexes, den Kennan schon 1948 treffend beschrieb:

---

163 Auszug aus *Policy Planning Study* 23 (PPS/23) vom 28. Februar 1948 des Politischen Planungsstabes des Außenministeriums, https://de.wikipedia.org/wiki/Grand_Area

Millionen von Menschen, zusätzlich zu den anderen Millionen in Uniform, haben sich daran gewöhnt, ihren Lebensunterhalt aus dem militärisch-industriellen Komplex zu beziehen. Tausende Firmen sind von ihm abhängig geworden, ganz zu schweigen von Gewerkschaften und Gemeinden. Er ist die Hauptursache für unser äußerst destabilisierendes Haushaltsdefizit. Zwischen denen, die die Waffen herstellen und verkaufen, und jenen in Washington, die sie kaufen, ist eine ausgeklügelte und höchst ungesunde Verbindung entstanden. Mit anderen Worten: Wir haben ein riesiges persönliches Interesse zur Aufrechterhaltung eines riesigen bewaffneten Apparats in Zeiten des Friedens und im Export großer Mengen von Waffen an andere Völker geschaffen, ein immenses persönliches Interesse am Kalten Krieg.[164]

Kennan resümiert:

Es ist unmöglich zu durchschauen, wie viel von unserem Verhalten eine berechtigte Antwort auf das Problem ist, das die Sowjetunion für uns darstellt, und in welchem Ausmaß es das Ergebnis davon ist, dass wir uns der Sucht unseres militärisch-industriellen Komplexes hingeben.

Das US-Imperium: Die amerikanische Vorherrschaft seit dem Zusammenbruch der Sowjetunion

Nach dem Ende der Sowjetunion und der Warschauer Vertragsorganisation im Jahr 1991 hofften viele Menschen in Europa und den USA, dass die Zeit der Aufrüstung und Konfrontation beendet sei. Sie erwarteten eine Zeit des Friedens ohne Militärbündnisse. Die Sowjetunion wurde im Westen immer als aggressive Macht dargestellt, gegen die man sich verteidigen müsse, also sollten nach ihrem Zusammenbruch die westlichen Verteidigungsbündnisse obsolet werden. Die reale Machtpolitik machte diese Illusionen jedoch bald zunichte. Die USA stießen in das entstandene Vakuum vor. Die »Grand Area«, die sie zu kontrollieren trachteten, wurde weiter ausgedehnt, nämlich nach Osteuropa und Zentralasien. Die Rüstungslobby war daran stark beteiligt:

Westliche Waffenhersteller lobbyierten nach dem Zusammenbruch des Kommunismus kräftig für die Ausdehnung der NATO auf die ehemaligen sowjetischen Satellitenstaaten. Seitdem

164 George F. Kennan, a. a. O., S. 184.

lobbyierten sie sowohl bei neuen als auch bei alten NATO-Mitgliedsstaaten, bei Waffenkäufen nicht außerhalb des Bündnisses fremdzugehen.[165]

»Mit dem Scheitern und dem Zusammenbruch der Sowjetunion stieg ein Land der westlichen Hemisphäre, nämlich die Vereinigten Staaten, zur einzigen und im Grunde ersten wirklichen Weltmacht auf,« schrieb der bekannte amerikanische Geopolitiker und Globalstratege Zbigniew Brzeziński in seinem Buch *Die einzige Weltmacht*.[166] Brzeziński ist ein sehr interessanter Autor. Er ist Realpolitiker und schreibt, was Sache ist. Dabei verbrämt er amerikanische Aktionen nicht als »moralisch« und »demokratisch notwendig«, sondern zeigt, worum es geht – wirtschaftliche Interessen und Machtpolitik zur Durchsetzung dieser Interessen: »Die Dynamik der amerikanischen Wirtschaft schafft die notwendige Voraussetzung für die Ausübung globaler Vorherrschaft.«[167] Und er skizziert umfassend die Basis der amerikanischen Macht nach der Auflösung der Sowjetunion:

> (Der) Geltungsbereich der heutigen Weltmacht Amerika (ist) einzigartig. Nicht nur beherrschen die Vereinigten Staaten sämtliche Ozeane und Meere, sie verfügen mittlerweile auch über die militärischen Mittel, die Küsten mit Amphibienfahrzeugen unter Kontrolle zu halten, mit denen sie bis ins Innere eines Landes vorstoßen und ihrer Macht politisch Geltung verschaffen können. Amerikanische Armeeverbände stehen in den westlichen und östlichen Randgebieten des eurasischen Kontinents und kontrollieren außerdem den Persischen Golf.[168]

Zusätzlich zu den militärischen Möglichkeiten hebt Brzeziński die amerikanische Bündnispolitik hervor:

165 Carlotta Gall, Andrew Higgins: Turkey Signs Russian Missile Deal, Pivoting From NATO, *New York Times*, 12. September 2017, https://www.nytimes.com/2017/09/12/world/europe/turkey-russia-missile-deal.html
166 Zbigniew Brzeziński: *Die einzige Weltmacht. Amerikas Strategie der Vorherrschaft*, Fischer Taschenbuch Verlag 1999, S. 15, 49f.
167 Zbigniew Brzeziński, a. a. O., S. 41.
168 Ebd.

Die globale Vorherrschaft Amerikas wird solchermaßen durch ein ausgetüfteltes System von Bündnissen und Koalitionen untermauert, das buchstäblich die ganze Welt umspannt.[169]

Durch den Wegfall der Sowjetunion hatte Eurasien seine geopolitische Bedeutung keinesfalls verloren. Eurasien war für die USA nach den Mackinder'schen Vorstellungen der Schlüssel zur Erweiterung und Aufrechterhaltung ihrer Macht:

> Inwieweit die USA ihre globale Vormachtstellung geltend machen können, hängt aber davon ab, wie ein weltweit engagiertes Amerika mit den komplexen Machtverhältnissen auf dem eurasischen Kontinent fertig wird – und ob es dort das Aufkommen einer dominierenden, gegnerischen Macht verhindern kann.[170]

Welche Mächte muss Washington in Schach halten, um ihre Nummer-eins-Position zu erhalten? Die vier wichtigsten Regionen auf dem eurasischen »Schachbrett« sind im Westen Europa, im Osten China und Japan, im Süden der Mittlere Osten und Südwestasien sowie in der Mitte Osteuropa, Zentralasien und Russland. Unmittelbar präsent sind die USA an der westlichen Peripherie Eurasiens und im Fernen Osten auf Inseln (Japan, Guam). Im mittleren Raum dehnen sich die USA mittels der NATO zunehmend nach Osten aus. Der letzte Coup in dieser Hinsicht war die Bindung der Ukraine an den Westen.[171] Russlands Zugang nach Süden zum Meer wird durch das US-Militär in Afghanistan,[172] Pakistan und auf der Arabischen Halbinsel abgeblockt. Die an Energievorräten reiche Südregion wird für Europa und die ostasiatischen Staaten strategisch immer wichtiger. Auch in der Südregion sind in mehreren Ländern US-Truppen stationiert und an Kämpfen beteiligt. Wie können die USA ihren Einfluss erhalten?

169 Zbigniew Brzeziński, a. a. O., S. 48.
170 Zbigniew Brzeziński, a. a. O., S. 15.
171 Durch die Besetzung der Krim hat sich Russland den einen guten Zugang zum Mittelmeer und seinem strategisch bedeutenden Flottenstützpunkt erhalten, ein Rückschlag im strategischen Kalkül der USA.
172 Afghanistan ist seit der britischen Kolonialzeit so umkämpft, da es am Übergang der eurasischen Mittelzone zu den südlichen Randgebieten mit Meerzugang liegt. Die USA haben Russlands Besetzung von Afghanistan bekämpft, um Russland auf das Festland zu beschränken.

Wenn der mittlere Bereich immer stärker in den expandierenden Einflussbereich des Westens (wo Amerika das Übergewicht hat) gezogen werden kann, wenn die südliche Region nicht unter die Herrschaft eines einzigen Akteurs gerät und eine eventuelle Vereinigung der Länder in Fernost nicht die Vertreibung Amerikas von seinen Seebasen vor der ostasiatischen Küste nach sich zieht, dürften sich die USA behaupten können.[173]

Unter welchen Voraussetzungen würden die USA ihre Supermachtrolle verlieren?

Erteilen die Staaten im mittleren Raum dem Westen eine Abfuhr, schließen sich zu einer politischen Einheit zusammen und erlangen die Kontrolle über den Süden oder gehen mit dem großen östlichen Mitspieler ein Bündnis ein, schwindet Amerikas Vorrangstellung in Eurasien dramatisch. Das gleiche wäre der Fall, wenn sich die beiden großen östlichen Mitspieler (China und Japan, Anm. d. A.) irgendwie vereinigen sollten. Würden schließlich die europäischen Partner Amerika von seinen Stützpunkten an der westlichen Peripherie vertreiben, wäre das gleichzeitig das Ende seiner Beteiligung am Spiel auf dem eurasischen Schachbrett.[174]

Realistische Strategen wie Brzeziński erkannten, dass die Macht der USA im Schwinden ist und sie sich in ihren Aktionen darauf einstellen müssen. Inzwischen formierten sich aber die Neokonservativen, die den Machtverlust der USA nicht wahrhaben wollen, Bündnisse für nicht so wichtig erachten und Krieg als Mittel der Macht bestätigt sehen.

Die Wolfowitz-Doktrin und der Aufstieg der Neokonservativen

Während der Präsidentschaft von George H. W. Bush, unter der offiziellen Verantwortung des damaligen stellvertretenden Verteidigungsministers Paul Wolfowitz und seines Assistenen Lewis »Scooter« Libby, wurde eine erste Version eines Verteidigungsrahmenplans *(Defense Planning Guidance)* für die Jahre 1994 bis 1999 erstellt. Er wurde als »Wolfowitz-Doktrin« bekannt. Der Verfasser des Papiers soll Zalmay Khalilzad gewesen sein, der

173 Zbigniew Brzeziński, a. a. O., S. 58.
174 Ebd.

spätere US-Botschafter im Irak und Afghanistan unter Präsident George W. Bush. Wolfowitz, Libby und Khalilzad waren 1997 Erstunterzeichner der Grundsatzerklärung der Denkfabrik »Projekt für ein neues amerikanisches Jahrhundert«.[175]

Und dieses Papier hatte es in sich. Die *New York Times* veröffentlichte es am 8. März 1992 mit Erläuterungen unter dem Titel »Strategischer Plan der USA soll sicherstellen, dass keine Konkurrenten aufkommen – eine Welt mit einer einzigen Supermacht«.[176] Es zeichnete das Bild einer Welt mit einer einzigen Supermacht, die versuchen wird, die Entstehung von Konkurrenz, sei sie regional oder global, zu verhindern:

> Unser erstes Ziel ist es, das Wiederauftauchen eines neuen Rivalen, der eine Gefahr für die Ordnung darstellt, gleich ob auf dem Territorium der ehemaligen Sowjetunion oder anderswo, zu verhindern. Dies ist der Hauptgedanke, der der neuen regionalen Verteidigungsstrategie zugrunde liegt, und diese erfordert, dass wir verhindern müssen, dass eine feindliche Macht eine Region dominiert, deren Ressourcen unter konsolidierter Kontrolle dazu ausreichen würden, eine Weltmacht hervorzubringen. Zu diesen Regionen gehören Westeuropa, Ostasien, das Gebiet der ehemaligen Sowjetunion und Südwestasien.

Der letzte Satz richtete sich in der damaligen Situation auch gegen Deutschland und Japan, die zu diesem Zeitpunkt die entwickeltsten Länder der angesprochenen Regionen waren.

Die Doktrin zählt die Ziele der USA in den verschiedenen Weltregionen auf, auch für den Pazifik: Für den Pazifik sind die USA weiter als militärische Nummer Eins festgeschrieben, mit der Begründung, die Entstehung eines regionalen »Hegemons« verhindern zu müssen:

> Um unsere wichtigen politischen und wirtschaftlichen Beziehungen im pazifischen Raum zu schützen, müssen wir unseren Status

---

175 Andere prominente Unterzeichner waren Dick Cheney, Donald Rumsfeld, John McCain sowie William Kristol und Robert Kagan, die nach Auflösung des Projekts die *Foreign Policy Initiative* gründeten.

176 Folgende Zitate nach Patrick E. Tyler: U. S. Strategy Plan Calls for Insuring No Rivals Develop, *New York Times*, 8. März 1992, https://www.nytimes.com/1992/03/08/world/us-strategy-plan-calls-for-insuring-no-rivals-develop.html

als militärische Macht der ersten Größenordnung in der Region beibehalten. Dies wird es den USA ermöglichen, weiterhin zur regionalen Sicherheit und Stabilität beizutragen, indem sie als ausgleichende Kraft wirken und die Entstehung eines Vakuums oder eines regionalen Hegemons verhindern.

Für Südasien sah das Papier vor: »Wir sollten Indien von seinen hegemonialen Bestrebungen gegenüber den anderen Staaten in Südasien und am Indischen Ozean abhalten.« Diese Politik hat sich dann durch den Aufstieg Chinas geändert: Obama und Trump suchten Indien als Verbündeten für ihre Politik zur Eindämmung Chinas.

Nachdem das Papier an die Öffentlichkeit gelangt war, gab es an vielen Orten helle Empörung darüber, vor allem in den Hauptstädten der europäischen Verbündeten. Die Nichteinbeziehung der Verbündeten in die Entscheidungen wurde kritisiert. Die Junior-»Partner« wollten zumindest als Junioren behandelt werden.

Das Papier ist für die Neokonservativen sowie viele andere US-Außen- und Sicherheitspolitiker weiterhin Grundlage ihrer Überlegungen. China taucht nun als »neuer Rivale« am Pazifik auf, was im Geiste der neokonservativen Doktrin unbedingt zu verhindern ist.

Präsident George W. Bush hat in seinen zwei Amtsperioden die Neokonservativen prominent in seinen Regierungen positioniert, sie übernahmen die Macht in der Außen- und Sicherheitspolitik. Man sollte annehmen, dass sie nach der Wahl Obamas zum Präsidenten im Jahr 2009 ihren Einfluss verloren haben. Weit gefehlt: Die Denkschulen der Geopolitik Mackinders blieben im US-Außenministerium weiter fest verankert.

> (D)ie internationale Entwicklung seit 2009 und die Reaktionen der Obama-Regierung auf diese (...) zeigten überraschende Elemente der politischen Kontinuität mit Obamas Vorgänger im Weißen Haus auf, indem sie tatsächlich einige der umstritteneren neokonservativen Grundsätze unterstützten und gleichzeitig einige, die sie selbst kritisierten, einschränkten. Das Netzwerk neokonservativer Personen und Institutionen in Washington ist nach wie vor lebendig und unverwüstbar.[177]

177 Rob Singh: Neoconservatives in the age of Obama. In: Inderjeet Parmar, Linda B. Miller, Mark Ledwidge (Hg.): *Obama and the world: New directions in US foreign*

Die Neokonservativen wurden während der Obama-Zeit Fans von Hillary Clinton, die ja seinerzeit als Senatorin für den Irakkrieg gestimmt hatte.

> Der neokonservative *Weekly Standard* feierte Clintons Ernennung zur Außenministerin als Sieg für die Rechte und lobte ihre Verwandlung der »ersten Feministin« in eine »Königin der Krieger«, eher Margaret Thatcher als Gloria Steinem.[178]

Im nächsten Präsidentenwahlkampf unterstützten die Neokonservativen Hillary Clinton. Aber sie hatten 2016 aufs falsche Pferd gesetzt: Es kam Trump. Donald Trumps ursprünglich geäußerte außenpolitische Linie beinhaltete die Opposition gegen einen Krieg, um einen Regimewechsel in Syrien herbeizuführen, gegen US-Militärinterventionen wie im Irak oder Libyen und stand für eine Kooperation mit Russland. Er wollte den gesamten »alten« außenpolitischen Konsens verändern.

> Als Ergebnis wurde (und wird) er von den neoliberalen und neokonservativen Wächtern dieses Konsens, zusammen mit ihrem ausgedehnten Netzwerk von Geheimdiensten, Denkfabriken, Finanzorganen und Medien, die gewöhnlich ihre Agenda umsetzen (CIA, NSA, die Denkfabrik-Achse Brookings / American Enterprise Institute, Wall Street, Silicon Valley, etc.), völlig abgelehnt.[179]

Von Beginn seiner Präsidentschaft an war klar, dass die außen- und sicherheitspolitische Clique in Washington alles tun wird, um seine Präsidentschaft zu hintertreiben. Der »tiefe Staat«[180] spielt seine Macht aus.

Erschreckend ist, dass die Neokonservativen nach wie vor einen großen

policy. New York: Routledge, 2014.

178 Rania Khalek: Robert Kagan and the Other Neocons Back Hillary Clinton, *The Intercept*, 26. Juli 2016, https://theintercept.com/2016/07/25/robert-kagan-and-other-neocons-back-hillary-clinton/

179 Glenn Greenwald: What's Worse: Trump's Campaign Agenda or Empowering Generals and CIA Operatives to Subvert It? *The Intercept*, 5. August 2017, https://theintercept.com/2017/08/05/whats-worse-trumps-campaign-agenda-or-empowering-generals-and-cia-operatives-to-subvert-it/

180 Siehe die Untersuchungen zum »tiefen Staat« von Dana Priest und Bill Armin aus dem Jahr 2010 in der (damals noch investigativen) *Washington Post*, A hidden world, growing beyond control, *Washington Post*, 19. Juli 2010, http://www.pulitzer.org/files/entryforms/WashPost_TSA_Item1.pdf

Einfluss auf die Medien haben. Personen, die Star-Promotoren für den Irakkrieg waren (wie Fred Hyatt und Jackson Diehl) vertreten jetzt als Leitartikel-Redakteure der *Washington Post* ihre neokonservativen Positionen. Thomas L. Friedman, ein weiterer Star-Promoter des Irakkriegs, verbreitet jetzt als Kolumnist der *New York Times* seine neokonservative Weltsicht.[181] Sie haben ausgezeichneten Zugang zu Produzenten von CNN und anderen Fernsehsendern, um ihre Meinung zu vertreten.

Der immer noch aktive neokonservative Falke Wolfowitz, der nun mit vielem, was Trump inzwischen macht, zufrieden ist – Luftangriffe auf Syrien, Kündigung des Vertrags mit dem Iran, Truppenaufstockung in Afghanistan, härtere Linie gegen Russland und China –, zieht im Hintergrund Fäden und hält Kontakt mit der Regierung, vor allem mit dem Verteidigungsminister James Mattis und zuvor mit dem damaligen Sicherheitsberater H. R. McMaster, beide Langzeitkontakte aus der Bush-Zeit.[182]

Nachdem der erste Sicherheitsberater Trumps, Michael T. Flynn – ein Nicht-Interventionist und Kritiker der Geheimdienste – herausgeschossen worden war, hatten die Neokonservativen bei der Bestimmung der außenpolitischen Linie der USA weitgehend freie Bahn.

Verteidigungsminister James Mattis ist Teil dieser neokonservativen Bewegung. Er ist im Aufsichtsrat des Center for a New American Security (Zentrum für eine neue amerikanische Sicherheit), dessen Geschäftsführerin die Neokonservative Victoria Nuland[183] ist. Finanziert wird das Zentrum u. a. von Boeing, Lockheed, dem Investmentbanking-Unternehmen Goldman Sachs, der Bank of America, dem Medienmulti James Murdoch, der

---

181   Robert Parry: Obama's Neoconservative Foreign Policy Vision, *Common Dreams*, 29. Mai 2014, https://www.commondreams.org/views/2014/05/29/obamas-neoconservative-foreign-policy-vision

182   Susan B. Glasser: Why Paul Wolfowitz Is Optimistic About Trump, *Politico*, 27. April 2017, http://www.politico.com/magazine/story/2017/04/24/paul-wolfowitz-donald-trump-iraq-middle-east-215065

183   Victoria Nuland hat als stellvertretende Außenministerin für Europa und Eurasien – gefördert von ihrer damaligen Chefin Hillary Clinton – unter Einsatz von großen Summen die Loslösung der Ukraine von Russland betrieben. Sie war von Clinton für eine höhere Position im Außenministerium vorgesehen, wenn sie Präsidentin geworden wäre. In Europa ist Nuland mit ihrer Aussage »Fuck the EU!« bekannt geworden.

japanischen Regierung, der ultraliberalen Carnegie Corporation und von George Soros' Open Society Foundation.

Im Jahr 2018 wurde der ehemalige CIA-Direktor Mike Pompeo neuer Außenminister. Pompeo ist ein neokonservativer Ideologe, ein Falke, der u. a. die Todesstrafe für Edward Snowden forderte. Er äußerte sich zum angestrebten Verhältnis zu China folgendermaßen: »(D)iese Regierung ist darauf vorbereitet und schon dabei, gegen die chinesischen Bedrohungen vorzugehen, damit wir eine gute Beziehung zu China auf eine Weise haben können, die die Welt dringend braucht.«[184] Das klingt nach: China auf die Knie!

Der Nationale Sicherheitsberater John R. Bolton wollte Edward Snowden »an einer hohen Eiche aufgehängt« sehen. Bolton ist ein Feind der UNO, langjähriges Mitglied des neokonservativen American Enterprise Institute und ehemaliger Mitarbeiter in der Regierung von George W. Bush. Die US-Botschafterin bei den Vereinten Nationen, die Neokonservative Nikki Haley, ergänzt das neokonservative Team, das sich bei Trump eingenistet hat. Auch Vizepräsident Mike Pence positioniert sich auf der Linie der Neokonservativen.[185]

Verbunden mit der Konsolidierung der Kontrolle von Bolton über den nationalen Sicherheitsapparat endet wohl Trumps Opposition gegen die neokonservative Außenpolitik, und man muss sich auf mehr internationale Interventionen und auf eine aggressivere Außen- und Militärpolitik der USA einstellen.

Falls sich im Weißen Haus noch ein Widerstand gegen die Neokonservativen regt, springt der Senat ein, z. B. der neokonservative Senator Lindsey Graham: »Ich bin gerade der glücklichste Kerl in Amerika«, sagte Graham neulich und verwies auf Trumps Angriffe gegen Syrien sowie seine scharfe Rhetorik gegen den Iran und das nuklear bewaffnete Nordkorea. Er meinte:

---

184 Doug Bandow: Pompeo and Changing U.S. Policy Toward China, CATO Institute, 19. März 2018, https://www.cato.org/publications/commentary/pompeo-changing-us-policy-toward-china

185 James Carden: Have Neocons Hijacked Trump's Foreign Policy? The Nation, 9. August 2017, https://www.thenation.com/article/have-neocons-hijacked-trumps-foreign-policy/

»Wir haben einen Präsidenten und ein Team für die nationale Sicherheit, von dem ich seit acht Jahren träume.«[186]

Die Neokonservativen mit ihren geostrategischen Visionen haben wieder die Außen- und Sicherheitspolitik übernommen, und das bedeutet für den »neuen Rivalen« China nichts Gutes.

Von Obamas »Pivot to Asia« zu Trumps »Quad 2.0«

In den USA nimmt seit einigen Jahren die Kritik zu, dass die amerikanische China-Politik darauf ausgelegt sei, den Aufstieg Chinas zu unterstützen, anstatt ihn »auszubalancieren«, wie man jetzt statt »eindämmen« beschönigend sagt. Alarmiert von der immer größeren wirtschaftlichen und politischen Bedeutung Asiens und vor allem Chinas musste Washington eine »Neue Große Strategie« *(New Grand Strategy)* gegenüber China entwerfen, um dem amerikanischen Kapital und den Eliten auch in Zukunft die Dominanz der USA in Asien zu garantieren.

In einer Rede vor dem australischen Parlament 2011 sprach der damalige US-Präsident Obama von einer »Schwerpunktverlagerung nach Asien« *(Rebalance to Asia)* als zukünftigem Kernpunkt der US-Politik. Die Pazifik-Politik hat immer eine wichtige Rolle in der amerikanischen Außenpolitik gespielt, doch die Obama-Administration war die erste Regierung, die Asien als primäre globale strategische Priorität festlegte *(»Pivot to Asia«)*. Obama bezeichnete sich deshalb selbst stolz als »erster pazifischer Präsident«. Die »Schwerpunktverlagerung« bestand in einer Aktualisierung der bestehenden hegemonialen Grundlinie gegenüber China. Das meinte der Stratege Brzeziński schon 1997:

> Zunächst besteht die Aufgabe darin sicherzustellen, dass kein Staat oder keine Gruppe von Staaten die Fähigkeit erlangt, die Vereinigten Staaten aus Eurasien zu vertreiben oder auch nur ihre Schiedsrichterrolle entscheidend zu beeinträchtigen.[187]

---

186 Susan B. Glasser: Why Paul Wolfowitz Is Optimistic About Trump, *Politico*, 24. April 2017, http://www.politico.com/magazine/story/2017/04/24/paul-wolfowitz-donald-trump-iraq-middle-east-215065
187 Zbigniew Brzeziński, a. a. O., S. 283.

Als wesentliche Basis der Stärkung der Beziehungen der USA mit ihren asiatischen Partnern und als Grundlage für eine Verstärkung militärischer Kooperationen sah Obama die Verbesserung der wirtschaftlichen Verbindung unter explizitem Ausschluss Chinas vor. Der geplante ökonomische Rahmen war das Trans-Pacific Partnership (TPP),[188] das Kernstück des »*Pivot to Asia*« im ökonomischen Bereich, das 40 % der Weltwirtschaft abgedeckt hätte. Keine andere Handelsinitiative in Asien hatte eine so breite Basis wie das TPP. Obama wollte damit die weitere wirtschaftliche Expansion Chinas in Asien, vor allem in Südostasien, bremsen und die Länder enger an die USA binden.

Der zweite Teil der »Schwerpunktverlagerung« bestand in verstärkter Bündnisbildung und militärischer Präsenz.

Die Trump-Regierung ließ ein Kernstück der Obama-Strategie – nämlich den wirtschaftlichen Teil, das TPP – fallen, verwendet den Begriff »*Pivot to Asia*« nicht mehr und setzt stattdessen stärker auf den Quadrilateralen Sicherheitsdialog (Quad)[189] zwischen den USA, Japan, Australien und Indien. Quad 2.0 könnte einerseits eine gegen China gerichtete Militärpartnerschaft werden, andererseits gibt es auch Diskussionen, in diesem Rahmen eine Infrastrukturinitiative als Konkurrenz zur Neuen Seidenstraße zu entwickeln. Trump spricht auch nicht mehr vom »asiatisch-pazifischen Raum«, in dem er China eindämmen möchte, sondern weitet das Bestreben auf einen »freien und offenen indo-pazifischen Raum« aus. Dahinter stecken militärstrategische Überlegungen, da China den Indischen Ozean als Transportroute nach Afrika und Europa benötigt und die USA Indien ins Boot gegen China holen möchten. Übriggeblieben ist von der »Schwerpunktverlagerung« der militärische und der Bündnis-Teil, noch dazu unter aggressiverer Führung Washingtons.

---

188   Teilnehmerstaaten: Brunei, Chile, Neuseeland, Singapur, Australien, Kanada, Japan, Malaysia, Mexiko, Peru, die USA und Vietnam.
189   Den ersten Ansatz dazu gab es 2007 (Quad 1); dieser wurde aber nicht weiter verfolgt.

Vertrauensverlust für die USA in Asien durch Trump

Asien ist seit mehr als dreißig Jahren der wichtigste Wirtschaftspartner der USA. Der Außenhandel der USA mit Asien beträgt mehr als das Doppelte des Außenhandels mit Europa.

Seit dem Jahr 2000 kommen aus Asien die meisten Importe, es ist der zweitgrößte Exportmarkt außerhalb Nordamerikas. Gleichzeitig verstärkte China seine Rolle im asiatisch-pazifischen Raum. Seit 2000 wechselte jedes asiatische Land, aber auch Australien, den jeweils wichtigsten Handelspartner: von den USA zu China. Viele dieser Länder haben auch in China investiert; für fast jedes asiatische Land ist die Teilnahme am chinesischen Wachstum ein Teil der Strategie für die eigene Zukunft.

Präsident Trump, der kein genialer geostrategischer Denker ist, sondern nur Plus oder Minus in der Handelsbilanz und »Amerika zuerst« als Entscheidungskriterium hat, kippte das TPP, das Kernstück der ökonomischen Schwerpunktverlagerung, aus Sorge um eine weitere Vergrößerung des amerikanischen Handelsdefizits, was zu großer Frustration in Asien führte. »Großartig für den amerikanischen Arbeiter, was wir gerade getan haben«, sagte Trump, als er den Pakt mit einem Federstrich kippte.[190] Für Vietnam bedeutete dies, dass sich ein prognostiziertes BIP-Wachstum durch TPP um 15 % und viele neue Arbeitsplätze in Luft auflösten. Ein schwerer Vertrauensverlust für die USA.

Auf dem Gipfel der Asiatisch-Pazifischen Wirtschaftsgemeinschaft (APEC) im vietnamesischen Đà Nẵng bot Trump den versammelten Teilnehmern im November 2017 Zusammenarbeit an: »Ich werde mit jedem indopazifischen Land, das unser Partner sein will und sich an die Prinzipien des fairen und ausgeglichenen Handels hält, ein bilaterales Handelsabkommen schließen.«[191] Wenn die USA mit Vietnam »ausgeglichenen Handel« treiben möchten, ist das, wie wenn ein Schwergewichtsboxer gegen einen Fliegengewichtskämpfer antritt: unfair. Um noch eins draufzulegen, drohte er in einer außen- und sicherheitspolitisch schwierigen Situation Südkorea die Kündigung des Freihandelsabkommens zwischen den USA und Südkorea an.

190　Trump executive order pulls out of TTP trade deal, *BBC*, 24. Januar 2017, http://www.bbc.com/news/world-us-canada-38721056

191　Remarks by President Trump at APEC CEO Summit, *White House*, 10. November 2017, https://www.whitehouse.gov/briefings-statements/remarks-president-trump-apec-ceo-summit-da-nang-vietnam/

Die asiatischen Staaten sind an Handels- und Investitionsabkommen interessiert, um ihre Länder aufzubauen; die USA sind für sie ein interessanter Markt und Investor. Wenn sich die USA aus dem Freihandel zurückziehen, bringt das große Verluste an Glaubwürdigkeit für die USA. Nur Waffen, Militär und Stützpunkte anzubieten, ist zu wenig. Das bekam auch der US-Handelsbeauftragte Robert E. Lighthizer beim Handelsministertreffen der APEC im Mai 2017 in Hanoi zu spüren. Es war seine erste Auslandsreise als Handelsbeauftragter. Langwierige und heftige Diskussionen darüber, ob das Abschlussprotokoll eine Passage gegen Protektionismus enthalten soll, dauerten bis in die Nacht hinein. »Die Vereinigten Staaten wollten das Wort Protektionismus nicht in dem Text haben, aber die zwanzig anderen Länder wollten es drinnen haben«, sagte ein an den Gesprächen beteiligter Beamter, der nicht namentlich genannt werden wollte.[192] Die USA setzten sich letztlich durch.

Washingtons Ersatz-Vorschlag für das TPP lautete:

> Mehr Dollars für das US-Militär. Senator John McCain hat eine »Initiative für Stabilität im asiatisch-pazifischen Raum« im Wert von 7,5 Milliarden US-Dollar (1,5 Milliarden US-Dollar jährlich bis 2022) vorgeschlagen, die laut einem McCain-Sprecher »die regionale Stellung der USA zukunftsorientierter, flexibler, widerstandsfähiger und beeindruckender« machen und die militärische Infrastruktur verbessern, den Verkauf zusätzlicher Munition ermöglichen und die Kapazität von Verbündeten und Partnern in Asien verbessern soll. Die Idee stößt auf Zustimmung: Sie wurde von Verteidigungsminister James Mattis, einer parteiübergreifenden Gruppe von Abgeordneten auf dem Kapitol und in einem Leitartikel des *Wall Street Journal* unterstützt.[193]

Dieser Vorschlag des Neokonservativen McCain zeigt, dass man an den beteiligten Ländern kein Interesse hat; es geht nur um die Interessen der Rüstungsindustrie.

---

192 A. Ananthalakshmi, My Pham: New Trump trade rep Lighthizer spars over protectionism in Asia, *Reuters*, 22. Mai 2017, http://uk.reuters.com/article/uk-apec-vietnam-lighthizer/new-trump-trade-rep-lighthizer-spars-over-protectionism-in-asia-idUKKBN18H0VZ

193 Ely Ratner, Samir Kumar: The United States Is Losing Asia to China, *Foreign Policy*, 12. Mai 2017.

Die verbleibenden Teilnehmerstaaten des abgesagten TPP haben, geführt von Japan, unter dem Namen »*Comprehensive Progressive Agreement for the Trans-Pacific Partnership*« (CPTPP) am 8. März 2018 ein verändertes Abkommen unterzeichnet. Es wird in Kraft treten, sobald es alle Länder ratifiziert haben. Die Mitgliedstaaten ohne USA decken nur mehr 14 % des weltweiten BIP ab, und es ist fraglich, ob es in dieser Größe noch einen Schub für die beteiligten Volkswirtschaften bringen kann.

China verstärkt einstweilen seine Bemühungen um das »*Regional Comprehensive Economic Partnership*« (RCEP), ein regionales Handelsabkommen, das die zehn Mitglieder der ASEAN plus Australien, China, India, Japan, Neuseeland und Südkorea zusammenbringt. Die Gruppe deckt die halbe Weltbevölkerung ab und ein Drittel des globalen BIP.

»Crescent of Containment«: halbmondförmige Einkreisung und Bündnisse gegen China

Die USA errichten einen »*Crescent of Containment*«, einen halbmondförmigen Einkreisungsbogen aus Stützpunkten, Bündnissen, militärischen Übungen, Patrouillen und Spionageflügen. Der Bogen reicht von Afghanistan im Westen über Arunachal Pradesh / Südosttibet an der chinesisch-indischen Grenze im Himalaya bis zum Pazifik im Osten, wo die USA und ihre Verbündeten mit Truppen und Stützpunkten präsent sind. Die *National Security Strategy* vom Dezember 2017 setzt als Ziel:

> Wir werden eine militärische Präsenz vor Ort aufrecht erhalten, die jeden Gegner abschrecken und nötigenfalls besiegen kann. (…) Wir werden unsere Verteidigungs- und Sicherheitskooperation mit Indien ausbauen, einem bedeutenden Verteidigungspartner der Vereinigten Staaten, und Indiens wachsende Beziehungen in der Region unterstützen. Wir werden unsere Allianzen mit den Philippinen und Thailand stärken und unsere Partnerschaften mit Singapur, Vietnam, Indonesien, Malaysia und anderen stärken, um ihnen zu helfen, Partner in der Zusammenarbeit zur See zu werden.[194]

194 National Security Strategy of the United States of America, *White House*, Dezember 2017, https://www.whitehouse.gov/wp-content/uploads/2017/12/NSS-Final-12-18-2017-0905.pdf

Die USA haben derzeit bereits 368 000 Soldaten in der Asien-Pazifik-Region stationiert, davon 97 000 im Westpazifik (ohne die Stützpunkte in Hawai'i).[195] Laut Information des früheren Verteidigungsministers Ashton Carter wurden bereits mehrere tausend zusätzliche US-Soldaten in die Region entsandt.[196] Bis 2020 werden die der Pazifischen Flotte zugeordneten Schiffsbestände um 30 % erhöht, 2020 werden 60 % der amerikanischen Luft- und Seestreitkräfte dauerhaft im asiatisch-pazifischen Raum stationiert sein, ab 2020 sollen täglich 67 Schiffe im aktiven Einsatz sein. Es werden infolge auch die technisch neuesten Geräte und Waffen in die Region geliefert.

Die Marine benötigt zwölf Flugzeugträger, um den kontinuierlichen Einsatz von fünf bis sechs Flugzeugträger-Angriffseinheiten garantieren zu können. Eine Flugzeugträger-Angriffseinheit besteht aus bis zu zwölf Kriegsschiffen, davon ein bis zwei Unterseeboote, und 75 Flugzeugen, mit Kampfflugzeugen der vierten und fünften Generation, einer zunehmenden Anzahl von Drohnen sowie Spionage- und Elektronik-Störflugzeugen. Zusätzlich zum Flugzeugträger USS Ronald Reagan wurde der Flugzeugträger USS Nimitz im Westpazifik stationiert. Vorgesehen ist eine neue Generation von Flugzeugträgern der Ford-Klasse (CVN-78) sowie Aegis-Zerstörern der Arleigh-Burke-Klasse (DDG-51).[197] Zwei zusätzliche Aegis-fähige Zerstörer werden in Japan stationiert. Das neueste lufteinsatzorientierte Schiff für Angriffs-Landungsoperationen, die USS America, wird bis 2020 in der Region stationiert; drei der neuesten Tarnkappen-Zerstörer DDG-1000 werden der Pazifik-Flotte zugeordnet.

Die Flotte im Pazifik wird mit auf Flugzeugträgern stationierten Kampfflugzeugen vom Typ F-35C und F/A 18E/F Super Hornet, Elektronik-Störflugzeugen vom Typ Boeing EA 18G »Growler«, Frühwarnflugzeugen vom Typ E-2D »Advanced Hawkeye« sowie dreißig bis vierzig Spionage- und Kampfflugzeugen vom Typ P-8A »Poseidon« aufgerüstet. Zur Ergänzung der »Poseidon« sind für die US-Marine seit 2017 Spionage-Drohnen vom Typ MQ-4C »Triton« im Westpazifik im Einsatz.

Auch die Luftstreitkräfte werden verstärkt: 395 der neuesten Tarn-

---

195 *The Asia-Pacific Maritime Security Strategy 2015*, USA Department of Defense.

196 US-Verteidigungsminister Ash Carter: Remarks on "Ensuring Continued Excellence in Defense at a Time of Strategic Transition", https://www.defense.gov/News/Speeches/Speech-View/Article/1019479/remarks-on-ensuring-continued-excellence-in-defense-at-a-time-of-strategic-tran/

197 Aegis ist ein elektronisches Warn- und Feuerleitsystem auf Kriegsschiffen.

kappen-Mehrzweckkampfflugzeuge Typ F-35 werden die Luftstreitkräfte im Westpazifik verstärken. Eine unbekannte Anzahl von Tarnkappen-Jagdflugzeugen der fünften Generation, F-22 »Raptor«, wurde aus Alaska auf den Luftwaffenstützpunkt Kadena in Japan verlegt. Außerdem werden laufend strategische Bomber vom Typ B-2 und B-52 sowie die in Okinawa wegen vieler Abstürze bei der Bevölkerung besonders verhassten Senkrechtstarter Boeing V-22 »Osprey« ebenfalls in die Region verlegt.

Auch unter Wasser legen die USA zu, mit zusätzlichen Angriffsunterseebooten in Guam. Diese werden mit größerer Waffen-Nutzlast ausgestattet.

In Japan, Südkorea und Guam sind bereits Verteidigungsinstallationen und Plattformen gegen ballistische Raketen vorhanden, wie das Raketenabwehrsystem THAAD mit dem Aktivradarsystem AN/TPY-2 X-Band, das eine Reichweite von 1200 bis 2000 Kilometern hat (in neuen geplanten Versionen angeblich auf bis zu 3000 Kilometer ausbaubar). Durch die Verbindung des THAAD in Südkorea mit den Systemen in Japan und Guam würde die strategische Abschreckungsfähigkeit (atomare Vergeltungs- bzw. Zweitschlagmöglichkeit im Fall eines US-amerikanischen Atomangriffs) für China stark reduziert.

Die USA betreiben also eine ungeheure Aufrüstung für den Kriegsfall im Westpazifik.

Stützpunkte auf US-Territorien im Pazifik

Hawai'i

Für die USA stellen die Stützpunkte auf dem 1898 annektierten Hawai'i den Ausgangspunkt für die Kontrolle des Pazifik dar. Eine Ausschaltung dieser Stützpunkte würde den ganzen Aufmarsch im Westpazifik in sich zusammenbrechen lassen. Im Urlaubsparadies Hawai'i befindet sich die größte Militärpräsenz der USA, das Hauptquartier des INDOPACOM[198] mit seiner gesamten Kommando- und Kommunikationsstruktur ist hier stationiert, ca. 40 000 Soldaten. Das INDOPACOM deckt die Hälfte der Erdoberfläche ab; ihm unterstehen ca. 375 000 Soldaten und Zivilpersonal, 200 Schiffe und mehr als 1000 Flugzeuge. In Summe gibt es elf Militärstützpunkte; die größten sind der gemeinsame Stützpunkt Pearl-Harbor-Hickam für Marine und Luftwaffe, für das Marinekorps der Stützpunkt Hawai'i und für die Armee die Militärbasis Hawai'i. Hawai'i hat

198 Das frühere *Pacific Command* wurde im Juni 2018 in *Indo-Pacific Command* umbenannt.

auch eine große Bedeutung für die Ausbildung von Soldaten von Verbündeten der USA. Auf Kaui befindet sich der große Raketenstartplatz Barking Sands für Training und Tests von Raketenabwehr.

Guam

Guam gehört zur Marianen-Inselgruppe und ist seit 1898 US-Außengebiet.[199] Guam liegt mehr als 6000 Kilometer westlich von Hawaiʻi, rund 3000 Kilometer von China entfernt. Guam bildet als Teil der »Zweiten Inselkette« eine gedachte Linie, die Japan, Guam und Papua-Neuguinea verbindet. Die Stützpunkte auf Guam werden als neues regionales Zentrum ausgebaut, das sich aufgrund der Nähe zu den Alliierten in Manila (vier Flugstunden) und Seoul (fünf Flugstunden) anbietet. Die USA befürchten, dass ihre Stützpunkte innerhalb und auf der »Ersten Inselkette« (von Japan im Norden über die Philippinen bis Borneo im Süden) in Südkorea, Japan und auf den Philippinen sowie Kampfschiffe im Konfliktfall von China relativ leicht zerstört werden könnten und bauen daher weiter entfernten Gebiete als Stützpunkte für einen Luft- und Seekrieg gegen China aus. 8000 Soldaten werden von Südjapan nach Guam und Hawaiʻi verlegt. Die THAAD-Batterien können einen gewissen Prozentsatz von Raketengeschossen abwehren, aber keine Marschflugkörper, die von Flugzeugen oder Schiffen abgefeuert werden. Auf Guam befindet sich eine riesige Luftwaffenbasis, die Anderson Air Force Base sowie die Naval Base Guam. Auf der Anderson Air Base sind häufig strategische Tarnkappenbomber vom Typ B-2 und B-52 im Rahmen von Rotationen »zu Gast«, die Naval Base ist bekannt für ihre vier nuklearen Angriffsunterseeboote der Los-Angeles-Klasse samt deren Versorgungsschiffen. Auf weiteren Stützpunkten in Guam sind auch Kampfeinheiten für Spezialeinsätze stationiert. In Guam wurden außerdem riesige Munitionslager angelegt, vor allem für die Marine.

Commonwealth der Nördlichen Marianen

Auf den Nördlichen Marianen, ebenfalls ein US-Außengebiet, haben die USA in Saipan Versorgungseinheiten für die Armee und das Marinekorps stationiert. Für das Marinekorps sollen Truppenübungsplätze auf den Inseln Tinian und Pagan sowie in großem Maßstab Artillerie-Schießplätze und

---

199   Die Bewohnerinnen und Bewohner sind zwar US-Bürger, aber nicht berechtigt, an der Präsidentenwahl teilzunehmen.

Manövergelände bereitgestellt werden. Bis zu 5000 Marines sollen in diesem tropischen Paradies Kriegsspiele absolvieren. Dagegen regt sich massiver Protest der einheimischen Bevölkerung.[200] Flugplätze auf den Nördlichen Marianen werden für Trainings verwendet sowie als Ersatzflugplätze bei eventuellen Zerstörungen auf Guam.

Alaska

Für einen Krieg im Westpazifik kann auch der Air Force Stützpunkt Eielson in Alaska eine Rolle spielen. Zurzeit sind hier F-16-Kampfflugzeuge des PACOM stationiert, die aber laufend durch die modernste fünfte Generation F-35A ersetzt werden. Auch die Army hat einen Stützpunkt, Elmendorf-Richardson.

Bündnisse und Partnerschaften

Für die USA sind die vertraglich abgesicherten Bündnisse mit Japan, Südkorea, Australien, Philippinen und Thailand das Herzstück der Erhaltung ihrer hegemonialen Vormacht in Asien. Diese fünf Bündnisse werden durch sehr enge Sicherheitsbeziehungen mit Neuseeland, Afghanistan, Pakistan und Singapur sowie in Entwicklung befindlichen Partnerschaften mit Indien, Vietnam, Malaysia und Indonesien flankiert. Es gibt auch inoffizielle Sicherheitsbeziehungen mit Taiwan.

Infolge dieser Kooperationen können die USA permanente Militärstützpunkte einrichten oder zeitlich begrenzt wechselnde Einheiten stationieren. Die zeitlich begrenzten Stationierungen sind für die Kooperationsländer politisch leichter zu verkraften und zu verkaufen, weil so der Eindruck einer Besatzung vermieden wird. Deshalb wird dies in Zukunft für die Stationierung von amerikanischen Truppen die bevorzugte Variante sein, wie z. B. auf den Philippinen.

Ohne Militärstützpunkte in Asien könnten die USA – trotz hoch entwickelter Luft-Auftanktechnologie und Nachschub-Logistik auf hoher See – keine militärischen Operationen durchführen. Nachschublager, Reparaturwerkstätten, Bodenstationen für die Satellitenkommunikation,

---

200 Justin McCurry, Daniel Lin: Pågan: the tropical paradise the US wants to turn into a war zone, *The Guardian*, 13. Dezember 2016, https://www.theguardian.com/world/2016/sep/13/pagan-marianas-tropical-paradise-us-war-zone-bombing-practice

Aufklärungs- und Spionageaktivitäten, Rast- und Schlafplätze für Soldaten erfordern Einrichtungen vor Ort. Auch in Friedenszeiten könnten die USA die Vorherrschaft über die Weltmeere ohne Basen nicht erhalten.

Die USA haben es geschafft, ihren Bündnispartnern den Löwenanteil der Kosten für Aufbau und Erhaltung der Basen aufzubürden:

> Verbündete der USA in Asien haben etwa 30 Milliarden US-Dollar für den Ausbau oder die Modernisierung von US-amerikanischen Einrichtungen in Japan, Korea und auf Guam zugeschossen. Der Beitrag der USA zu diesen Initiativen betrug nur 6,7 Milliarden US-Dollar.[201]

Die Kooperationen haben – neben gewinnbringenden Rüstungsexporten für den militärisch-industriellen Komplex der USA – den Vorteil, die gleichen Waffen- und Waffensysteme wie viele ihrer Alliierten zu benutzen, was die Zusammenarbeit bei Übungen und im Ernstfall erleichtert. Viele Länder verwenden z. B. Sturmgewehre, die auf dem Typ M-16/M-4 des US-Herstellers Colt basieren, und ein Kaliber von 5,56 Millimetern, was den Nachschub und die gegenseitige Verwendung von Waffen erleichtert. Viele verwenden auch F-15- und F-16-Kampfflugzeuge sowie LINK-16, den amerikanischen digitalen Datenübertragungsstandard, den übrigens auch die NATO und Österreich verwenden. Dadurch wird im Konfliktfall den Luft-, See-, und Landstreitkräften ermöglicht, im Bereich der Luft- und Seeverteidigung elektronisch Informationen auszutauschen.

Für seine Partner veranstaltet das US-Militär in zunehmendem Ausmaß auf amerikanische Interessen zugeschnittene bilaterale und multilaterale Manöver, in denen die Zusammenarbeit geübt wird. Von philippinischen Teilnehmern hört man zum Beispiel, dass die modernste Militärtechnologie den US-Soldaten vorbehalten bleibt und hier eine klare Hackordnung besteht.

Japan

In Japan haben die USA derzeit ca. 50 000 Soldaten und 50 000 ihrer Angehörigen stationiert – mehr als in jedem anderen Land, davon die Hälfte allein auf der Insel Okinawa.

201 *Asia-Pacific Rebalance 2025*, Studie des Center for Strategic and International Studies (CSIS), Washington 2016, S. 32; hier findet man auch viele Details zu den einzelnen Ländern.

In Yokosuka befindet sich das Hauptquartier der 7. Flotte, die die Hauptlast einer Auseinandersetzung mit China tragen würde. Sie wurde in den 2010er Jahren von einem riesigen Korruptionsskandal erschüttert. Im Zentrum der Untersuchung des »Fat-Leonard-Skandals« stand der ehemalige Pentagon-Auftragnehmer Leonard Glenn Francis, dessen Unternehmen in südostasiatischen Häfen Serviceleistungen für Schiffe der Marine anbot, darunter Wasser, Verpflegung, Benzin und Schleppschiffe. Seit Beginn der Untersuchung im Jahr 2013 wurden zahlreiche Flottenangehörige verhaftet und angeklagt, im Austausch für Informationen über die Routen von Kriegsschiffen und U-Booten und die Umleitung von Schiffen zu Häfen, in denen Francis' Firma operierte, Geld, Dienste von Prostituierten und luxuriöse All-inclusive-Reisen erhalten zu haben. Ein früherer Marineattaché der US-Botschaft in Manila wurde zu dreieinhalb Jahren Gefängnis verurteilt. 440 weitere Offiziere sind wegen möglichen Fehlverhaltens angeklagt, davon 60 aktive und frühere Admiräle.[202]

Die Größe dieses Skandals in Verbindung mit Unfällen von Kriegsschiffen der 7. Flotte lässt Fragen über ihre Moral und Einsatzfähigkeit aufkommen.

Die amerikanisch-japanische Allianz ist ein Eckpfeiler für die US-Dominanz in Asien und für die japanische Außenpolitik. Die USA verpflichteten sich vertraglich, Japan im Fall eines Angriffs beizustehen, und erhalten dafür Stützpunktrechte in Japan.

> Für Japan waren die USA der Schutzschirm, unter dem es sich unbesorgt von der verheerenden Niederlage im Zweiten Weltkrieg erholen und wirtschaftlich wieder auf die Beine kommen und dann sukzessive zu einer der führenden Nationen der Welt aufsteigen konnte. Aber eben dieser Schutzschirm schränkt Japan in seiner Handlungsfreiheit ein und hat zu der paradoxen Lage geführt, dass eine Weltmacht zugleich ein Protektorat ist.[203]

---

202 Craig Whitlock: 'Fat Leonard' probe expands to ensnare more than 60 admirals, *Washington Post*, 5. November 2017, https://www.washingtonpost.com/investigations/fat-leonard-scandal-expands-to-ensnare-more-than-60-admirals/2017/11/05/f6a12678-be5d-11e7-97d9-bdab5a0ab381_story.html?noredirect=on&utm_term=.fb0358f428a1

203 Zbigniew Brzeziński, a. a. O., S. 220.

Der japanische Ministerpräsident Shinzō Abe[204] ließ am 1. Juli 2014 seine Regierung trotz Widerstands großer Teile der Bevölkerung und der Opposition den Artikel 9 der japanischen Friedensverfassung neu interpretieren. Dieser Artikel lautet: »Das japanische Volk verzichtet für immer auf den Krieg als ein souveränes Recht der Nation und auf die Androhung oder Anwendung von Gewalt als Mittel zur Beilegung internationaler Streitigkeiten.« Abe ließ im Jahr 2013 Japans erste Nationale Sicherheitsstrategie beschließen, die den Ausbau von Japans Militär, eine Unterstützerrolle Japans bei US-Militäraktionen in Asien (euphemistisch umschrieben als »kollektive Selbstverteidigung«), Kooperation mit US-Partnern und eine stärkere internationale Rolle Japans vorsieht. In Abstimmung mit den USA werden durch eine geplante jährliche Militärausgabensteigerung von 5 % die Amphibienkapazitäten, geheimdienstliche Überwachung und Aufklärung (ISR), Befehls-, Kontroll- und Kommunikationseinrichtungen, Raketenabwehrstellungen, militärische Internet- und Weltraumkapazitäten ausgebaut. 2018 werden neue Anti-Schiff-Raketen mit einer Reichweite von 150 Kilometern und einer Höchstgeschwindigkeit von Mach 3 in Dienst gestellt. Die USA versuchen, Japan in gemeinsame Befehls- und Kontroll-Strukturen und eine »Gemeinsame Einsatz-Kommandantur« hineinzupressen, um bei Militäraktionen eine bessere Kontrolle über das japanische Militär ausüben zu können.

Die neuen erweiterten amerikanisch-japanischen Militärrichtlinien, die im April 2015 zwischen Shinzō Abe und Barack Obama ausgehandelt wurden, sind von großer geopolitischer Bedeutung. Japan will sich als Juniorpartner der USA international stärker hervortun, seine militärische Rolle in der Region bis zum Indischen Ozean ausbauen und die USA militärisch unterstützen. Eine solche wachsende Rolle Japans wird sicher Unruhe in Südostasien aufkommen lassen, da viele Länder schon einmal unter einem

---

204 Shinzō Abe versucht, das revisionistische Werk seines Großvaters Nobusuke Kishi, den er sehr verehrt, zu Ende zu bringen. Der des Kriegsverbrechens der »Klasse A« (Organisation der Ausbeutung von chinesischen Zwangsarbeitern in der Mandschurei) verdächtige Nobusuke Kishi wurde 1948 von den USA freigelassen und konnte ab 1952 wieder politisch tätig sein. Siehe Reiji Yoshida: Formed in childhood, roots of Abe's conservatism go deep, *Japan Times*, 26. Dezember 2012, http://www.japantimes.co.jp/news/2012/12/26/national/formed-in-childhood-roots-of-abes-conservatism-go-deep/

militärisch starken Japan gelitten hatten. Brzeziński hält dies auch aus Sicht der USA für unklug, da dadurch eine vernünftige regionale Einigung mit China erschwert würde: »Der Druck Amerikas auf Japan, eine größere militärische Rolle zu übernehmen, kann den Aussichten auf regionale Stabilität hingegen nur schaden.«[205]

Der 2018 auslaufende Dreißig-Jahre-Vertrag der USA mit Japan über die friedliche Nutzung von Atomenergie verlängert sich automatisch, da er von keiner Seite gekündigt wurde. Die USA geben darin Japan die Genehmigung, abgebrannte Brennelemente wiederaufzubereiten und Plutonium zu produzieren. Tokio hat inzwischen 47 Tonnen Plutonium produziert, genug für ca. 6000 Atombomben. Japan tut wenig, um diese Menge zu reduzieren. Der Verdacht besteht, dass man das Plutonium behält, um in Zukunft die Möglichkeit zu haben, eigene Atomwaffen produzieren zu können.

Südkorea

In Südkorea, der zweiten großen Basis der USA in Nordostasien, sind rund 30 000 US-Soldaten zuzüglich Familienangehörige stationiert. Die meisten befinden sich auf Armee-Stützpunkten, es gibt aber auch eine Luftwaffen- und eine Marinebasis. Die USA verlegen sukzessive Truppenkontingente von der Grenze zu Nordkorea weg nach Süden, um die Gefährdung durch Artillerie oder Raketen für die US-Soldaten zu verringern. Südkorea bezahlt die Hälfte der Nicht-Personal-Kosten für die US-Truppen, Tendenz steigend.

Die USA haben Südkorea durch die Jahrzehnte lange Aufrechterhaltung des Status Quo in große Abhängigkeit gebracht. Südkorea und die USA haben 1953 einen Beistandspakt abgeschlossen, der jedes der beiden Länder verpflichtet, das andere im Falle eines erlittenen Angriffs zu unterstützen. Das bezieht sich auf einen eventuellen Angriff Nordkoreas auf Südkorea, aber natürlich auch auf eine Auseinandersetzung zwischen den USA und China. Im Falle eines militärischen Konflikts sind die südkoreanischen Truppen dem militärischen Oberkommando der USA unterstellt.

Die Aufstellung des amerikanischen Raketenabwehrsystems THAAD – teilweise ohne Wissen des südkoreanischen Präsidenten – hat neben der örtlichen Bevölkerung, die nun zum Zielgebiet Nummer eins von nordkoreanischen oder im Falle einer Auseinandersetzung zwischen den USA

205 Zbigniew Brzeziński, a. a. O., S. 275

und China gegebenenfalls auch chinesischen Raketen geworden ist, auch die chinesisch-südkoreanischen Beziehungen schwer belastet. Die Abwehrsysteme können mit Radarsystemen ausgestattet werden, die tausende Kilometer weit in chinesisches Territorium »hineinsehen«.

Amerikanische Versuche, ein engeres Militärbündnis Südkoreas mit Japan gegen China zu schmieden sind – mit Ausnahme von Nachrichten- und Spionageinformationsaustausch – bislang gescheitert, da die koreanische Bevölkerung Japan aufgrund der kolonialen Besetzung und des Krieges als Bedrohung und nicht als Partner wahrnimmt.

Obwohl von der westlichen Presse lange ignoriert, haben die häufigen gemeinsamen Manöver Südkoreas mit den USA zur Destabilisierung der Lage auf der koreanischen Halbinsel beigetragen. Sie sind wesentlicher Bestandteil der Kriegsvorbereitungen der USA im Westpazifik.

Australien

Australien hat für die USA höchste strategische Bedeutung, da es am Schnittpunkt zwischen dem (Süd-)Pazifik und dem Indischen Ozean liegt. Seit dem Ersten Weltkrieg hat Australien alle US-Militärkampagnen unterstützt, insbesondere die *»Rebalance to Asia«* durch eine Vereinbarung, die die Verwendung australischer Militärstützpunkte auf Rotationsbasis durch die US-Luftstreitkräfte und die Marines vorsieht. So ist im nordaustralischen Darwin eine bis zu 2500 Mann starke Marine-Einheit präsent. Zur internationalen Lachnummer wurde diese Vereinbarung allerdings, als 2016 ein privates chinesisches Unternehmen namens Landbridge in einem 500-Millionen-US-Dollar-Vertrag ohne Wissen der USA den Hafen von Darwin und das umgebende Land für 99 Jahre leaste, und das, obwohl Australien Partner im großen amerikanischen Überwachungs- und Spionagepool *»Five Eyes«* ist, der außer den USA und Australien auch Großbritannien, Kanada und Neuseeland umfasst. Die große amerikanisch-australische Überwachungsbasis für militärische und private Kommunikation, die Richtung Afrika und Asien spioniert, liegt im zentralaustralischen Pine Gap, nicht weit von Alice Springs. China ist dabei einer der Schwerpunkte der Überwachung durch CIA und NSA.[206]

Die US-Airforce hat auf kleineren Flugplätzen in Nordaustralien im

---

206 NSA Intelligence Relationship with Australia, April 2013, http://www.abc.net.au/cm/lb/8824538/data/nsa-intelligence-relationship-with-australia-data.pdf

Rotationsmodus Flugzeuge stationiert. Der australische Marinestützpunkt bei Perth wird die amerikanische Marine aufnehmen. Auf den australischen Kokosinseln im Indischen Ozean haben die USA und Australien gemeinsam Seeaufklärungsflugzeuge vom Typ P-8 »Poseidon« und unbemannte Drohnen stationiert, um chinesische Schiffsbewegungen im Indischen Ozean verfolgen zu können.

In einer ungewöhnlich großen Trainingsaktion segelten 2017 auf Wunsch der USA sechs australische Kriegsschiffe mit eintausend Seeleuten für Militärübungen in das Südchinesische Meer. Geübt wurde die Blockade der Straße von Malakka und des Südchinesischen Meeres. Die USA versuchen ständig, andere Staaten dazu zu bringen, Militärschiffe durch das von China und anderen Staaten beanspruchte Meeresgebiet fahren zu lassen. Australien führte dieses Manöver durch, obwohl es kein Anrainerstaat des Südchinesischen Meeres ist und auch keine wichtigen Schifffahrtsrouten von und nach Australien durch das Südchinesische Meer führen. Australien folgt regelmäßig dem Ruf der USA.

Washington übt starken Druck auf Australien aus, aufzurüsten: »Auf Canberras Einkaufsliste stehen seither zwölf U-Boote – was einer Verdopplung der australischen Flotte entspricht –, drei raketenbestückte Kriegsschiffe, acht Fregatten, 70 Kampfhubschrauber sowie rund 100 Militärflugzeuge.«[207] Den Deal für die zwölf Tarnkappen-U-Boote mit US-Waffensystem gewann die französische Staatswerft DCNS, sehr zum Ärgernis der USA, die gerne einen Auftrag an ein japanisches Konsortium, bestehend aus Mitsubishi Heavy Industries und Kawasaki Heavy Industries, gesehen hätten. Über die nächsten zwanzig Jahre wird Australien umgerechnet ca. 60 Milliarden US-Dollar an Rüstungsausgaben leisten und das jährliche Militärbudget auf 2 % des BIP anheben. Das bedeutet eine Erhöhung des Militärbudgets von 2017 bis 2026 um ca. 80 %.

Philippinen

Die Philippinen waren bis 1946 eine Kolonie der USA und sind eines der fünf Länder in Asien mit einem Beistandspakt mit den USA. Er wurde 1951 abgeschlossen und beinhaltet die Verpflichtung von Konsultationen, wenn

207 Jörg Schmilewski: USA und Australien verbünden sich gegen China, *Die Zeit*, 17. November 2011, http://www.zeit.de/politik/ausland/2011-11/usa-australien-china

»die territoriale Integrität, die politische Unabhängigkeit oder die Sicherheit der Vereinigten Staaten oder der Philippinen von einem Angriff im Pazifik bedroht werden«. Die USA sehen die nach der Vertragsunterzeichnung von den Philippinen erhobenen Ansprüche auf Gebiete im Südchinesischen Meer nicht von dem Vertrag abgedeckt. Bis 1992 hatte Washington große Militärstützpunkte auf den Philippinen, vor allem den Luftwaffenstützpunkt Clark und den Flottenstützpunkt Subic Bay. Aufgrund des Widerstands der Bevölkerung mussten diese Basen geschlossen werden.

Seither versuchen die USA auf leisen Sohlen, wieder zu militärischen Stützpunkten auf den Philippinen zu kommen. 2014 unterzeichnete Präsident Benigno Aquino das zehnjährige *Enhanced Defense Cooperation Agreement* (EDCA), das den USA Truppenrotationen in fünf verschiedenen Stützpunkten des philippinischen Militärs ermöglicht, die in Krisenzeiten von dort aus operieren können. Von den Philippinen aus haben die USA raschen Zugang zum Südchinesischen Meer und zu anderen möglichen Konfliktgebieten. 50 bis 100 Special Forces sind auf Rotationsbasis auf der südphilippinischen Insel Mindanao stationiert, um das Militär der Philippinen im Kampf gegen islamistische Terroristen zu unterstützen und damit gleichzeitig wieder einen operativen Fuß im Land zu haben.

Präsident Rodrigo Duterte, der die Anwesenheit ausländischer Truppen in seinem Land nicht gern sieht, hat die Möglichkeiten für die USA eingeschränkt. Die Philippinen stellen seit 2016 keine Häfen und Flughäfen mehr als Ausgangs- oder Endpunkte für amerikanische Patrouillen »für die Schifffahrtsfreiheit« zur Verfügung. Gemeinsame Militärübungen mit den USA wurden auf humanitäre Hilfe beschränkt. Übungen im Südchinesischen Meer, die China als potenziellen Feind annehmen, wurden eingestellt. Duterte kritisierte auch den Aufbau von Munitions- und Waffenlagern durch die USA scharf und erklärte, dass dies durch das Abkommen nicht abgedeckt sei. Außerhalb des EDCA haben die USA Elektronik-Störflugzeuge vom Typ Boeing EA 18G »Growler«, Erdkampfflugzeuge vom Typ Fairchild-Republic A-10 »Warthog« sowie Pavehawk-Hubschrauber auf den Philippinen stationiert. Jüngst hat Washington auf den Philippinen das HIMARS-Raketenartilleriesystem aufgestellt, das sechs Marschflugkörper oder sonstige Raketen über zwei- bzw. dreihundert Kilometer Entfernung verschießen kann. Sie werden als »Planquadrat-Vernichtungssystem« verwendet und können auf einer Fläche von einem Quadratkilometer Landstriche wie Inseln völlig zerstören. Das System könnte von den USA als Vorbereitungsbombardements für amphibische Landeaktionen auf Inseln des Südchinesischen Meeres verwendet werden.[208]

Die USA haben versucht, die Philippinen als Speerspitze ihrer antichinesischen Bemühungen im ASEAN-Bereich einzusetzen und sogar in militärische Auseinandersetzungen mit China zu treiben. Während der frühere Präsident mitspielte, beendete Duterte die Politik der Konfrontation mit China. Dabei erzielte er große Erfolge, und zwar nicht auf dem Papier, sondern in der Realität: Das umstrittene Gebiet des Scarborough-Riffes (Huangyan/Panatag-Insel) ist nun wieder für philippinische Fischer nutzbar, chinesische Unternehmen investieren auf den Philippinen, und der Export von Obst nach China ist wieder möglich. China liefert dringend benötigte Waffen für die philippinische Polizei. Vordiesem Hintergrund heraus wird Duterte versuchen, die militärische Zusammenarbeit und die enge wirtschaftliche Abhängigkeit von den USA schrittweise, pragmatisch zu reduzieren und die Probleme mit China in bilateralen Kontakten zu lösen.

Der philippinische Pfeiler der USA beginnt zu wackeln. Es gab jedoch Versuche der USA gegenzusteuern. So veröffentlichte eine philippinische Zeitung ein Schreiben des ehemaligen US-Botschafters Philip Goldberg, das einen Plan für die Unterminierung der Präsidentschaft Dutertes bis hin zu seinem Sturz in ein bis eineinhalb Jahren beinhaltete.[209] Die USA sind auch seit Jahrzehnten eng mit dem Militär und dem politischen Establishment der sechzig einflussreichsten Familienklans verbunden, sodass auch von dort Gefahr für Duterte droht.[210]

Der US-Pfeiler Philippinen beginnt zwar zu wackeln, das philippinische Militär ist jedoch aufgrund der heimischen Auseinandersetzungen mit der kommunistischen Neuen Volksarmee und islamistischen Terroristen so schwach, dass eine rasche vollständige Kündigung der Verträge mit den

---

208 Peter Lee: Pentagon looks beyond fonops in South China Sea, *Asia Times*, 8. April 2016, http://www.atimes.com/pentagon-looks-beyond-fonops-in-south-china-sea/

209 Dante A. Ang: US ex-envoy plotting Duterte fall – source, *Manila Times*, 27. Dezember 2016, http://www.manilatimes.net/us-ex-envoy-plotting-duterte-fall-source/303868/

210 Das US-Militär hat durch Waffenlieferungen, Ausbildungsprogramme, gemeinsame Übungen seit Jahrzehnten großen Einfluss auf das philippinische Militär. Es wäre nicht das erste Land, in dem die USA einen Putsch organisieren.

USA nicht zu erwarten ist. Duterte nannte 2022 als spätesten Termin für den Abzug der ausländischen Truppen von den Philippinen.

Thailand

Thailand ist ein sehr enger Bündnispartner, mit dem die USA bereits 1954 den Manila-Pakt unterzeichneten. Trotz der Auflösung der Organisation des Südostasienvertrags (SEATO) im Jahr 1977 unterhalten die USA und Thailand weiterhin enge militärische Beziehungen. In den 1960er Jahren und Anfang der 1970er Jahre hat Thailand den USA Militärstützpunkte zur Verfügung gestellt und Truppen für den Krieg in Vietnam gestellt. Auch heute haben die USA wieder Zugang zum Luftwaffenstützpunkt U-Tapao und zum Marinestützpunkt Sattahip. Im »Joint Vision Statement 2012« dachten die USA Thailand die Rolle zu, »Sicherheitspartnerschaften in der Region aufzubauen«, vor allem mit Myanmar, dem Nachbarn Chinas, um den Einfluss der USA dort auszubauen.

Der Militärputsch im Jahr 2014 schränkte die Zusammenarbeit stark eint, vor allem im Bereich der Ausbildung und der Militärübungen. Infolgedessen haben sich die Verbindungen Thailands zu China stark verbessert.

Singapur

Singapur hat aufgrund seiner Lage am Eingang der Straße von Malakka eine herausragende militärstrategische Bedeutung. Die USA, die die Meerenge kontrollieren, können hier im Krisenfall leicht jeden Schiffsverkehr von und nach China sperren. Singapur ist zwar kein Verbündeter mit einem Beistandspakt, aber ein wichtiger Partner für die militärische Zusammenarbeit. 1990 wurde die Vereinbarung über die Nutzung von Einrichtungen in Singapur durch die Vereinigten Staaten unterzeichnet, die den USA Zugang zu den militärischen Einrichtungen Singapurs geben. Seitdem die Philippinen die amerikanischen Einrichtungen in Subic Bay schließen wollen, befindet sich das Logistik-Hauptquartier der 7. Flotte der USA im Terminal Sembawang des Hafens von Singapur. 2005 wurde die enge militärische Zusammenarbeit weiter mit einem Strategischen Rahmenabkommen (SFA) und 2015 mit einer Vereinbarung über Verteidigungskooperation formalisiert. Die USA haben Zugang zum Flottenstützpunkt Changi, eine der wenigen Hafenanlagen weltweit, die amerikanische 100 000-Tonnen-Flugzeugträger bedienen können. Zusätzlich operiert zur Unterstützung von US-Militärflugzeugen, die Singapur und Südostasien anfliegen, eine amerikanische Luftwaffen-einheit auf dem Stützpunkt Paya Lebar. Eine rotierende Schwadron von F-16-Kampfflugzeugen ist ebenfalls dort beheimatet. Die Stationierung von Langstrecken-Spionageflugzeugen des Typs P-8 »Poseidon«, die chinesische U-Boot-Bewegungen verfolgen sowie von der chinesischen Schiffsbasis Hainan aus bis nach Japan hinauf die Kommunikation chinesischer Militärschiffe mit ihren Basen abhören und zu entschlüsseln versuchen, ist von großer Bedeutung für die USA. Die US-Marine unterhält auf Rotationsbasis vier hochmoderne Tarnkappen-Schiffe für küstennahe Gefechte (*Littoral Combat Ships,* LCS),[211] die von Singapur aus operieren.

Indien

Chinas Nachbar Indien hat für die USA große Bedeutung, vor allem aufgrund des Zugangs zum Indischen Ozean, wo die USA auch weiter südlich auf dem britischen Territorium Diego Garcia einen Militärstützpunkt betreiben sowie aufgrund des indischen Zugangs zur Straße von Malakka. Die USA haben Interesse an der indischen Aufklärung von chinesischen Schiffsbewegungen, vor allem von U-Booten im Indischen Ozean. George W. Bush hob 2008 die Sanktionen gegen Indien zum Verbot des Kaufes von Uran auf. Als Gegengeschäft kaufte Indien 126 amerikanische Kampfflugzeuge und ermöglichte eine engere militärische Zusammenarbeit gegen China. Obama wollte Indien zum Mitglied der Gruppe der Kernmaterial-Lieferländer (NSG) machen, ohne dass Indien den Vertrag zur Nicht-Weitergabe von Atomwaffen (NPT) unterschreiben muss. Das war ein weiterer Anreiz, um Indien in eine USA-freundliche Politik einzubinden. Der Versuch misslang.

Während Indien früher eine prononciert blockfreie Politik betrieben hatte, hat die Regierung von Narendra Modi positiv auf amerikanische Avancen der militärischen Aufrüstung und Zusammenarbeit im Indischen Ozean und im Südchinesischen Meer reagiert.

Die USA sagten zu, Indien Waffen im Wert von ca. 14 Milliarden US-Dollar zu liefern, darunter Transportmaschinen vom Typ C-130J und C-17 sowie Aufklärungsflugzeuge vom Typ P-8 »Poseidon«.

211 Aufgaben dieser Schiffe sind nachrichtendienstliche Aufklärung, Absetzen und Aufnehmen von Spezialeinheiten, Begleitschutz von Landungsschiffen oder Hubschrauberträgern.

Die Grundlagen der amerikanisch-indischen Zusammenarbeit wurden 2015 durch einen Beschluss zu einer strategischen, gegen China gerichteten Partnerschaft besiegelt.

Während des Besuchs von Modi in den USA im Jahr 2016 wurde trotz großen Widerstands in Indien das *Logistics Exchange Memorandum of Agreement* (LEMOA) unterzeichnet, eine Vereinbarung, die jedem der beiden Länder erlaubt, die militärischen Nachschub- und Auftankeinrichtungen des Partners in Häfen und Militärbasen in Anspruch zu nehmen. Das war eine gravierende Änderung der Politik Indiens, die die Benutzung ihrer Einrichtungen bisher nur auf Ad-hoc-Basis gestattet hatte.

Indien hat zwei Flugzeugträger im Einsatz und zwei weitere im Bau. Mithilfe der französischen Staatswerft DCNS werden derzeit sechs Tarnkappen-U-Boote vom Typ »Scorpène« für die indische Kriegsmarine produziert. Übrigens berichtete die australische Zeitung *The Australian* im Jahr 2017, dass gut 22 000 Seiten mit genauen Daten zu den Fähigkeiten und zur Ausrüstung dieses U-Boot-Typs im Internet veröffentlicht wurden.

Die USA versuchen mit allen Mitteln, guten Wind in Indien zu machen. Sie mischen sich auch in den Grenzstreit zwischen Indien und China ein und unterstützen dabei Indien. In einem symbolischen Akt besuchte US-Botschafter Richard Verma 2016 das umstrittene Gebiet von Arunachal Pradesh / Südosttibet im Himalaya, das 1914, während der englischen Kolonialzeit, vom Außenminister von Britisch-Indien, Henry McMahon, Britisch-Indien zugesprochen und China abgesprochen worden war. Zuvor hatte der US-Generalkonsul in Kolkata Craig L. Hall erklärt, dass Washington Arunachal Pradesh als integralen Teil Indiens ansieht.

Vietnam

Die USA haben in den letzten Jahren die militärischen Beziehungen zu Vietnam verstärkt, die Konflikte zwischen Vietnam und China im Südchinesischen Meer ausgenützt und versuchen, Öl ins Feuer zu gießen. Im Oktober 2014 hoben die USA das Waffenembargo, dass sie 1975 gegen Vietnam verhängt hatten, nachdem sie zu einem überstürzten Abzug gezwungen worden waren, teilweise auf. Anlässlich eines Besuchs von Obama im Jahr 2016 in Hanoi wurde das Embargo vollständig aufgehoben. Die USA wollen, dass Vietnam Marine-Ausrüstung kauft und bieten Ausbildungslehrgänge und Übungen für die vietnamesische Flotte an. Die dauerhafte Verwendung des

Militärhafens Cam Ranh wurde von Vietnam nicht erlaubt, nur der Besuch eines Schiffs pro Jahr in einem vietnamesischen Hafen wurde gestattet.

Vietnam ist sehr vorsichtig beim Ausbau der militärischen Beziehungen zu den USA und beim Ankauf von Rüstungsgütern aus den USA, da es keine Abhängigkeiten eingehen möchte. Auch die im Friedensabkommen von Paris 1973 versprochenen 3 Milliarden US-Dollar zur Beseitigung von Kriegsschäden und den Wiederaufbau wurden von den USA bislang nicht bezahlt, geschweige denn Unterstützung für die rund eine Million Opfer der Chemiewaffen wie Agent Orange. Vietnam wird sich sicher nicht von den USA in einen Krieg gegen seinen Nachbarn China hineinziehen lassen, zu dem es trotz aller Meinungsverschiedenheiten betreffend das Südchinesische Meer enge Wirtschafts- und politische Beziehungen unterhält.

Malaysia

Die USA und das an der strategisch und militärisch wichtigen Straße von Malakka gelegene Malaysia haben Militärkontakte auf niedrigem Niveau; die amerikanische und die malaysische Flotte halten jährlich gemeinsame Manöver im Rahmen des Cooperation Afloat Readiness and Training (CARAT) ab. Die USA stellen auch Geld für Training zur Verfügung und führen die Übungen durch.

Von der kleinen Insel Labuan bei Borneo aus würden die USA gerne den Seeaufklärer und U-Boot-Jäger vom Typ P-3 und die P-8 »Poseidon« für Aufklärung und Spionage ins Südchinesische Meer fliegen, was Malaysia aber nur selten gestattet. Malaysia versucht, ein äquidistantes Verhältnis zu China und zu den USA zu halten.

Indonesien

Gemäß der *Military Strategy 2015* ist es Ziel der USA, die militärische Zusammenarbeit mit Indonesien zu verstärken. Washington versucht, Indonesien, den Staat zwischen dem Südchinesischen Meer und dem Indischen Ozean, zum Aufbau einer Marine und zur Seeüberwachung zu drängen, obwohl das größte Problem des Landes – so wie in Malaysia und auf den Philippinen – die Bekämpfung von islamistischem Terrorismus ist. Die USA lassen indonesische Offiziere an ihrem Internationalen Militärausbildungsprogramm teilnehmen, es finden regelmäßige gemeinsame Militärübungen statt, und die USA verkaufen Indonesien

Waffen, nachdem Waffenembargo, das nach den indonesischen Massakern auf Osttimor verhängt worden war, aus geopolitischen Gründen aufgehoben wurde.

Schlachtpläne und Aufrüstung der USA

Die USA investieren riesige Summen, um ihren riesigen technologischen Vorsprung im Bereich der Waffenentwicklung noch zu vergrößern und im Bereich der Militärdoktrin und -strategie Schlachtpläne für alle möglichen Situationen in petto zu haben. Kriegssimulationen sollen neue Wege zur Erreichung der militärstrategischen Ziele finden. In Militärübungen, allein oder gemeinsam mit Alliierten, werden Kriegsszenarien durchgespielt sowie durch Stationierungen von Truppen und Waffensystemen deren kurzfristige Einsatzfähigkeit geprobt. Spionageflüge innerhalb der ausschließlichen Wirtschaftszone Chinas und der Einsatz von »Forschungsschiffen« zur Untersuchung des Südchinesischen Meeres (Bodenverlauf, Salzgehalt, Wassertemperaturen) zur Vorbereitung von U-Boot-Einsätzen runden die Vorbereitungen ab. Bei welchen Konflikt- und Kriegsszenarien im Westpazifik, der 10 000 Kilometer vom amerikanischen Festland entfernt ist, könnte das Pentagon eingreifen, um ein Ergebnis im Interesse der USA zu erzielen?

- Eingreifen Chinas im Falle einer Unabhängigkeitserklärung Taiwans
- Offener Konflikt zwischen Japan und China im Ostchinesischen Meer wegen der Diaoyu/Senkaku-Inseln; die USA haben sich verpflichtet, Japan in einem solchen Konflikt beizustehen, obwohl sie die Souveränität Japans über die Inseln nicht anerkennen.
- Konflikt zwischen China und anderen Anrainerstaaten im Südchinesischen Meer; die USA haben einen Beistandspakt mit den Philippinen, der sich aber nicht auf neue Ansprüche im Südchinesischen Meer bezieht.
- Konflikt mit China in Folge einer Intervention der USA in Nordkorea
- Behinderung der USA in Operationen »für die Schifffahrtsfreiheit« im Südchinesischen Meer bzw. bei Durchführung von Spionageoperationen in der ausschließlichen Wirtschaftszone Chinas
- Blockaden von Meerengen und Häfen aufgrund von unilateralen Sanktionen der USA

Die USA gehen davon aus, dass das chinesische Militär im Konfliktfall versuchen wird, den Zugang der USA in die Zone innerhalb der »Ersten Inselkette« durch entsprechende Waffensysteme zu verhindern. Die USA haben für diese Strategie den Begriff des »*Anti-Access/Area Denial*« (A2/AD)[212] erfunden. Da die USA erstmals seit dem Ende des Kalten Krieges mit einer Situation konfrontiert sind, in der sie nicht uneingeschränkten Zugang in ein Gebiet haben, sondern sich diesen womöglich erst erkämpfen müssen, wurde im Pentagon und von ausgelagerten Beratungsfirmen des militärisch-industriellen Komplexes eine Methode gesucht, wie man das chinesische Militär bekämpfen könnte.

Luft-See-Schlacht

Um den Zugang zu den Gewässern des Ostchinesischen und des Südchinesischen Meeres zu erhalten, die chinesische A2/AD-Strategie zu durchkreuzen und um die die amerikanischen Stützpunkte in der »Ersten Inselkette« und der »Zweiten Inselkette« zu verteidigen, haben die USA das Konzept der Luft-See-Schlacht (*AirSea Battle*, ASB) entwickelt. Luft-See-Schlacht deshalb, weil dabei die US-Luftwaffe und -Marine in gemeinsamer, koordinierter Vorgangsweise den Hauptanteil der Kriegshandlungen tragen.[213]

Das Herzstück des ASB-Konzepts sind drei Schwerpunkte: Kommando-, Kontroll-, Kommunikations- Aufklärungs- und Überwachungskapazitäten des Gegners unterbrechen, es dem Feind zu verunmöglichen, Ziele zu lokalisieren und damit die eigenen Kräfte vor Angriffen zu bewahren sowie die gegnerischen Plattformen und Waffensysteme zu zerstören. Wie das ablaufen soll, beschreibt der im Pentagon gut vernetzte ehemalige US-Marineoffizier Jan van Tol in einer Studie des Center for Strategic and Budgetary Assessments in Washington:

---

212 *Anti-Access/Area Denial:* Strategie, feindlichen Kräften erstens den Zugang zu einem kritischen Gebiet zu verwehren und zweitens die Operationsmöglichkeit in diesem Gebiet zu verunmöglichen.

213 Diese Bezeichnung führte sofort zu heftiger Kritik der Armee und der Marines, die befürchteten, aufgrund der geringeren Bedeutung in künftigen Szenarien auch entsprechend geringer am Militärbudget beteiligt zu werden. Siehe Mark Perry: The Pentagon's Fight Over Fighting China, *Politico*, Juli/August 2015, https://www.politico.com/magazine/story/2015/06/pentagon-air-force-navy-fight-china-119112

Dies erfordert schnelle Angriffe, einschließlich Weltraum-Angriffe, auf eine Reihe von kritischen Zielen wie chinesische Satelliten, Bodenstationen, Anti-Satellitenkapazitäten und Überhorizont-radar. Diese Radaranlagen zu treffen, sollte, so van Tol, »zu den ersten Angriffsprioritäten der USA gehören.«

Angriffe auf landgestützte Raketen der chinesischen Volksbefreiungsarmee würden unmittelbar nach den anfänglichen »Blendangriffen« folgen, sich aber über einen längeren Zeitraum entfalten. Nach der Schaffung von Korridoren mit mehreren Achsen durch die Schwächung der chinesischen Luftverteidigungssysteme würden die USA eine Kombination aus Distanzwaffen (einschließlich Marschflugkörpern, die von U-Booten abgefeuert werden) und eindringenden Systemen (einschließlich bemannter Tarnkappenbomber und unbemannter Drohnen) einsetzen, um landgestützte Raketenwerfer und deren Kommando- und Kontrollnetzwerke zu lokalisieren und anzugreifen. Während »das Inventar der Volksbefreiungsarmee an Raketen und mobilen Trägerraketen zu umfangreich und im Allgemeinen zu schwer zu finden ist, um eine hohe Zerstörungsrate zu erreichen«, könnten Raketenunterdrückungsoperationen das Ausmaß und die Koordination von Angriffen auf Ziele der USA und ihrer Verbündeten verringern.«[214]

Jahrelange Diskussionen haben dazu geführt, dass das Luft-See-Schlacht-Konzept letztlich zum *Joint Operational Access Concept* (JOAC) erweitert wurde. Darin finden nun auch Armee und Marine entsprechende Aufgaben im Kampf gegen China.

Gemäß dem Konzept der »Archipel-Verteidigung« wird es Aufgabe der Armee sein, von Staaten der »Ersten Inselkette« aus (vor allem Japan und Philippinen) chinesische Marschflugkörper und chinesische Bomber mit weitreichenden Raketensystemen abzufangen und zu zerstören. Außerdem sollen entlang dieser Kette mobile (weniger verwundbare) Raketenwerfer und Antischiffsmarschflugkörper gegen chinesische Schiffe im Ostchinesischen und Südchinesischen Meer positioniert werden.[215]

Im Konzept der Operationen in umstrittenen Küstengewässern (LOCE) sollen die Marines auf Landungsschiffen mit Hilfe der Marine Inseln besetzen

214 Aaron L. Friedberg: *Beyond Air-Sea Battle*, Routledge 2014; E-Book Position 1552.
215 Andrew F. Krepinevich Jr.: How to Deter China. The Case for Archipelagic Defense, *Foreign Affairs*, März/April 2015.

und mobile Luft- und Seeradarstationen, Artillerie und Raketenstellungen aufbauen.

Fernblockade

Parallel zum Konzept der Luft-See-Schlacht wurde das Konzept einer Fernblockade *(distant blockade)* entwickelt, das vorsieht, dass Kriegs-schiffe der USA chinesischen Handelsschiffen bzw. Schiffen, die im Auftrag Chinas mit Öl oder Gas unterwegs sind, an einem (oder meh-reren) geografischen Nadelöhr die Durchfahrt verweigern. In Frage kommen vor allem die Straße von Malakka sowie die Lombok- und die Sundastraße (Indonesien), die sowohl als Ausweichrouten als auch für die Lieferung von Öl aus Angola eine Rolle spielen. Diese Blockaden würden nach Schätzungen rund sechzehn Kriegsschiffe sowie Begleit-schiffe benötigen und sind – abgesehen davon, dass solche Maßnahmen illegal sind – eine schwer zu bewältigende Aufgabe, da täglich mehr als fünfzig Tanker unterwegs sind, die in verschiedene asiatische Länder liefern, die aufgehalten, kontrolliert, eventuell gekapert und »geparkt« werden müssten. Da es für die chinesische Marine und Luftwaffe wegen fehlender Flugzeugträger und Stützpunkte auf absehbare Zeit sehr schwierig sein wird, so weit vom chinesischen Festland entfernt militä-rische Kräfte ins Gefecht zu bringen, die eine solche Blockade brechen können, dürfte diese Variante für die USA mit geringem militärischem Risiko verbunden sein.

Die Verminung dieser Meeresstraßen ist aus Sicht der USA nicht sinn-voll, da ja auch befreundete Schiffe Richtung Japan, Südkorea, Vietnam und Philippinen passieren und die Minen zwar mit entsprechender Unter-scheidungsintelligenz ausgestattet werden können, aber dieser Einsatz nur für militärische Schiffe denkbar ist.

Ein weiterer, gravierender Eskalationsschritt sieht die Verminung chine-sischer Häfen vor, das Versenken chinesischer Handelsschiffe in Küstennähe, sodass es China unmöglich ist, die eigenen Küstengewässer zu befahren, wie einst die Blockade Nordvietnams. Ein solcher Schritt hätte gravierende Auswirkungen, da rund 85 % des chinesischen Exports übers Meer verschifft wird. Vor drei Jahren sind den USA erstmals Versuche gelungen, Minen mit Flugzeugen (B-52, F-18) zu verlegen. Diese Minen sind mit Tragflächen und

GPS versehen und können genau definierten Stellen positioniert werden, z. B. in Hafeneinfahrten.[216]

Neue und tödlichere Waffensysteme[217]

Für die Luft-See-Schlacht lässt das Pentagon neue Waffensysteme entwickeln, die vor allem das Ausführen von Schlägen aus größeren Entfernungen ermöglichen sollen. Neue Waffentechnologien beinhalten wirksamere Versionen des Aegis-Kampfsystems, Raketenabwehrsysteme (BMD), elektromagnetische Schienenkanonen (EMRG),[218] Festkörperlaser (SSL)[219] und ein Hochgeschwindigkeitsprojektil (HVP) für die 5-Zoll-Haubitzen auf Kreuzern und Zerstörern. Das Pentagon hat die amerikanischen Rüstungskonzerne Raytheon und Lockheed beauftragt, Raketen zu bauen, die mit fünf- bis zwanzigfacher Schallgeschwindigkeit fliegen können. Damit können feindliche Abfangsysteme überrascht und unwirksam gemacht werden. Da China Schwächen im Kampf gegen Unterseeboote hat, versuchen die USA, diese Schwächen durch Weiterentwicklung und vermehrten Ankauf von atomgetriebenen schnellen Jagd-U-Booten der Virginia-Kasse (SSN-774), neuen Torpedos und unbemannten U-Booten auszunutzen.

In Diskussion sind auch Flugzeuge mit großem Aktionsradius, die auf Flugzeugträgern stationierbar sind, sowie weitreichende Schiffs- und Flugzeugwaffen. Flugzeuge und Waffen mit großer Reichweite können chinesische Schiffe, Flugzeuge und vor allem das Festland angreifen, ohne in die Reichweite chinesischer A2/AD-Waffen zu gelangen. Die veralteten B-52-Bomber werden durch in Entwicklung befindliche strategische Tarnkappen-Langstreckenbomber vom Typ B-21 ersetzt. Die Notwendigkeit für die Marine, auf Flugzeugträgern stationierte, weitreichende Drohnen zu entwickeln und zum Einsatz zu bringen, wird ebenfalls in Erwägung gezogen. Die Marine plant auch die Entwicklung einer neuen, auf Flugzeugträgern

---

216 Mike Pietrucha: New Wrinkles in Maritime Warfare, *The Diplomat*, 3. Dezember 2015, https://thediplomat.com/2015/12/new-wrinkles-in-maritime-warfare/

217 Folgende Informationen stammen aus: Ronald O'Rourke, *China Naval Modernization: Implications for U.S. Navy Capabilities — Background and Issues for Congress*, Congressional Research Service 2016.

218 Diese Systeme nutzen elektromagnetische Kräfte zum Abschuss von Hochgeschwindigkeitsprojektilen bis zu Mach 7.

219 Laserwaffe zum Einsatz in Drohnen, Schiffen, Hubschraubern und Flugzeugen.

stationierten, Überwachungs- und Angriffsdrohne (UCLASS). Nachdem US-amerikanische Kampfbomber aufgrund der Entfernungen vom chinesischen Festland ein- oder mehrmals in der Luft betankt werden müssen, sind auf Flugzeugträgern stationierte Drohnen zum Auftanken von Flugzeugen (CBARS) in Vorbereitung.

Die USA erwägen auch die Entwicklung bzw. den Ankauf weitreichender Raketen für den Einsatz gegen Schiffe bzw. gegen das chinesische Festland (Luft-Boden-Marschflugkörper, JASSM-ER) sowie Luft-Luft-Raketen.

In der »Dritten Ausgleichsstrategie« der USA ist die Entwicklung von Robotern und autonomen Systemen vorgesehen, die selbständig Situationen einschätzen und Entscheidungen treffen können und letztlich entscheiden, ob und welche Menschen als Feinde erkannt und getötet werden, um den Einsatz von US-Soldaten in gefährlichen Bereichen reduzieren zu können. Gemäß der »Dritten Ausgleichsstrategie« werden auch Daten, die aus Abhöraktionen der NSA stammen, Videos von Überwachungsdrohnen sowie Daten von Spionageflugzeugen und sonstige Informationen, militärisch gefechtsfeldoperabel gemacht. Waffenerzeugung durch 3D-Druck für Spezialoperationen und Ersatzteilproduktion sollen die Flexibilität erhöhen und die Kosten senken.[220]

Atomwaffen

Trump hat beschlossen, die strategischen Atomstreitkräfte der USA nicht nur zu »modernisieren« (ein Erbe von Obama), sondern zu verstärken und um »taktische« Atomwaffen zu erweitern, die bei Konflikten im Gefechtsfeld eingesetzt werden können. Damit steigt die Wahrscheinlichkeit des Einsatzes von Atomwaffen drastisch.

Im *2018 Nuclear Posture Review* des Pentagon[221] wird behauptet, dass die USA in Bezug auf atomare Bewaffnung hinter China zurückfallen – eine unglaubliche Behauptung, wenn man sich die Fakten ansieht:

China hat zwei- bis dreihundert Atomsprengköpfe und ausreichend waffenfähiges Plutonium, um einige Hundert mehr zu produzieren. Die

---

220 Welche sonstigen Hightech-Waffenprogramme die Defense Advanced Research Projects Agency des Pentagon plant, siehe www.darpa.mil.

221 https://media.defense.gov/2018/Feb/02/2001872886/-1/-1/1/2018-NUCLEAR-POSTURE-REVIEW-FINAL-REPORT.PDF

USA hingegen haben 4480 Sprengköpfe und genug waffenfähiges Plutonium, um ca. 5000 mehr herzustellen.

China könnte 75 bis 100 Sprengköpfe mittels am Boden stationierter Interkontinentalraketen in die USA schießen und maximal zusätzlich auch 60 von Unterseebooten. Die USA könnten 800 Sprengköpfe auf ihren 400 Interkontinentalraketen auf China feuern, dazu 2976 Sprengköpfe auf 248 auf U-Booten stationierte Raketen.

China hat keine Atomwaffen auf Flugzeugen vorgesehen; die USA 1000 Freifall-Atombomben und 528 Marschflugkörper, die von Flugzeugen abgeworfen bzw. gefeuert werden können.

Wie kann die Rede davon sein, dass die USA zurückfallen könnten? Das ist nur ein Vorwand, um dem amerikanischen Volk eine geplante Aufrüstung zu verkaufen.

Im *2018 Nuclear Posture Review* wird behauptet: »Auch China modernisiert und erweitert seine bereits beachtlichen nuklearen Kräfte.« Aber erstens hat China keine »beachtlichen« Atomwaffen und zweitens nach Recherchen des Experten Gregory Kulacki nur zwanzig Sprengköpfe zur erstmaligen Ausstattung von Mehrfachsprengköpfen, die die USA seit den 1970er Jahren verwenden. »Es ist ein kleiner Anstieg und es ist irreführend, das als eine ›völlig neue‹ Kapazität zu charakterisieren.«[222]

Wozu braucht China Atomwaffen? China hat verkündet, in einem Konflikt nie als erste Partei Atomwaffen einzusetzen. Vielmehr benötigt es diese für die Zweitschlagsfähigkeit, das heißt, um auf einen Atomwaffenangriff mit einem ebensolchen antworten zu können. Da die Zweitschlagsfähigkeit durch die weltweite Aufstellung des Raketenabwehrsystems THAAD vonseiten der USA reduziert wird, muss China einige Raketen mit Mehrfachsprengköpfen ausstatten, um diesen Mangel auszugleichen. Chinesische Experten befürchten, dass die Einsatzwahrscheinlichkeit von amerikanischen Atomwaffen gegen China womöglich steigt, wenn die USA annehmen, dass China die Zweitschlagsfähigkeit verloren hat.

Und im *Nuclear Posture Review* steht in Bezug auf eine Auseinandersetzung in der Region der Satz: »Ein direkter militärischer Konflikt zwischen China und den USA hätte das Potenzial für eine nukleare Eskalation.«

222 Gregory Kulacki: China and Trump's Nuclear Posture Review, *Union of Concerned Scientists*, 1. Februar 2018, https://allthingsnuclear.org/gkulacki/china-and-trumps-nuclear-posture-review

Nachdem China keinen Erstschlag führt, kann man das nur als Drohung verstehen.

Dazu passt, dass der Kommandant der amerikanischen Pazifikflotte Admiral Scott Swift im Juli 2017 auf eine Zuhörerfrage bei einem Vortrag an der Australian National University in Canberra auf die Frage, ob er vorbereitet wäre, einen Atomangriff auf China zu starten, sollte Trump einen entsprechenden Befehl geben, antwortete: »Die Antwort lautet: Ja.«[223]

Cyber-Krieg[224]

In den USA ist für Cyber-Krieg das 2009 gegründete United States Cyber Command (USCABERCOM) zuständig, das seit 2017 U. S. Strategic Command (USSTRATCOM) unterstellt ist, das auch für Atom- und Weltraumwaffen zuständig ist. Geleitet wird das USCABERCOM vom jeweiligen Leiter der NSA, die rund 40 000 Spezialisten beschäftigt. Seine Aufgabe ist es, die »Handlungsfreiheit der USA und ihrer Verbündeten im Cyberspace zu gewährleisten und sie unseren Gegnern zu verwehren.«[225] Es beschäftigt Spezialisten von den Cybereinheiten der vier Waffengattungen. 27 der mehr als 130 Teams mit insgesamt rund 6200 Spezialisten sind Kampfgruppen, die unter Verwendung der NSA-Netzwerke Offensivaktionen vorbereiten und durchführen.[226] 2013 wurde nach einem Bericht des *Spiegel* allein für die Stärkung des Angriffspotenzials eine Milliarde US-Dollar zur Verfügung gestellt.[227]

Die Infiltration potenziell feindlicher Systeme erfolgt schon in Friedenszeiten, um im Konfliktfall sofort loslegen zu können. Schwachstellen feindlicher Systeme werden von NSA und CIA sowie vom Militär ausspioniert und mit Schadsoftware, »Implantaten« und dauerhaften Zugängen für den Konfliktfall operabel gemacht. Diese Möglichkeit sieht das Kapitel XVI des Kriegshandbuches des Verteidigungsministeriums aus dem Jahr 2015 explizit vor. Ziele für die Cyber-Krieger sind im Konfliktfall das Integrierte

223 Hypothetically speaking, U. S. Admiral says ready for nuclear strike on China if Trump so ordered, *Reuters*, 27. Juli 2017, https://www.reuters.com/article/us-usa-china-nuclear/hypothetically-speaking-u-s-admiral-says-ready-for-nuclear-strike-on-china-if-trump-so-ordered-idUSKBN1AC1TI

224 Siehe auch den Abschnitt »Internet, IT und Spionage« in Kapitel 6.

225 US-Verteidigungsministerium: *Cyber Command Fact Sheet*, zitiert nach https://en.wikipedia.org/wiki/United_States_Cyber_Command

226 Siehe https://en.wikipedia.org/wiki/United_States_Cyber_Command

227 Die USA rüstet zum Cyber-Feldzug, *Spiegel Online*, 18. Januar 2015.

Luftraumverteidigungssystem (IADS) der chinesischen Luftstreitkräfte sowie das Aufklärungs-, Überwachungs- und Erkundungssystem (ISR) der chinesischen Flotte. Attacken auf das IADS haben die Aufsplitterung der Systeme sowie die Schaffung falscher Radarbilder zum Ziel. Angriffe auf das ISR sollen chinesische Angriffe auf amerikanische Schiffe und Flugzeuge verhindern.

Ein Ziel von Angriffen könnten auch Einrichtungen in China »mit doppeltem Verwendungszweck« (»*dual use*«) wie (Atom-)Kraftwerke, Dämme, Energienetze, Kommunikationsnetze, Transporteinrichtungen u. a. sein. Gemäß dem Kriegshandbuch des Verteidigungsministeriums sind Dämme und Atomkraftwerke militärische Ziele.[228] Die USA haben – im Gegensatz zu China – als eines der wenigen Länder die Zusatzprotokolle I und II der Genfer Abkommen nicht ratifiziert. In diesen Zusatzprotokollen wird u. a. festgehalten:

> Werke oder Anlagen, die gefährliche Kräfte enthalten, nämlich Staudämme, Deiche und Kernkraftwerke, dürfen nicht zum Angriffsziel werden, selbst wenn diese Ziele militärische Ziele sind, wenn ein solcher Angriff die Freisetzung gefährlicher Kräfte und damit erhebliche Verluste unter der Zivilbevölkerung verursachen kann.

Die USA haben sich also das »Recht« eines Angriffs auf solche Einrichtungen vorbehalten.

Weltraum

Im April 2018 kündigte Trump die Gründung einer neuen, sechsten Waffengattung an, einer »*Space Force*«. Er sagte: »Wir werden sehr groß im Weltraum sein, sowohl militärisch als auch aus anderen Gründen (...). Der Weltraum ist ein Kriegseinsatzgebiet, genau wie Land, Luft und Meer.«[229]

Das Pentagon führt derzeit eine Studie zu Organisation und Management einer Weltraum-Waffengattung durch. Die USA konterkarieren damit Bemühungen im Rahmen der UNO, das Weltall vom militärischen Wettrüsten auszuschließen. China arbeitete mit anderen Ländern an einem russischen Entwurf der UNO-Resolution »Entschließung zum Verbot des Wettrüstens

---

228 *Department of Defense War Manual*, Punkt 5.13.
229 Zachary Cohen: Trump pushes idea of adding 'Space Force' to us military, *CNN*, 1. Mai 2018, https://www.cnn.com/2018/05/01/politics/trump-space-force-us-military/index.html

im Weltraum« mit, der im Dezember 2014 eingebracht und angenommen wurde. Nur die USA, Israel, Georgien und die Ukraine stimmten dagegen.[230]

Pentagon-Budget

In der Haushaltsdebatte des Rüstungsausschusses am 13. Juni 2017 beknieten der Vorsitzende des Gemeinsamen Generalstabs Joseph F. Dunford und Verteidigungsminister Jim Mattis die Ausschussmitglieder um mehr Geld für Ausbildung, Beschaffung neuer Waffen und mehr Soldaten und Personal. Im November 2017 verabschiedeten das Repräsentantenhaus und der Senat in trauter Einigkeit von Demokraten und Republikanern für 2018 ein unglaubliches Rekord-Verteidigungsbudget in der Höhe von 692 Milliarden US-Dollar – 29 Milliarden mehr, als Präsident Trump beantragt hatte. Das ist eine Steigerung um 18,7 % im Vergleich zum Vorjahr. 64,6 Milliarden US-Dollar davon sind Kriegsbudget (Afghanistan, Irak, Syrien, Afrika u. a.) und Geld für geheime Verwendung unter dem Titel »unvorhergesehene internationale Einsätze« (OCO). Die USA geben damit mehr für das Militär aus als die nächsten zehn Länder zusammengenommen, und ca. dreimal so viel wie China. Ein Drittel des Budgets ist für Personalkosten vorgesehen. Fast 200 000 Soldaten sind außerhalb der USA im Einsatz. Laut US-Verteidigungsminister Mattis ist es »das größte Militärbudget aller Zeiten«, also mehr als im Zweiten Weltkrieg.[231]

Das ist aber noch nicht alles: Zu der genannten Summe kommen jährlich ca. 20 Milliarden US-Dollar für die »Modernisierung« der Atomwaffen[232] sowie ca. 7 Milliarden US-Dollar für Militärhilfe, die teils vom Budget des Außenministeriums abgedeckt sind. Fast 190 Milliarden US-Dollar werden für die Unterstützung von Veteranen aufgewendet, vor allem für

230 Proposed Prevention of an Arms Race in Space (PAROS) Treaty, *Nuclear Threat Initiative*, 29. September 2017, http://www.nti.org/learn/treaties-and-regimes/proposed-prevention-arms-race-space-paros-treaty/

231 Ulrich Mies: Die Pentagon-Zeitbombe, *International, Zeitschrift für Internationale Politik*, IV/2017

232 Das Congressional Budget Office (CBO) schätzt die Kosten der Nuklearstreitkräfte von 2017 bis 2026 auf 400 Milliarden US-Dollar, siehe Projected Costs of U.S. Nuclear Forces, 2017 to 2026, https://www.cbo.gov/sites/default/files/115th-congress-2017-2018/reports/52401-nuclearcosts.pdf. Das langfristige, Dreißig-Jahre-Programm für die Modernisierung der Atomwaffen wurde von Präsident Obama freigegeben.

medizinische Versorgung, und 80 Milliarden US-Dollar Zuschüsse für den Pensionsfonds der Militärs.[233]

Zusammengerechnet kommt man auf die unglaubliche Summe von fast einer Billion US Dollar.

233   The Trillion-Dollar Military Budget, *War is Boring*, https://warisboring.com/the-trillion-dollar-military-budget/

5. Regionale Konflikte als Hebel gegen China

Diaoyu/Senkaku-Inseln (Ostchinesisches Meer)

In unregelmäßigen Abständen kocht im Ostchinesischen Meer der chinesisch-japanische Konflikt um die Diaoyu/Senkaku-Inseln hoch. Nachdem er seit den 1970er Jahren lange Zeit auf Eis gelegen war, kam es durch den Wunsch, die Öl- und Gasfunde in der Region auszubeuten, durch den Abschluss des Seerechtsübereinkommens der Vereinten Nationen (UNCLOS) sowie einer Veränderung der politischen Landschaft in Japan wieder zu einer Zuspitzung der Situation.

Die Diaoyu/Senkaku-Inselgruppe[234] umfasst fünf unbewohnte Inseln im Ostchinesischen Meer sowie einige einzeln stehende Felsen und Riffe. Die gesamte Landmasse ist ca. 6 Quadratkilometer groß, die Hauptinsel Diaoyu Dao 4 Quadratkilometer. Die Inseln liegen in relativ flachem Wasser am Rande des chinesischen Kontinentalschelfs, 330 Kilometer östlich des chinesischen Festlandes, 170 Kilometer nordöstlich von Taiwan und mehr als 400 Kilometer vom japanischen Okinawa entfernt.

Worum geht es im Konflikt um die Diaoyu/Senkaku-Inseln?

Japan erhebt nach internationalem Recht und historischen Gesichtspunkten Anspruch auf die territorialen Rechte auf die Inseln und ist auch nicht bereit, darüber in eine Diskussion einzutreten. Es hatte die Diaoyu/Senkaku-Inseln mit einem fünfzig Jahre lang geheim gehaltenen Regierungsbeschluss vom 14. Januar 1895 zu japanischem Territorium erklärt. Die Rechtmäßigkeit wird damit begründet, dass die Inseln zum Zeitpunkt des Regierungsbeschlusses *»terra nullius«*[235] gewesen wären, was nach ausführlichen Untersuchungen

---

234 Es war seit alters her auch in Japan und im Königreich Ryūkyū (Okinawa) der Begriff Diaoyu-Insel (»Angel-Insel«) in Gebrauch; im Jahr 1900 änderte die japanische Regierung den Namen für den japanischen Gebrauch in »Senkaku«.

235 *Terra nullius* ist ein Gebiet, das staatsrechtlich niemandem gehört.

festgestellt worden sei.[236] Die Einverleibung der damals auch von Japan noch »Diaoyu-Inseln« genannten und von Taiwan aus für China verwalteten Inselgruppe erfolgte nach der Niederlage Chinas im Japanisch-Chinesischen Krieg 1894–1895. Im Laufe der Kriegshandlungen eroberte die japanische Flotte die zwischen Taiwan und dem Festland liegenden Penghu-Inseln (Pescadores) und schließlich Taiwan. Im Vertrag von Shimonoseki, der als einer der »ungleichen Verträge« gilt, die China aufgezwungen wurden, musste China Teile Nordostchinas (Mandschurei) und eben Taiwan (mit den Diaoyu/Senkaku-Inseln) an Japan abtreten. Japan ordnete die Diaoyu/Senkaku-Inseln dann verwaltungsmäßig der Präfektur Okinawa zu.

Im Gegensatz zu der Behauptung, mehrere Besichtigungen auf den Inseln durchgeführt zu haben, wurde tatsächlich nur ein Besuch vor Ort von Ryū-kyū aus gemacht.[237] Nach der einen geheimen Erkundungsmission zu den Diaoyu-Inseln sandte der Gouverneur der Präfektur Okinawa am 22. September 1885 einen geheimen Bericht an Innenminister Yamagata Aritomo, in dem er meinte, dass es sich bei diesen unbewohnten Inseln tatsächlich um jene Inseln Diaoyu Tai, Huangwei Yu und Chiwei Yu handelt, über die in den *Aufzeichnungen über Nachrichten von Zhongshan*[238] berichtet wird und die den (chinesischen) kaiserlichen Gesandten in Ryūkyū wohlbekannt seien. Er hätte Bedenken, jetzt japanische Hoheitszeichen dort aufzustellen.

Nach der Besichtigung schrieb der japanische Außenminister 1885 in einem internen Memorandum:

236 Senkaku Islands Q&A, *Ministry of Foreign Affairs of Japan*, 13. April 2016, http://www.mofa.go.jp/region/asia-paci/Senkaku/qa_1010.html

237 Zehn Jahre später, im Mai 1894, schrieb Narahara Shigeru, der Gouverneur von Okinawa, an das Heimatministerium und bestätigte: »Seit die Inseln 1885 von den Polizeibehörden von Okinawa untersucht worden waren, wurden keine weiteren Felduntersuchungen durchgeführt.« Han-Yi Shaw: The Inconvenient Truth Behind the Diaoyu/Senkaku Islands, *New York Times*, 19. September 2012, http://kristof.blogs.nytimes.com/2012/09/19/the-inconvenient-truth-behind-the-DiaoyuSenkaku-islands/?_r=0

238 *Zhōngshān chuán xìn lù*《中山傳信錄》. »Zhongshan« ist ein anderer Name für Ryūkyū. 1718 wurde Xu Baoguang, ein stellvertretender Gesandter, mit einem Spezialisten für Pläne nach Ryūkyū geschickt um u. a. die Grenzen zwischen China und Ryūkyū zu klären. Die *Aufzeichnungen über Nachrichten von Zhongshan* sind sein Werk. Faksimile siehe Records of Messages from Chong-shan (Zhong Shan Chuan Xin Lu), *Diaoyu Dao / China Internet Information Center*, http://www.Diaoyudao.org.cn/en/2015-01/25/content_34648778.htm

Chinesische Zeitungen haben über unsere Absicht berichtet, zu China gehörende Inseln zu besetzen, die sich neben Taiwan befinden. (...) Wenn wir öffentlich nationale Markierungen platzieren würden, muss dies zwangsläufig Chinas Verdacht aufkommen lassen.[239]

Japan hat dann abgewartet und die Insel Taiwan samt den umgebenden Inseln erst nach der Niederlage Chinas besetzt, darunter auch die Diaoyu/Senkaku-Inseln.

Da China die Nation mit den am längsten zurückreichenden historischen Aufzeichnungen ist – sie reichen gut dreitausend Jahre zurück –, finden sich interessante Unterlagen zu den japanischen Thesen.

Bereits im historischen Werk *Schifffahrt mit Rückenwind*[240] aus dem Jahr 1403 sind die Namen Diaoyu Yu und Chiwei Yu zu finden. Dies zeigt, dass China die Diaoyu/Senkaku-Inseln bereits im 14. bzw. 15. Jahrhundert entdeckt und benannt hatte.

Interessant auch die Missionsberichte von chinesischen Gesandten und ein offizielles *Taiwan-Ortslexikon* aus der Zeit der Qing-Dynastie (1644–1912). Darin wird die Grenze zwischen China und dem Königreich Ryūkyū als in der Heishuigou/Okinawa-Senke verortet, also ein schönes Stück östlich der Diaoyu/Senkaku-Inseln. Diese Aufzeichnungen listen die Inseln innerhalb der Grenzlinie zwischen China und dem Ausland liegend auf.

In den in London 1816 erschienenen *Tables of the Positions, (...) to Accompany the 'Oriental Navigator', or Sailing Directions for the East-Indies, China, Australia, &c.* ist klar ersichtlich, dass die »Tiaoyu-su« (Diaoyu-Inseln) zu Taiwan gehören.[241] Die Inseln waren also offensichtlich keine *terra nullius*.

Wie sieht die Stellung Japans zu den diversen Dokumenten aus?

Keines der Argumente, die die chinesische Regierung oder die taiwanesischen Behörden als historische, geografische oder geologische Gründe angeführt haben, ist völkerrechtlich ein Beweis dafür, die

239 Han-Yi Shaw, a. a. O.

240 *Shùn fēng xiāng sòng*《順風相送》, Faksimile siehe: Schifffahrt mit Rückenwind, *Diaoyu-Inseln / China Internet Information Center,* http://www.Diaoyudao.org.cn/de/2015-06/30/content_35943846.htm

241 Faksimile siehe: Seefahrtanweisungen für Ostindien, China und Kontinent Ozeanien aus dem Jahr 1816, *Diaoyu-Inseln / China Internet Information Center*, http://www.Diaoyudao.org.cn/de/2015-06/30/content_35946850.htm

chinesische Behauptung seiner territorialen Souveränität über die Senkaku-Inseln zu unterstützen.[242]

Die offizielle japanische Position ist, dass es kein offenes Problem gäbe und die Zugehörigkeit der Inseln »unumstritten« sei.

Erklärungen und Verträge während und nach dem Zweiten Weltkrieg

Im Dezember 1941 erklärte die chinesische Regierung Japan offiziell den Krieg. Damit wären alle Verträge zwischen China und Japan (darunter der ungleiche Vertrag von Shimonoseki) ungültig. Im November 1943 trafen einander der amerikanische Präsident Theodore Roosevelt, der britische Premierminister Winston Churchill und der chinesische Generalissimus Tschiang Kai-schek in Kairo, um über die Kriegsziele und die weitere Vorgangsweise zu beraten. Am 1. Dezember 1943 wurde die Kairoer Erklärung veröffentlicht, die zu Japan folgendes sagte:

> Die drei großen Verbündeten führen diesen Krieg, um der Aggression Japans Einhalt zu gebieten und Japan zu bestrafen. (...) Es ist ihr Ziel, Japan alle Inseln im Pazifik entziehen, die es sich seit dem Beginn des ersten Weltkrieges 1914 angeeignet oder besetzt hat, und der Republik China alle Gebiete zurückzugeben, die Japan den Chinesen gestohlen hat, wie die Mandschurei, Formosa und die Pescadoren. Japan wird ebenso aus allen anderen Gebieten vertrieben werden, die es mit Gewalt und Habgier an sich gebracht hat.[243]

Im Juli 1945 erklärte die vom amerikanischen Präsidenten Harry Truman und vom britischen Premierminister Churchill formulierte und von Tschiang Kai-schek telegrafisch mitunterzeichnete[244] Potsdamer Erklärung in Artikel 8: »Die Bedingungen der Kairoer Erklärung sollen erfüllt werden, und die japanische Souveränität soll sich auf die Inseln Honshu, Hokkaido, Kyushu, Shikoku[245] und jene kleinere Inseln beschränken, die wir bestimmen.«[246]

---

242 Senkaku Islands Q&A, a. a. O.

243 Cairo Conference, *ibilio*, http://www.ibiblio.org/pha/policy/1943/1943-12-01a.html

244 Die Sowjetunion unterzeichnete die Erklärung im August 1945, nachdem sie Japan den Krieg erklärt hatte.

245 Das sind die vier größten japanischen Inseln.

246 Potsdam Proclamation, *ibilio*, http://www.ibiblio.org/hyperwar/PTO/Dip/Potsdam.html

Am 2. September 1945 kapitulierte Japan bedingungslos und akzeptierte explizit die Verpflichtungen der Potsdamer Erklärung.

Soweit alles klar, sollte man meinen. Zumindest der Passus »Japan wird ebenso aus allen anderen Gebieten vertrieben werden, die es mit Gewalt und Habgier an sich gebracht hat«, sollte eindeutig sein.

Was sind nun die wesentlichen Punkte des Vertrages, der dann mehr Probleme gebracht als gelöst hat?

Im Friedensvertrag der Alliierten mit Japan, unterzeichnet 1952 in San Francisco,[247] wurde u. a. im Artikel 2(b) bestimmt: »Japan verzichtet auf alle Rechte, Eigentumsansprüche und Forderungen auf Formosa und die Pescadoren«.[248] Im Artikel 2(f) wurde vereinbart: »Japan verzichtet auf alle Rechte, Eigentumsansprüche und Forderungen auf auf die Spratly-Inseln und auf die Paracel-Inseln.« In Artikel 3 wurde bestimmt, dass u. a. die Ryūkyū-Inseln (Okinawa) unter US-amerikanische Verwaltung kommen.

Obwohl die Diaoyu/Senkaku-Inseln historisch, wie oben an einigen Beispielen ausgeführt, ein Teil der chinesischen Provinz Taiwan waren, gab die amerikanische Zivilverwaltung der Ryūkyū-Inseln (USCAR) am 29. Februar 1952 die Verordnung Nr. 68 *(Provisions of the Government of the Ryukyu Islands)* und am 25. Dezember 1953 die Erklärung Nr. 27 heraus, in denen die Diaoyu/Senkaku-Inseln Ryūkyū/Okinawa und damit der Verwaltung durch die USA unterstellt wurden. Da sich die USA aufgrund der Schwäche von Tschiang Kai-schek über die Zukunft von Taiwan nicht sicher waren, ist anzunehmen, dass es Überlegungen gab, es könnte aus militärischen Gründen zweckmäßig sein, Inseln, die nahe bei Taiwan und nicht fern vom chinesischen Festland liegen, unter amerikanischer Kontrolle zu haben. Was machte nun die US-Administration mit den Diaoyu/Senkaku-Inseln? Auf zwei der Inseln (Huangwei Yu / Kuba-shima und Chiwei Yu / Daishō-tō) richtete die US-Marine Schießplätze ein.[249]

1971 wurde die Souveränität Okinawas inklusive der »südwestlichen

247 China und Korea wurden von den USA nicht eingeladen, denn der Kalte Krieg hatte bereits begonnen; die Sowjetunion nahm zwar an den Verhandlungen teil, unterschrieb den Vertrag jedoch nicht.

248 https://treaties.un.org/doc/Publication/UNTS/Volume%20136/volume-136-I-1832-English.pdf

249 Mark E. Manyin: *Senkaku (Diaoyu/Diaoyutai) Islands Dispute: U. S. Treaty Obligations*, Congressional Research Service, 2013, S. 7.

Inseln« von den USA durch die Unterzeichnung des *Okinawa Reversion Agreement* an Japan übergeben, wobei allerdings die Diaoyu/Senkaku-Inseln ohne Souveränitätstitel übergeben wurden, sondern nur zur »Verwaltung«. Die USA garantierten allerdings trotzdem, dass der Vertrag über gegenseitige Kooperation und Sicherheit zwischen Japan und den Vereinigten Staaten *(Ampo)* von 1960[250] auch für die Inseln gelte, über die Japan nur die »Verwaltung« ausübe. Taiwan protestierte energisch gegen die Übertragung von Okinawa an Japan, während die Volksrepublik China vor allem die Übertragung der Verwaltung der Diaoyu/Senkaku-Inseln an Japan kritisierte und das Übereinkommen wegen der Aufrechterhaltung der amerikanischen Stützpunkte auf Okinawa als Betrug bezeichnete.

Entspannung

Im Jahr 1972, parallel zur Verbesserung der Beziehungen zwischen China und den USA (Nixon-Besuch in Beijing), wurde bei einem Besuch des japanischen Premierminister Kakuei Tanaka in China das Gemeinsame Kommuniqué zwischen Japan und der Volksrepublik China[251] unterzeichnet. Es folgte die Aufnahme diplomatischer Beziehungen und die Anerkennung der Regierung der Volksrepublik China als alleiniger legaler Regierung Chinas sowie Taiwans als Teil Chinas. Ferner verzichtete China im Interesse der Freundschaft mit Japan auf Reparationen für die von Japan während des Krieges angerichteten Zerstörungen. Im Text wurde das Thema der Souveränität der Diaoyu/Senkaku-Inseln im Interesse einer langfristigen Verbesserung der Beziehungen bewusst ausgeklammert.

1978 wurde von den beiden Außenministern der Vertrag über Frieden und Freundschaft zwischen Japan und China[252] unterzeichnet, der inhaltlich nicht über das Gemeinsame Kommuniqué hinausgeht. Deng Xiaoping

---

250 Die USA garantierten Japans Sicherheit als Gegenleistung für die Stationierung von amerikanischen Truppen; tatsächlich spielten die Stützpunkte in Okinawa eine große Rolle während des Vietnamkrieges.

251 Joint Communique of the Government of Japan and the Government of the People's Republic of China, *Ministry of Foreign Affairs of Japan,* http://www.mofa.go.jp/region/asia-paci/china/joint72.html

252 Treaty of Peace and Friendship Between Japan and the People's Republic of China, *Ministry of Foreign Affairs of Japan,* http://www.mofa.go.jp/region/asia-paci/china/treaty78.html

meinte bei seinem Besuch in Japan im Oktober 1978 zum Problem der Diaoyu/Senkaku-Inseln:

> Es spielt keine Rolle, wenn diese Frage für einige Zeit, sagen wir, für zehn Jahre zurückgestellt wird. Unsere Generation ist nicht weise genug, um in dieser Frage eine gemeinsame Sprache zu finden. Unsere nächste Generation wird sicher weiser sein. Sie werden bestimmt eine für alle akzeptable Lösung finden.

Hier irrte er.

Japan bricht den Status Quo

Im Jahr 2012 eskalierte die Situation, als die japanische Regierung unter Premierminister Yoshihiko Noda dem privaten Eigentümer drei der Inseln abkaufte, um sie zu »verstaatlichen«. Das hat zu einer sehr ernsten Situation geführt und zu heftigen Protesten von China und Taiwan. Japanische ultranationalistische Gruppen haben sich mit Begeisterung des Themas angenommen. Von offizieller Seite griff man die Ereignisse auch gerne auf, um für eine Aufrüstung des japanischen Militärs und eine Verstärkung des Bündnisses mit den USA zu argumentieren.

In einer Vereinbarung zwischen dem damaligen chinesischen Außenminister Yang Jiechi und dem Nationalen Sicherheitsberater Japans, Shōtarō Yachi, im November 2014 wurde festgelegt, »den politischen, diplomatischen und sicherheitspolitischen Dialog allmählich wiederaufzunehmen und dabei anzuerkennen, dass es verschiedene Positionen zu den Diaoyu-Inseln gibt.«[253] Damit konnte die Situation vorerst entschärft werden.

Im Jahr 2013 definierte China eine Luftraumüberwachungszone im Ostchinesischen Meer, in der Art, wie Südkorea und Japan sie bereits wesentlich größer definiert hatten. Seither demonstriert China durch die Entsendung von Fischerbooten und regelmäßige Patrouillen der Küstenwache innerhalb der Zwölf-Meilen-Zone seine Ansprüche auf die Inseln.

Die USA gießen zusätzlich Öl ins Feuer. Im April 2014 gab Obama als erster US-Präsident ein Statement ab, in dem er Japan versicherte, dass die umstrittenen Inseln vom Sicherheitsvertrag zwischen den USA und Japan

253 Ma Xiaochun: China, Japan acknowledge differences, agree to resume dialogue, *People's Daily*, 7. November 2014, http://en.people.cn/n/2014/1107/c90883-8806037.html

abgedeckt seien, obwohl die USA die Souveränität Japans über die Inseln nicht anerkannt hatten. Das bedeutet, dass die USA im Falle einer militärischen Auseinandersetzung um die Inseln auf Seiten Japans eingreifen würden. Im August 2017 unternahmen amerikanische B-1B-Bomber gemeinsam mit Japan provokativ Überwachungsflüge bei den Inseln.

Als Zeichen, den Konflikt nicht außer Kontrolle geraten zu lassen, wurde im Dezember 2017 ein Krisenmanagement- und Kommunikationsmechanismus zwischen Japan und China vereinbart, um Zusammenstöße in der Luft oder zur See zu vermeiden.

Schlussfolgerung

Die Rechtmäßigkeit der Einverleibung der Diaoyu/Senkaku-Inseln in japanisches Territorium ist äußerst fragwürdig und lässt den Anspruch unbegründet erscheinen.[254] Japan war bekannt, dass die Inseln der Qing-Dynastie gehörten. Bis zur Niederlage der chinesischen Armee 1895 (und auch später) äußerte sich die japanische Regierung öffentlich kaum, um keine diplomatischen Probleme mit China zu bekommen. Die Kabinettsentscheidung vom Januar 1895 fiel erst mit zehn Jahren Verspätung (erste und einzige Untersuchung vor Ort im Jahr 1885) und nachdem China im Krieg besiegt worden war. Diese Entscheidung wurde zudem fünfzig Jahre lang geheim gehalten. Aus den oben angeführten Dokumenten während und nach dem Zweiten Weltkrieg geht klar hervor, dass Japan alle Territorien, »die es durch Gewalt und Habgier an sich gebracht hat«, aufgeben muss.

Aus allen diesen Erwägungen heraus scheint eine Souveränität Chinas über die Inseln nachvollziehbar.

Eine Lösung des Problems kann natürlich nur in Verhandlungen zwischen China und Japan erfolgen, keinesfalls durch Einmischung und »Vermittlung« der USA. In der derzeitigen Situation einer weit rechts stehenden japanischen Regierung, der »Neuinterpretation« der japanischen Friedensverfassung durch Ministerpräsident Shinzō Abe, der Militarisierung des

---

254 Bezeichnenderweise nehmen auch die USA nicht Stellung zur Frage der Souveränität über die Inselgruppe, sondern unterstützen nur den Status quo, dass Japan das Recht auf die »Verwaltung« innehat. Justin McCurry, Tania Branigan: Obama says US will defend Japan in island dispute with China, *The Guardian*, 24. April 2014, http://www.theguardian.com/world/2014/apr/24/obama-in-japan-backs-status-quo-in-island-dispute-with-china

Ostchinesischen Meeres durch Japan, der Verharmlosung der Kriegsverbrechen Japans und des Versuches der USA, die »Quad« (USA, Japan, Australien und Indien) auf einen Konfrontationskurs gegen China zu bringen, ist für die nächste Zukunft keine Lösung zu erwarten.

Die USA und der Konflikt im Südchinesischen Meer

Mehr als 11 000 Kilometer vom US-amerikanischen Festland entfernt sondieren amerikanische Flugzeugträger, Lenkwaffenkreuzer sowie EP-3-Spionageflugzeuge im Südchinesischen Meer die »Schifffahrtsfreiheit« (FONOPs). Erstaunlicherweise passieren jährlich ca. 100 000 Transportschiffe und zahlreiche Verkehrsflugzeuge dieses Gebiet, ohne dass es bisher Probleme bei der Freiheit der Passage durch das Südchinesische Meer gegeben hätte, außer durch Unfälle amerikanischer Kriegsschiffe.

Die USA werfen China aggressives Verhalten im Zusammenhang mit der Schaffung von künstlichen Inseln sowie zivilen und militärischen Einrichtungen auf diesen vor.

Ein jahrzehntealter, regional allseits bewusst niedrig gehaltener Konflikt über die Hoheits- und Nutzungsrechte an den Inseln, Riffen, Felsen, Untiefen und anderen *features* sowie Meeresgebieten wird von den USA und ihren Verbündeten außerhalb der Region als Problem hochgekocht, und es fragt sich, warum das der Fall ist.

Geografische Fakten und derzeitige Besitzstände

Im Südchinesischen Meer gibt es vier Inselgruppen, die von den Anrainerstaaten China, Taiwan, Vietnam, den Philippinen, Malaysia und Brunei jeweils unterschiedlich beansprucht werden.

Eine Inselgruppe sind die Paracel/Xisha-Inseln: 35 kleine Inseln, Untiefen, Sandbänke und Riffe, die im Nordwesten des Südchinesischen Meeres liegen, ungefähr gleich weit von Vietnam und China entfernt. Sie sind unter voller Kontrolle Chinas, das die frühere südvietnamesisch-amerikanische Marionettenregierung zur Freude der damaligen Regierung der Demokratischen Republik Vietnam von dort verscheucht hatte. Sie werden neben China auch noch von Vietnam beansprucht.

Die Spratly/Nansha-Inseln liegen im Südosten des Südchinesischen Meeres; sie bestehen aus mehr als 140 kleinen Inseln, Felsen, Riffen, Sandbänken

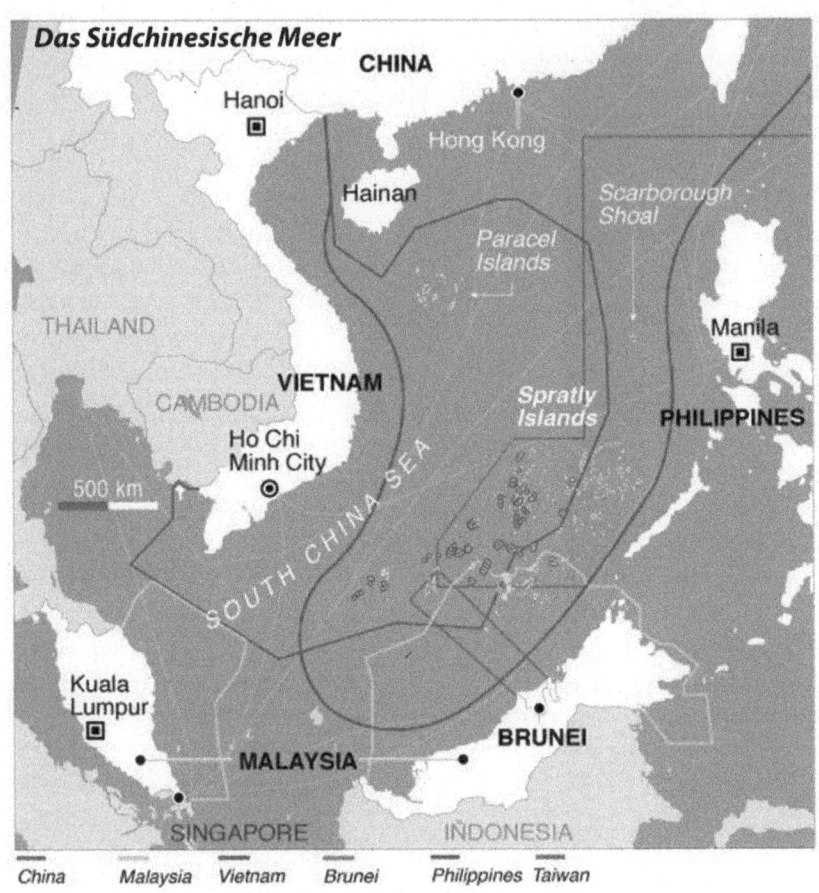

Das Südchinesische Meer
CHINA
Hanoi
Hong Kong
Hainan
Scarborough Shoal
Paracel Islands
THAILAND
VIETNAM
CAMBODIA
Ho Chi Minh City
500 km
Spratly Islands
PHILIPPINES
Manila
SOUTH CHINA SEA
Kuala Lumpur
MALAYSIA
BRUNEI
SINGAPORE
INDONESIA

China   Malaysia   Vietnam   Brunei   Philippines   Taiwan

und Untiefen. Weniger als 40 davon sind als »Inseln« im rechtlichen Sinn zu bezeichnen, d. h. sie liegen auch bei Flut über Wasser. Sie befinden sich im Osten der großen internationalen Schifffahrtsrouten.

Die zwölf größten der Spratly/Nansha-Inseln – mit Ausnahme von Taiping / Itu Aba (Taiwan) – sind teils von Vietnam und teils von den Philippinen besetzt. Vietnam hält derzeit 21 *features* der Spratly/Nansha-Inseln besetzt,[255] die Philippinen acht, China sieben, Malaysia fünf, Taiwan und Brunei je eines. Vietnam hat einen Flugplatz und Radarstationen errichtet sowie israelische Raketenabschussrampen stationiert. Die Philippinen haben derzeit ca. 600 Marinesoldaten zur Bewachung »ihrer« acht *features* stationiert. Diese Stützpunkte sind mit schwerer Artillerie und Radaranlagen ausgestattet; eine Insel hat einen Flugplatz.

China hat in den letzten Jahren auf den Spratly/Nansha-Inseln drei Flugplätze gebaut; Fotos, die die Landgewinnung und die Lage der Flugplätze zeigen, werden häufig vom US-Verteidigungsministerium in westlichen Zeitungen und Fernsehstationen lanciert.

Taiwan hält die größte Insel besetzt, die Taiping-Insel, die bewohnbar ist und eigene Trinkwasserquellen besitzt.[256] Taiwan hat die Insel zum Militärstützpunkt ausgebaut.

Alle *features* der Spratly/Nansha-Inseln werden von China, Taiwan und Vietnam beansprucht, die Kalayaan-Inseln außerdem von den Philippinen, einige kleine *features* hat Malaysia für sich reklamiert, und Brunei ein Riff.[257]

Eine weitere Inselgruppe sind die Pratas/Dongsha-Inseln (unter der Kontrolle Taiwans) sowie das Macclesfield/Zhongsha-Atoll, das selbst bei Ebbe überflutet ist. Diese *features* liegen im Norden des Südchinesischen Meeres und werden von China und Taiwan beansprucht.

Eine weitere Inselgruppe, Scarborough Shoal / Huangyan-Inseln (unter

---

255 Zu Details der vietnamesischen Landgewinnung und der von Vietnam besetzten Teile siehe: Sandcastles of Their Own: Vietnamese Expansion in the Spratly Islands, *Asia Maritime Transparency Initiative*, 7. Mai 2015, http://amti.csis.org/vietnam-island-building/

256 Absurderweise wurde sie vom (formal) von den Philippinen initiierten Ad-hoc-Schlichtungsausschuss als »Felsen« klassifiziert. Keiner der Schlichter war vor Ort gewesen.

257 Detaillierte Namenslisten der Inseln, Riffe, Felsen etc. in: Alexander L. Vuving, South China Sea: Who Occupies What in the Spratlys? *The Diplomat*, http://the-diplomat.com/2016/05/south-china-sea-who-claims-what-in-the-spratlys/

Kontrolle Chinas), liegt im Osten des Südchinesischen Meeres und wird neben China von den Philippinen und von Taiwan beansprucht. Dieses Riff war früher von den USA als Truppenübungsplatz und Schießplatz benutzt worden und in den 1960er Jahren von den Philippinen für Bombentests.

Die wirtschaftliche Bedeutung des Südchinesischen Meeres

Nach neuesten Berechnungen passieren jährlich Handelswaren im Wert von 3,4 Billionen US-Dollar (nicht wie von den USA behauptet 5 Billionen US-Dollar) das Südchinesische Meer.[258]

Der Journalist Peter Lee hat sich die Mühe gemacht, die Handelsströme der Region und die Auswirkungen von eventuellen Unterbrechungen zu analysieren[259] und kommt zum erstaunlichen Ergebnis, dass es nur *ein* Land gäbe, das bei einer Unterbrechung der Schifffahrt im Südchinesischen Meer ein massives, existenzielles Problem hätte, nämlich China.[260] Und dennoch wird China beschuldigt, es könnte den Schiffsverkehr unterbrechen wollen.

Der Großteil der Handelsströme durch das Südchinesische Meer, nämlich zwei Drittel, geht und kommt nach und von China (inklusive Hongkong). Vietnam, Indonesien, Taiwan und die Philippinen werden weitgehend über küstennahe Schiffsrouten außerhalb der von China beanspruchten »Neun-Punkte-Linie« versorgt.

Der Rest des Transports nach Japan und Südkorea geht über eine Route westlich der im Moment diskutierten Spratly/Nansha-Inseln. Im Falle einer Schließung des Südchinesischen Meeres könnten beide Länder ihre Öl- und Gasimporte leicht weiter südlich und östlich über die Lombokstraße und die Straße von Makassar abwickeln. Die Mehrkosten für Japan wurden mit 600 Millionen US-Dollar jährlich berechnet, das sind vernachlässigbare 1 % der Kosten für das transportierte Öl. Für Südkorea wären die zusätzlichen Kosten ca. 270 Millionen US-Dollar jährlich.

Man sieht, dass das Argument der USA über die Gefährdung der Schifffahrts- und Versorgungsrouten für Ostasien ein im Detail nicht stichhaltiges,

---

258 How much trade transits the South China Sea? *China Power*. 2. August 2017, https://chinapower.csis.org/much-trade-transits-south-china-sea/

259 Die Handelsströme sind auf der Webseite www.marinetraffic.com leicht nachvollziehbar.

260 Peter Lee: China Not Leaving the "South China Sea", *The Asia Pacific Journal/Japan Focus*, 15. März 2016, http://apjjf.org/2016/06/Lee.html

in der Öffentlichkeit durch eine ungenaue und diffuse Darstellung aber höchst wirksames ist und die Angst vor der »chinesischen Gefahr« anheizt.

Die allgemein kolportierten großartigen Öl- und Gasfunde sind offenbar ebenfalls keine gesicherte Information bzw. geringer als gedacht. Nach einer Information auf der Website der U. S. Energy Information Administration wird zwar das Potenzial des Südchinesischen Meeres auf 11 Milliarden Barrel Öl und 190 Billionen Kubikfuß Gas geschätzt,[261] das sind vergleichsweise aber nur zwei Drittel der geschätzten Reserven in Europa (ohne Russland). Die meisten Felder sind in Küstennähe (in meist nicht umstrittenen Regionen) und nicht mitten auf hoher See oder bei Riffen.

Große Bedeutung hat hingegen ohne Zweifel der Fischfang im Südchinesischen Meer, der nach einer Studie des Center for Strategic International Studies 2015 ca. 12 % des weltweiten Fangertrags erbringt, ein wichtiger Faktor für die regionale Nahrungsmittelsicherheit.[262]

Was ist das zugrunde liegende Problem?

Seit vielen Jahrzehnten gibt es unter den Anrainerstaaten des Südchinesisches Meeres Diskussionen und Auseinandersetzungen über die Frage der Souveränität.

Das internationale Recht zur Frage des Erwerbs und des Verlusts von Souveränität ist von Grundsätzen und Regeln nach dem internationalen Gewohnheitsrecht, wie es in Gerichtsurteilen festgehalten wurde, bestimmt.

Die Frage nach der Souveränität über ein Gebiet hat nichts mit der Entfernung vom »Mutterland« (vgl. Großbritannien und die Falkland-Inseln/ Malvinas, die USA und Guam), oder wirtschaftlicher Nutzung (Fischerei) zu tun, sondern die Frage ist, ob ein Gebiet nach allgemein akzeptierten Methoden (bzw. in früheren Zeiten auch gewaltsamen Eroberungen) erworben[263] und regelmäßig dauerhaft kontrolliert und verwaltet worden ist.

261 Contested areas of South China Sea likely have few conventional oil and gas resources, *U. S. Energy Information Administration*, 3. April 2013, http://www.eia. gov/todayinenergy/detail.cfm?id=10651
262 Center for Strategic and International Studies: Fisheries and Environmental Cooperation in the South China Sea, *Stratebase ADR Institute*, https://adrinstituteblog. files.wordpress.com/2018/02/gregory-poling_fisheries-cooperation.pdf
263 Melda Malek: A legal assessment of China's historic claims in the South China Sea, *Australian Journal of Maritime & Ocean Affairs* 5:1, (2013), S. 28–36.

Die Frage der Souveränität ist zu klären, bevor man über Wirtschafts-zonen reden kann. Der von den USA unterstützte Weg der Philippinen zum Ständigen Schiedshof in Den Haag, der auf Grundlage des Seerechtsüber-einkommens (UNCLOS) entscheiden sollte, war ein Irrweg, da das UNCLOS keine rechtliche Grundlage für Souveränitätsbestimmungen enthält und dies damit eine »nicht zuständige« Rechtsmaterie ist. Die USA, die sich immer auf das »Völkerrecht« zur Lösung des Problems berufen und damit das UNCLOS meinen, haben das UNCLOS nicht einmal selbst ratifiziert! An dieser Stelle sei auch festgehalten, dass die USA keine Position zur Frage der Souveränität über das Südchinesische Meer beziehen.

Was China beansprucht

China argumentiert seine Territorialansprüche auf Inseln und Gewässer des Südchinesischen Meeres mit bis zweitausend Jahre zurückreichenden historischen Argumenten in Anlehnung an die üblichen Bestimmungen im Souveränitätsrecht.

> China hat die Nansha-Inseln, die Xisha-Inseln, die Zongsha-Inseln (Macclesfield Banks) und die Dongsha-Inseln (Pratas-Riffe) und die angrenzenden Gewässer stets als Teil des chinesischen Terri-toriums und der chinesischen Gewässer angesehen. Es etablierte und hielt seine Souveränität über diese Inselketten im Laufe der Geschichte durch Entdeckung, Benennung, Kartierung, Patrouillen und Kontrolle, öffentliche und private Nutzung, administrative Zuteilung von Gerichtsbarkeit und andere Erscheinungsformen der Autorität aufrecht.[264]

Beijing beansprucht im Südchinesischen Meer ein Gebiet, das von der oft zitierten »Neun-Punkte-Linie« begrenzt wird. Die chinesische Landkarte, auf der die Lage dieser Linie erstmals offiziell vorgestellt wurde und die Souveränität Chinas im Südchinesischen Meer dokumentieren sollte, wurde 1946 von der damaligen Republik China erstellt, 1947 veröffentlicht und ihre Entstehungsgeschichte ist in den Archiven auf Taiwan einsehbar.[265]

---

264 Jianming Shen: China's Sovereignty over the South China Sea Islands: A Histori-cal Perspective, *Chinese Journal of International Law* 1.1 (2002), S. 94–157.

265 Chris P. C. Chung: *"Since Time Immemorial": China's Historical Claim in the South China Sea,* Masterarbeit, University of Calgary, S. 44f.

Die Volksrepublik China hat als Nachfolgerin der Republik China die Karte und ihre Inhalte übernommen und mehrfach publiziert. Von der US-amerikanischen Propaganda und den Medien wird der Gebietsanspruch Chinas als einer über 90 % (manchmal liest man 80 %) des Südchinesischen Meeres dargestellt.[266] Geografische Untersuchungen von US-amerikanischen Behörden selbst, nämlich dem Bureau of Oceans and International Environmental and Scientific Affairs des Außenministeriums der USA, kommen allerdings zu dem Ergebnis, dass es sich in Wirklichkeit nur um 62 % des Südchinesischen Meeres handelt.[267]

Einwände gegen den chinesischen Anspruch

Durch die genauen chinesischen historischen Aufzeichnungen ist von Seiten Chinas eine Fülle von Material (Dokumentationen und Pläne) vorhanden, das die historischen chinesischen Aktionen im Südchinesischen Meer sehr detailliert dokumentiert.[268] Bei einem so großen Gebiet an Inseln, Riffen usw. ist das über so lange Zeit für jedes einzelne *feature* natürlich schwer zu belegen, da ja sogar auf dem Festland Regierungen und das Militär nicht immer und überall bis ins letzte Tal vertreten waren; außerdem gab es Kriege (gegen Japan und chinesischer Bürgerkrieg), militärische Bedrohungen von außen und andere Prioritäten im Wirtschaftsaufbau, sodass eine kontinuierliche militärische und administrative Präsenz bis zum letzten Atoll nicht möglich gewesen ist. An diesem Punkt haken die Argumentationen gegen die chinesische Position ein, die besagen, dass China diese unüberschaubaren Gebiete nicht immer und lückenlos kontrolliert hat. Allerdings gibt es wohl kein anderes Anrainerland, das besser belegte oder länger zurückreichende Ansprüche als China vorweisen könnte.

1958 gab die chinesische Regierung eine Erklärung heraus, in der die Inseln des Südchinesischen Meeres als Teil des chinesischen Territoriums

---

266 Siehe exemplarisch Owen Bowcott: UN tribunal at The Hague to rule on rival claims to South China Sea islands, *The Guardian*, 23. November 2015, http://www.theguardian.com/world/2015/nov/23/south-china-sea-dispute-hague-competing-claims

267 *Limits in the Seas, China: Maritime Claims in the South China Sea*, Fußnote 11, US Department of State, Bureau of Oceans and International Environmental and Scientific Affairs, 2014.

268 Shen, a. a. O.

definiert wurden; im Anschluss, am 14. September 1958, sandte der damalige Premierminister der Demokratischen Republik Vietnam, Phạm Văn Đồng, einer der engsten Mitkämpfer des legendären Hồ Chí Minh, eine Note an den chinesischen Ministerpräsidenten Zhou Enlai, in der er feierlich erklärte, dass die vietnamesische Regierung die chinesische Regierungserklärung anerkennt und bestätigt; am 22. September 1958 wurde die diplomatische Note in der vietnamesischen Parteizeitung *Nhân Dân* veröffentlicht. Nach dem Zusammenschluss der Demokratischen Republik Vietnam mit dem US-freundlichen Südvietnam hat sich die vietnamesische Position plötzlich geändert. Vietnam hält die chinesischen Ansprüche nun für schlecht argumentiert und behauptet, die Souveränität über das Südchinesische Meer schon seit dem frühen 17. Jahrhundert ausgeübt zu haben.[269]

Die philippinische Position zur Souveränität über Teile der Spratly/Nansha-Inseln ist mit sehr schwachen Argumenten untermauert. Im Vertrag von Paris 1898, in dem Spanien die Philippinen an die USA abtrat, war das Territorium der Philippinen in diesem Gebiet als östlich des 118. Längengrades definiert; die Spratly/Nansha-Inseln fallen westlich, d. h. außerhalb dieser Linie. Deshalb hatten die USA diese Inseln nicht auch für sich reklamiert, als sie Japan besetzten und die Inseln der Verwaltung des japanisch besetzten Taiwan unterstellten. Auch in der philippinischen Verfassung von 1935 ist das Gebiet nicht enthalten.[270] Die Philippinen erklären, die Kalayaan-Inseln in den 1950er Jahren als *terra nullius* entdeckt zu haben und deshalb Souveränitätsrechte zu haben. Aufgrund dieser schwachen souveränitätsrechtlichen Grundlage gingen die Philippinen auch den Weg, das Pferd von hinten aufzuzäumen und die wirtschaftliche Verwertung dieser Gewässer über das UNCLOS und des darin definierten Zweihundert-Meilen-Gebietes der ausschließlichen Wirtschaftszone für sich sicherzustellen.

Einige der von Malaysia beanspruchten *features* sind von Vietnam besetzt, andere von den Philippinen, einige von Malaysia selbst.

Malaysias Anspruch, der auf der Präsenz der Inseln und Felsen auf dem von Malaysia beanspruchten Festlandsockel und der

---

269 Overview of the East Sea Dispute, *VietNamNet*, 6. Juni 2014, http://english. vietnamnet.vn/fms/in-focus/104409/overview-of-the-east-sea-dispute.html
270 Chung, a. a. O, S. 63f.

Rechtsprechung zur ›ausschließlichen Wirtschaftszone‹ beruht, wird von einigen Juristen als sehr schwach angesehen.[271]

Rechtliche Nachwirkungen des Zweiten Weltkrieges

Das Südchinesische Meer war seit 1939 von Japan besetzt gewesen. Nach der japanischen Kapitulation unternahmen Schiffe der chinesischen Marine (übrigens unter Verwendung von Kriegsschiffen aus den USA) Fahrten zu den Inseln, um sie wieder in Besitz zu nehmen.

Im Friedensvertrag der Alliierten mit Japan, 1952 in San Francisco unterzeichnet, wurde u. a. in Artikel 2(f) vereinbart: »Japan verzichtet auf alle Rechte, Eigentumsansprüche und Forderungen auf die Spratly-Inseln und auf die Paracel-Inseln.«[272] In diesem Punkt war übrigens in den Vorversionen des Vertrags der »Empfänger« der Souveränität dieser Inseln klar geregelt, nämlich China.[273] Aufgrund der Entwicklung des Kalten Krieges und um sich Interventionsmöglichkeiten für die Zukunft offen zu halten, strichen die USA den »Empfänger«. Damit wurde ein Problem im Südchinesischen Meer geschaffen, das bis heute köchelt.

Im Friedensvertrag zwischen Japan und Taiwan von 1952 wurde die in den Vorversionen vorgesehene Richtung bestätigt: »Im Jahr 1952 verzichtete Japan mit Artikel 2 des bilateralen Japan-Taiwan-Vertrags von Taipei auf alle Rechte, Eigentumsansprüche und Forderungen auf die Spratly- und Paracel-Inseln zugunsten der Republik China (Taiwan).«[274] Zwar können Japan und Taiwan keine verbindlichen Vereinbarungen zulasten anderer Anspruchsteller treffen, aber es zeigt doch deutlich, wie die USA damals dachten. Japan und Taiwan konnten diesen Vertrag natürlich nur mit Zustimmung der USA unterzeichnen.

271 J. Ashley Roach: Malaysia and Brunei: An Analysis of their Claims in the South China Sea, *CNA*, August 2014, https://seasresearch.files.wordpress.com/2014/08/malaysia-brunei-claims.pdf

272 https://treaties.un.org/doc/Publication/UNTS/Volume%20136/volume-136-I-1832-English.pdf

273 Kimie Hara: *Cold war frontiers in the Asia pacific: divided territories in the San Francisco System*, Routledge, 2007, S. 188.

274 Sourabh Gupta: China's South China Sea jurisdictional claims: when politics and law collide, *East Asia Forum*, 29. Juli 2012, http://www.eastasiaforum.org/2012/07/29/china-s-south-china-sea-jurisdictional-claims-when-politics-and-law-collide/

Aktuelle Vorwürfe gegen China

Die weit verbreitete, gängige Meinung im Westen ist, dass nur China durch Sandaufschüttungen große Inseln entwickelt, dass China als erstes Land militärische Einrichtungen errichtet hat und so das Südchinesische Meer militarisiert.

Wie sieht die Realität aus, die von den USA verschwiegen wird und nur bei »internen« Meetings, wie zum Beispiel einem Senatsausschuss am 13. Mai 2015, erörtert wird?

David Shear, der Stellvertretende Verteidigungsminister für Asiatische und Pazifische Sicherheitsangelegenheiten der USA meinte damals:

> In den letzten zwei Jahrzehnten haben alle Anspruchsteller außer Brunei Außenposten im Südchinesischen Meer entwickelt, mit denen sie zivile oder maritime Präsenz in die umliegenden Gewässer erweitern, ihre Souveränitätsansprüche auf Land geltend machen und die Aktivitäten von anderen Anspruchstellern überwachen. Vietnam hat auf den Spratly-Inseln 48 Außenposten, die Philippinen acht, China acht, Malaysia fünf und Taiwan einen. Alle diese Anspruchsteller haben auch Bautätigkeiten von unterschiedlichem Umfang und Grad vorgenommen. Die verschiedenen Anspruchsteller betreiben die Erweiterung ihrer Außenposten jeweils auf unterschiedliche Art, umfassen jedoch im Großen und Ganzen Landgewinnung, Errichtung und Erweiterung von Gebäuden sowie Verteidigungsstellungen.[275]

Nach Shear hat China also genauso viele Stützpunkte wie die Philippinen und nicht einmal 20 % der Einrichtungen von Vietnam, das auf seinen Inseln Flugplätze und Radarstationen gebaut und sogar Lenkraketen stationiert hat.[276] Im August 2017 wurde berichtet, dass Vietnam mobile Raketenabschussrampen für Langstreckengeschosse auf fünf ihrer Stützpunkte auf den Nansha/Spratly-Inseln installiert hat – und gleichzeitig auf China deutet,

275 Statement of David Shear, Assistant Secretary of Defense for Asian & Pacific Security Affairs before the Senate Committee on Foreign Relations, 13. Mai 2015, http://www.foreign.senate.gov/imo/media/doc/051315_Shear_Testimony.pdf

276 Shear gibt hier höhere Zahlen an als üblicherweise für Vietnam zu lesen sind, da er offensichtlich mehrere Einrichtungen auf einem Riff oder einer Insel auch mehrfach zählt.

dass es das Südchinesische Meer »militarisiere«. Das vietnamesische System hat eine Reichweite von 150 Kilometern und könnte benutzt werden, um chinesische Landebahnen auf den Nansha/Spratly-Inseln anzugreifen. Im Sommer 2017 hat Vietnam von Indien Anti-Schiff-Marschflugkörper erworben.

Dabei ist noch zu ergänzen, dass Vietnam erst *nach* der Unterzeichnung der Deklaration über die Verhaltensregeln im Südchinesischen Meer aus dem Jahr 2000 Land aufgeschüttet und Militärstützpunkte errichtet hat.[277]

In einer Vereinbarung zwischen den ASEAN-Staaten und China wurde festgelegt, dass

> die Parteien sich zur Selbstbeschränkung bei der Durchführung von Aktivitäten verpflichten, die Konflikte verkomplizieren oder eskalieren und Frieden und Stabilität beeinträchtigen würden, die Besiedlung derzeit unbewohnter Inseln, Riffe, Untiefen, Sandinseln und anderer Gebiete unterlassen und konstruktiv mit ihren Differenzen umgehen.[278]

China wird dafür verurteilt, sich gerade in den letzten Jahren besonders aktiv in der Landgewinnung zu betätigen. Shear dazu:

> Von 2009 bis 2014 war Vietnam der aktivste Anspruchsteller in Bezug auf (…) die Landgewinnung und schüttete ca. 240 000 Quadratmeter auf. Alle Gebietsanspruchsteller, mit Ausnahme von China und Brunei, haben ebenfalls bereits Landebahnen unterschiedlicher Größe und Funktionalität auf umstrittenen Teilen der Spratlys errichtet. Diese Bemühungen der Anspruchsteller haben zu einer bis heute andauernden Dynamik nach dem Motto »Wie du mir, so ich dir« geführt.[279]

---

277 Zur Geschichte der Aktivitäten Vietnams siehe Carlyle A. Thayer: Vietnam and the South China Sea's roiled waters, *Policy Forum*, Januar 2017, https://www.policyforum.net/vietnam-south-china-seas-roiled-waters/

278 Declaration on the Conduct of Parties in the South China Sea, ASEAN, 17. Oktober 2012, http://asean.org/?static_post=declaration-on-the-conduct-of-parties-in-the-south-china-sea-2

279 Statement of David Shear, a. a. O.

Anderen Anrainerstaaten hatten also schon Flugplätze und militärische Einrichtungen errichtet, bevor China begann, Riffe zu »künstlichen Inseln« zu verstärken, um zivile Anlagen, Flugplätze usw. zu bauen. Während China dafür von den USA in die Öffentlichkeit gezerrt und verurteilt wurde, breitete man über die Aktivitäten Vietnams und der Philippinen den Mantel des Schweigens.

Aber warum betreibt China überhaupt so große Aufschüttungs- und Verstärkungsarbeiten im Vergleich zu dem anderen Ländern? Dazu Clive Schofield, Leiter des Australian Centre for Ocean Resource and Security (ANCORS) der University of Wollongong:

> China ist gewissermaßen Nachzügler auf dem Inselbesetzungsspiel. Taiwan ist der älteste Besetzer einer Insel der Spratly-Gruppe, hat seit 1956 die größte der Spratly-Inseln, Itu Aba (1,4 Kilometer lang und 370 Meter breit) besetzt. Die Philippinen, Malaysia und Vietnam besetzten in den 1960er und 1970er Jahren mehrere *features*. China war erst in den 1980er Jahren wirklich aktiv. Infolgedessen blieben China nur kleinere, schmälere *features* zu besetzen, die häufig extrem niedrig sind oder zumindest teilweise unter Wasser stehen. Von den acht *features* der Spratly-Inseln, die China besetzt, sind fünf nicht mehr als Ebbe-Erhöhungen (das heißt, bei Flut überflutet, nur bei Ebbe freiliegend).[280]

Weil andere Anspruchsteller die größeren Inseln bereits besetzt hatten, begann China damit, kleine Stücke zu künstlichen Inseln auszubauen, um selbst auch souveränitätsrechtlich nicht ins Hintertreffen zu kommen. China war bis vor kurzem der einzige größere Anspruchsteller ohne eigenen Flugplatz auf den Inseln.

Exkurs: Die Militarisierung des Südchinesischen Meeres durch die USA im Rahmen ihrer »Operationen für Schifffahrtsfreiheit«[281]

Die USA haben unter dem Druck außenpolitischer Falken im Senat (vor allem von John McCain), den auf Konfrontation mit China drängenden Neokonservativen sowie der US-Navy die Anzahl ihrer »Operationen für

---

280 Clive Schofield: Why the world is wary of China's 'great wall of sand' in the sea, *CNN*, 14, Mai 2015, http://edition.cnn.com/2015/05/14/opinions/china-great-wall-sand-spratly/index.html

281 DoD Annual Freedom of Navigation (FON) Reports, http://policy.defense.gov/OusDp-Offices/FON/

Schifffahrtsfreiheit« (FONOPs) in der Nähe von China erhöht. Damit haben sie bewirkt, dass die Gefahr eines vielleicht ungewollten Zwischenfalls und einer daraus folgenden militärischen Auseinandersetzung stark gestiegen ist.

Was sind diese amerikanischen FONOPs? Es geht nicht um freie Schifffahrt für Handelsschiffe und Fischer, es geht um freie Schifffahrt für amerikanische Kriegsschiffe.[282]

Seit 1979 führen die USA das FONOPs-Programm durch. Kriegsschiffe steuern durch Meeresgebiete, deren Nutzung von den Küstenstaaten gesetzlich beschränkt wurde. FONOPs sollen Küstenstaaten herausfordern, die nach Ansicht der USA »exzessive Ansprüche« ihrer maritimen Rechte festlegen, d. h. die eine andere Interpretation des UNCLOS im Bereich des Küstenmeeres (ihrer Territorialgewässer) bzw. ihrer ausschließlichen Wirtschaftszone haben als die USA. Um es klarzustellen: Ein Land, das das UNCLOS nicht ratifiziert hat, will Staaten, die das UNCLOS ratifiziert haben, mit Kriegsschiffen und Marineflugzeugen die korrekte Interpretation des UNCLOS nahebringen. Anstatt im Falle von Differenzen in zivilisierter Form diplomatische Protestnoten zu übergeben, internationale Schlichtungsorganisationen oder Gerichte in Anspruch zu nehmen, maßen sich die USA selbst die Beurteilung an, was UNCLOS-konform ist und was nicht, und wollen ihre Ansichten mit Kanonenboot-Politik durchsetzen, wobei festzuhalten ist, dass Rechte nach dem UNCLOS für die USA an sich nicht gelten, da sie ja kein Vertragsstaat sind. Das heißt die Vertragsstaaten sind gegenüber den USA gar nicht verpflichtet, das UNCLOS einzuhalten.

Insbesondere weigern sich die USA anzuerkennen, dass Küstenstaaten fremde militärische Aktivitäten in ihrem Küstenmeer und ihrer ausschließlichen Wirtschaftszone durch Gesetze beschränken können. 2018 haben mehr als sechzig Staaten Einschränkungen für Kriegsschiffe und Militärflugzeuge bei der Durchfahrt durch ihr Küstenmeer oder ihre ausschließliche Wirtschaftszone festgelegt. Diese Restriktionen enthalten meist die Forderung, dass vor der Durchfahrt eine Genehmigung eingeholt werden muss. In Asien sind das folgende Länder: Bangladesch, Kambodscha, China, Indien, Indonesien, Malaysia, Myanmar, Pakistan, die Philippinen, Sri Lanka, Thailand und Vietnam. 2017 wurden 22 Staaten von den USA mit unerlaubten

---

282 Siehe Statement of David Shear, a. a. O.

Durchfahrten von Kriegsschiffen oder Überflügen von Militärmaschinen behelligt.[283]

Die rechtliche Lage nach Artikel 17 UNCLOS ist so, dass eine »friedliche Durchfahrt« durch das Küstenmeer (zügig und ohne Unterbrechung) gestattet ist. Es dürfen keine militärischen Übungen oder Manöver abgehalten werden und keine Androhung oder Anwendung von Gewalt erfolgen. Der Küstenstaat kann auch nach Artikel 21 UNCLOS Gesetze und Vorschriften für die »friedliche Durchfahrt« erlassen. Unklarer geregelt, nämlich nicht explizit erlaubt, ist die Durchführung militärischer Aktivitäten in der ausschließlichen Wirtschaftszone. Alle Staaten haben die Freiheit der Schifffahrt und des Überflugs in dieser Zone. Es ist nicht explizit geregelt, ob das militärische Aktivitäten inkludiert oder nicht. Nach Interpretation der USA ist alles erlaubt, was nicht ausdrücklich verboten ist. Küstenstaaten sehen das anders und fordern, dass sich die USA gemäß Artikel 58 UNCLOS an ihre Gesetze zu halten haben und jedenfalls keine Forschungstätigkeiten durch das Militär durchführen lassen dürfen, weil diese auch wirtschaftlich verwendbar sind und das aber nach Artikel 56 UNCLOS eindeutig den Küstenstaaten vorbehalten ist.

Die meisten Staaten wagen es nicht, die Durchfahrten und Überflüge des amerikanischen Militärs öffentlich zu verurteilen; nur China lehnt sich öffentlich dagegen auf. Amerikanische Militärschiffe und -flugzeuge werden aufgefordert, die chinesischen Territorialgewässer sofort zu verlassen.

China argumentiert, dass die Durchführung von Spionageflügen und Schifffahrt für Spionagezwecke eine klare Verletzung der Verpflichtung ist, die Rechte des jeweiligen Küstenstaates zu berücksichtigen. Spionage und Überwachung entlang der chinesischen Küste und im Südchinesischen Meer durch die USA dienen der Kriegsvorbereitung, sind also nicht friedlich. Das US-Militär versucht, die Kommunikation zwischen chinesischen U-Booten und Kriegsschiffen und der Zentrale an Land zu entschlüsseln und die Boote zu identifizieren, es verfolgt die Kommunikation chinesischer Kommandozentralen mit Satellitenstationen, Radarstationen und Waffensystemen, protokolliert die Routen von Schiffen, untersucht die Eingänge von Häfen und den Meeresboden, um für einen U-Bootkrieg

---

283 Annual Freedom of Navigation Report, Fiscal Year 2017, *Department of Defense* https://policy.defense.gov/Portals/11/FY17%20DOD%20FON%20Report. pdf?ver=2018-01-19-163418-053

gerüstet zu sein, provoziert den Einsatz chinesischer Kampfflugzeuge und stoppt dann die Zeit bis zu deren Eintreffen. Das alles ist nicht friedlich. Um die Größenordnung klarzumachen: Die USA unternehmen jedes Jahr hunderte Spionageflüge mit Flugzeugen vom Typ 8A »Poseidon« und EP3 entlang der chinesischen Küste.[284]

Washington interpretiert das UNCLOS so, wie es für seine hegemonialen Absichten passt (freie Schifffahrt überallhin bedeutet, überall mit seiner Kriegsflotte aufkreuzen zu können und Konflikte in seinem Sinn zu beeinflussen). Es organisiert auch für seine Verbündeten und Kooperationspartner Unterlagen und Schulungen, die einseitig nur die amerikanische Sicht der Rechtslage beinhalten. So wird das *Commander's Handbook on the Law of Naval Operations* der USA zur Bibel, die auch von ihren Verbündeten verwendet wird. In den jährlichen Konferenzen des Pacific Command über militärisches Völkerrecht und praktische Einsätze wird nur die amerikanische Sicht der rechtlichen Lage vorgetragen. In seinen Broschüren *Limits in the Seas* definiert das Außenministerium ex cathedra die Seegrenzen der Länder. Die USA bringen ihre Offiziere und die anderer Länder damit möglicherweise in eine schwierige Lage, da sie nicht mit den verschiedenen Interpretationen von UNCLOS vertraut gemacht werden und daher womöglich in gutem Glauben illegal handeln.

Die USA gefährden mit ihren unnötigen Operationen Handelsschiffe in stark befahrenen Gewässern. Zwei amerikanische Zerstörer der 7. Flotte, die USS Fitzgerald und die USS John S. McCain, lösten 2017 aufgrund von Bedienungsfehlern und Unachtsamkeit der Besatzung Kollisionen mit Handelsschiffen aus, wobei siebzehn amerikanische Matrosen getötet wurden und die Reparaturkosten der beiden Kriegsschiffe hunderte Millionen US-Dollar betrugen. Die Kommandanten der beiden Kriegsschiffe sowie der Flottenkommandant wurden vom Dienst suspendiert. Ein Bericht des Rechnungshofes *(Government Accountability Office)* vom September 2017 stellte fest, dass wichtige Ausbildungskurse für die Mannschaft nicht abgehalten wurden. Die Mannschaften wären übermüdet, die Schiffe ungenügend gewartet. Bei einer Umfrage beschrieb ein Matrose den Dienst auf seinem Schiff wie einen Dienst in einem »schwimmenden Gefängnis«.

284 Mark J. Valencia: The US-China Maritime Surveillance Debate, *The Diplomat*, 4. August 2017, https://thediplomat.com/2017/08/the-us-china-maritime-surveillance-debate/

Die USA verletzen mit der Vernachlässigung der Ausbildung und den schlechten Arbeitsbedingungen das Seerechtsabkommen, dessen Artikel 92 (3) besagt, dass jeder Staat in Bezug auf Arbeitsbedingungen und die Ausbildung der Besatzungen Maßnahmen zu ergreifen hat, die für die Sicherheit auf See erforderlich sind, sowie Artikel 92 (4), der besagt, dass die Besatzung nach Befähigung und Stärke der Größe, den Maschinenanlagen und der Ausrüstung des Schiffes entsprechen muss.

Juristische Kriegführung[285] und der Ständige Schiedshof: Ein Trick der USA, um China an den Pranger zu stellen

Der philippinische Präsident Aquino und sein Außenminister Alberto del Rosario ließen 2013 auf Drängen der USA und juristisch geführt von der – nach philippinischen Quellen – mit ca. 30 Millionen US-Dollar gut bezahlten amerikanischen Anwaltskanzlei Foley Hoag LLP einen Antrag auf ein Schiedsverfahren vor dem Ständigen Schiedshof (PCA) in Den Haag einbringen, konstituiert nach Anlage VII des Seerechtsübereinkommens.

Was ist der Ständige Schiedshof?

> Die Schiedsinstanz, seit 1900 mit Sitz in Den Haag (Niederlande), ist eine Verwaltungseinrichtung ohne unmittelbare Entscheidungsbefugnis. Der PCA ist kein internationales Gericht im eigentlichen Sinne. Er bietet den Streitparteien nur die Strukturen, um eine Streitigkeit durch ein Schiedsgericht beizulegen.[286]

Der PCA hat nichts mit dem Internationalen Gerichtshof (IGH) zu tun, der seinen Sitz ebenfalls in Den Haag hat. Und er hat auch nichts mit den Vereinten Nationen zu tun. Der PCA hatte Anfang 2018 nur vier Verfahren zwischen Staaten am Laufen, aber mehr als dreißig zwischen Staaten und Konzernen, die Forderungen an Staaten stellen.

Der PCA ist übrigens jene Institution, bei der Slowenien und Kroatien ihre Seegrenzen durch ein Schlichtungsverfahren definieren lassen wollten, wobei das Verfahren 2015 vorübergehend in einem Skandal versank und der

---

285 »Juristische Kriegführung«: auf Englisch *lawfare*, ein Wortspiel zu *warfare* »Kriegführung«. Gemeint ist der Missbrauch von Recht und Rechtssystemen, um militärische oder politische Vorteile oder ein besseres Ansehen in der öffentlichen Meinung zu bekommen.

286 https://de.wikipedia.org/wiki/Ständiger_Schiedshof

Schiedsspruch, der 2017 erfolgte, von Kroatien nicht anerkannt wird, da schwere Verfahrensmängel vorlagen.[287]

Was war das Hauptbegehren der Philippinen?[288] Die Philippinen wollten zwei Punkte zu ihren Gunsten entschieden wissen: die von China schon vor dem Zweiten Weltkrieg als Grenzen ihrer territorialen Rechte verlautbarte Neun-Punkte-Linie ungültig erklären und befinden, dass einige Meereserhebungen im Südchinesischen Meer keine »Inseln« im Sinne des UNCLOS sind. China lehnte in einer Note die Teilnahme an dem Schiedsverfahren ab, schon deshalb, weil es der Meinung war, dass vor der Frage der Zuteilung von Wirtschaftszonen die Frage der Souveränität über die Inseln, Riffe, Untiefen etc. im Südchinesischen Meer geklärt bzw. gelöst werden muss. China betrachtet den PCA als nicht zuständig, da ein Schiedsspruch über Souveränitätsfragen vom UNCLOS nicht rechtlich gedeckt ist. Außerdem erklärte China schon 2006 auf der Grundlage von Artikel 298 UNCLOS öffentlich, dass es Schiedsverfahren über Seegrenzen und historische Rechtstitel als Grundlage für Schiedsverfahren ausschließt, ein Recht unter Artikel 298 UNCLOS, das auch von rund dreißig anderen Staaten, darunter Großbritannien, in Anspruch genommen wird. Des Weiteren hat China eine Vereinbarung mit den Philippinen geschlossen, dass die gemeinsamen Probleme in bilateralen Gesprächen behandelt werden. Der PCA hat den Fall trotz der chinesischen Einwände angenommen, d. h. es gab ein Schiedsverfahren mit nur einem (!) Teilnehmerstaat. Diese absurde Tatsache wäre für ein ernstzunehmendes Schiedsgericht ein weiterer Grund gewesen, sich für nicht zuständig zu erklären. Der temporäre PCA hat noch dazu die chinesische Note, dass China nicht teilnimmt, als Plädoyer uminterpretiert, eine äußerst unfaire Vorgangsweise.

Spätestens hier stellt sich die Frage nach den Hintergründen. Wer wählte die Schlichter aus (vier europäische Juristen und einen afrikanischen, der die meiste Zeit seines Berufslebens in Europa und den USA verbracht hat)? Die Auswahl von Schlichtern hat natürlich großen Einfluss auf den Ausgang von Schiedsentscheidungen. Einen Schlichter wählten die Philippinen,

---

287 Arbitration Between the Republic of Croatia and the Republic of Slovenia, *Permanent Court of Arbitration*, https://pcacases.com/web/view/3

288 The South China Sea Arbitration (The Republic of Philippines v. The People's Republic of China), *Permanent Court of Arbitration*, https://pca-cpa.org/en/cases/7/

und gemäß Anlage VII Artikel 3(e) UNCLOS wurden die restlichen vier
Schlichter des PCA vom Vorsitzenden des Internationalen Seegerichtshofes
(ISLOS) in Hamburg ernannt. Dieser Vorsitzende war 2013 der rechtsgerich-
tete japanische Jurist Shunji Yanai.[289] Yanai ist kein Unbekannter, er war
in Japan Vorsitzender von Präsident Abes Beraterstab für den Umbau der
rechtlichen Grundlage der Sicherheit Japans,[290] der die Aufgabe hatte, als
Expertenpaneel Abes Uminterpretation der japanischen Verfassung abzu-
segnen. Yanai ist also in die japanische Tagespolitik involviert, die sich u. a.
gegen die chinesischen Positionen im Ost- und im Südchinesischen Meer
richtet. Shunji Yanai kennt auch die europäische Juristenszene und weiß,
wen man wofür auswählen kann, um das gewünschte Ergebnis zu erzielen.
Yanai kannte auch die philippinische Seite des Verfahrens gut. Er hatte früher schon mehrmals mit dem US-amerikanischen Anwalt Bernard Oxman
zusammengearbeitet, der die Philippinen in der Schlichtung vertrat. Oxman
hat enge Beziehungen zur Regierung der USA, er war von 1968 bis 1977
Assistent für Rechtsberatung betreffend Meeresangelegenheiten, Umwelt
und Wissenschaft im amerikanischen Außenministerium.

Wie kam es überhaupt zu dem Schlichtungsverfahren? Der damalige
philippinische Außenminister Alberto del Rosario, der die Schlichtung von
philippinischer Seite vorantrieb, eröffnete mittlerweile (2017) ein Beratungs-
und Lobbyunternehmen, das Stratbase ADR Institute. Dieses organisiert
u. a. mit der US-Botschaft in Manila Veranstaltungen zur Problematik des
Südchinesischen Meeres und versucht, die auf Pragmatik und Dialog basie-
rende politische Linie des neuen philippinischen Präsidenten Duterte zu
unterlaufen. Stratbase ADR ist mit der in Washington beheimateten Bower
Group Asia verbunden, die enge Kontakte in die US-Regierung und zum
Militär hat.

Als Kurator von Stratbase ADR fungiert der steinreiche philippinische Geschäftsmann Manuel V. Pangilinan, seit den 1980er Jahren ein
enger Bekannter von del Rosario, der für ihn vor seiner Berufung zum

---

289 The President, *International Tribunal for the Law of the Sea*, https://www.itlos.
     org/en/the-tribunal/the-president/

290 Michael Penn: A Coup by Appointment: Debilitating Article Nine, *Shingetsu
     News Agency*, 24. August 2013, http://shingetsunewsagency.com/2013/08/24/a-
     coup-by-appointment-panels-bureaus-and-the-revisionist-campaign-to-debilitate-
     article-nine/

Außenminister in der Firma Philex Mining Corporation und der First Pacific Corporation gearbeitet hatte. Del Rosario war bis März 2011 Direktor von Philex, als das philippinische Außenministerium im Februar 2010 die Schürfrechte für Öl und Gas an der Reed Bank im Südchinesischen Meer an deren Enkelfirma Forum Energy vergab. Dabei gab es nur ein Problem: Die Reed Bank im Nordosten der Spratly/Nansha-Inseln liegt innerhalb der chinesischen »Neun-Punkte-Linie« und diese überlappt sich mit der philippinischen Zweihundert-Meilen-Wirtschaftszone. Ohne Bestätigung der philippinischen Zweihundert-Meilen-Zone war also keine Öl- oder Gasförderung möglich. Im Februar 2011 wurde del Rosario als Außenminister bestellt; 2012 ermutigte er Pangilinan, zu Verhandlungen mit dem chinesischen Ölkonzern China National Offshore Oil Corporation (CNOOC) nach China zu fliegen, um eine Zusammenarbeit zu vereinbaren.[291] Als das scheiterte, riefen die Philippinen 2013 unter der Federführung von del Rosario den PCA an.

Nach seiner Ablöse als Außenminister wurde del Rosario im Juli 2016, kurz vor Bekanntgabe des Entscheids des PCA von Pangilinan zum nichtgeschäftsführenden Direktor seiner Firma First Pacific Company ernannt und mit Aktien des Unternehmens bezahlt.[292]

Die Optik ist verheerend: Es sieht so aus, als ob del Rosario in eine Position gehievt wurde, um seinem alten Unternehmen die Schürfrechte zu verschaffen. Auf die Frage einer Journalistin, ob er nicht einen Interessenskonflikt hatte, als er als Außenminister aktiv die Schlichtung betrieb, antwortete del Rosario: »Ich finde, das ist unfair. Ich habe für das Land gearbeitet.«[293] Man sieht also, dass es eine enge persönliche Verbindung zwischen Experten und Geschäftsleuten der USA, Japans und der Philippinen gibt. Es fällt schwer, dahinter nicht eine gute, zielgerichtete Planung zu sehen. Als Ergebnis der guten »Vorarbeit« ergab die Schlichtung in wesentlichen Punkten das gewünschte Ergebnis für die Philippinen und für die USA, die

---

291 The del Rosario–MVP Conspiracy, *OpinYon*, 22. August 2014, https://opinyon2010. wordpress.com/2014/08/11/the-del-rosario-mvp-conspiracy/

292 Sass Rogando Sasot: Albert del Rosario: Patriot or Profiteer? *MindaNation*, 19. Juli 2016, http://mindanation.com/albert-del-rosario-patriot-or-profiteer/

293 Trishia Billones: Conflict of interest for Del Rosario in Reed Bank? *ABS-CBN News*, 18. Juli 2016, http://news.abs-cbn.com/business/07/18/16/conflict-of-interest-for-del-rosario-in-reed-bank

ein Interesse an einer Zuspitzung der Situation gegen China haben. Die »Neun-Punkte-Linie« wurde für ungültig erklärt, den Meereserhebungen im umstrittenen Gebiet der Nansha/Spratly-Inseln wurde durch eine nicht nachvollziehbare, enge Auslegung der Merkmale von Inseln der rechtliche Status als Inseln abgesprochen (unverständlicherweise auch der Insel Taiping / Itu Aba, die von Taiwan kontrolliert wird), und China wurde wegen Verletzung der zweihundert Seemeilen breiten ausschließlichen Wirtschaftszone der Philippinen, der Bildung von künstlichen Inseln in dieser und der Behinderung philippinischer Fischer abgemahnt.

Der Schiedsspruch dieses temporären Gremiums ist ein gutes Beispiel dafür, wie Rechtsprechung und Schlichtung nicht ablaufen sollten. Obwohl das UNCLOS keine rechtliche Grundlage für Fragen der Souveränität ist, maßte sich der PCA gerade diese Entscheidung an, indem in manipulativer Art und Weise Stellungnahmen von chinesischen Unternehmen und Presseaussendungen als Begründung dafür herangezogen wurden, dass China das Südchinesische Meer eigentlich nicht als Territorialgebiet beanspruche (Verweis auf »historische Rechtstitel«), sondern nur gewisse »historische Rechte« beanspruche.[294] Damit windet sich der PCA aus der Anschuldigung heraus, er entscheide über territoriale Souveränitätsansprüche, denn es gehe ja nur um gewisse Rechte, wie Fischereirechte, die nicht die Souveränität berühren. Das Urteil beschneidet übrigens implizit auch die vietnamesischen Ansprüche, die weit in die ausschließliche Wirtschaftszone der Philippinen hineinreichen. Vietnam zeigt sich zwar aus taktischen Gründen erfreut über den Spruch, aber auch seine historischen Ansprüche sind von dem Urteil automatisch negativ betroffen.

China hat den Spruch nicht anerkannt und wird ihn auch nicht umsetzen. Taiwan hat den Spruch ebenfalls nicht anerkannt, vor allem die Aberkennung des Status als Insel für Taiping ist auf schwere Kritik gestoßen.

Von den USA und der EU wurde nach Veröffentlichung des Spruchs eine weltweite antichinesische Pressekampagne entfacht, mit dem Inhalt, dass der Spruch umzusetzen sei und China sich an das Völkerrecht halten müsse. Es sei nochmals darauf hingewiesen, dass die USA das UNCLOS nicht einmal selbst ratifiziert haben, es offiziell also gar nicht anerkennen, aber die lautesten Schreier sind, weil es gegen China geht. Als Großbritannien 2013

---

294 Wobei übrigens »historische Rechtstitel« auch unter »historischen Rechten« sub-
sumiert sind.

wegen einer Verletzung des Seerechts bei den Chagos-Inseln (Mauritius) verurteilt wurde,[295] äußerten sie sich nicht so lautstark. Großbritannien hat den Spruch ignoriert. Und die USA haben auch 2017/2018 nicht aufgeschrien, als Kroatien den Spruch über die Bereinigung der Seegrenzen zu Slowenien ignorierte.

Während die westliche Presse schrieb, dass China in dieser Angelegenheit völlig isoliert sei, gibt es in Wirklichkeit nicht viele Länder, die den Schiedsspruch als verbindlich ansehen. Mit Ausnahme von Botswana, Thailand, Vietnam, Indonesien, Malaysia und Singapur waren es nur von den USA diplomatisch auf Linie gebrachte westliche Länder, vor allem EU-Mitglieder.[296] Nach einer detaillierten Analyse chinesischer Wissenschaftler unterstützen rund siebzig Länder explizit die chinesische Position.[297]

Lösung nur auf politischer Ebene möglich

Wie die Erfahrung zeigt, ist die Lösung des Problems im Südchinesischen Meer jedenfalls nicht auf der Ebene von Gesetzen möglich, dazu ist die rechtliche Lage mit viel zu vielen übereinander geschichteten Rechtsmaterien zu komplex gelagert. Außerdem gibt es keinen Mechanismus für die Umsetzung einer Rechtsprechung. Territoriale Fragen umfassen häufig auch Sicherheits- und emotionale Aspekte, die man nicht durch eine noch dazu einseitige Schlichtung lösen kann.

Eine Lösung der quer zwischen allen Anspruchstellern laufenden Konflikte ist nur durch Gespräche zwischen den betroffenen Ländern sowie auf regionaler Ebene der ASEAN sinnvoll und möglich, so wie es in der Erklärung zum Verhalten der Parteien im Südchinesischen Meer auch vereinbart worden war.

Erfreulicherweise gibt es seit 2016 große Fortschritte bei der Beruhigung der Situation – und das trotz der laufenden Versuche der USA, die Situation

---

295 Auch hier war der deutsche Jurist Rüdiger Wolfrum beteiligt, der die Zuständigkeit des UNCLOS sehr weit auslegen dürfte.

296 Das mag auch damit zusammenhängen, dass einige interessierte Rohstoffunternehmen in philippinischem Eigentum in Großbritannien und den Niederlanden als Firmen registriert sind.

297 Details siehe: Wang Wen, Chen Xiaochen: Who Supports China in the South China Sea and Why, *The Diplomat*, 27. Juli 2016, http://thediplomat.com/2016/07/who-supports-china-in-the-south-china-sea-and-why/

zuzuspitzen. Durch die Wahl von Rodrigo Duterte zum Präsidenten der Philippinen und durch die intensiven Bemühungen Chinas, mit seinen Nachbarländern zusammenzuarbeiten, hat sich das Kräfteverhältnis zugunsten einer Entspannung und Beruhigung verschoben. Duterte sieht auch die Rolle der USA im Südchinesischen Meer anders als sein Vorgänger Aquino. Zum Missfallen der USA macht er aus dem Schiedsspruch von Den Haag kein Mittel der öffentlichen Propaganda und errang damit auch bei seinem Besuch in Beijing im Jahr 2016 einen großen Erfolg. Geschäftsabschlüsse in der Höhe von mehr als 13 Milliarden US-Dollar kamen zustande, das ist für die Philippinen als Entwicklungsland äußerst wichtig. Das umstrittene Gebiet des Scarborough-Riffes (Huangyan/Panatag-Insel) ist nun auch für philippinische Fischer wieder nutzbar. Duterte wehrt sich dagegen, dass die USA die Philippinen als Prügel gegen China verwenden wollen. Vor diesem Hintergrund könnte er versuchen, die militärische Zusammenarbeit[298] und die enge wirtschaftliche Abhängigkeit von den USA schrittweise zu reduzieren und die Probleme mit China in bilateralen Kontakten zu lösen. Die Philippinen und China haben eine Arbeitsgruppe eingerichtet, die klären soll, auf welcher gesetzlichen und wirtschaftlichen Grundlage eine gemeinsame Ausbeutung von Öl und Gas in von beiden Seiten beanspruchten Gebieten erfolgen kann, ohne das heiße Thema der Souveränität aufzugreifen.

Dutertes Besuch in Beijing 2016 hat einen Dominoeffekt ausgelöst. Die chinesischen Beziehungen zu Malaysia und zu Thailand haben sich wesentlich verbessert; mit Vietnam gab es mehrere Gipfeltreffen, um über eine friedliche Beilegung der Konflikte zu sprechen. Vietnam und Singapur sind im Augenblick diejenigen Staaten, die immer wieder versuchen, chinakritische Passagen in ASEAN- oder sonstigen Konferenzkommuniqués unterzubringen. Bei Singapur zeichnet sich aufgrund der protektionistischen Handelspolitik der USA ein Wandel ab.

Vietnam gibt andererseits viel Geld aus, um die US-amerikanische Öffentlichkeit gegen China einzustimmen. Vietnam ist selbst höchst aktiv beim Aufschütten von Inseln und bei der militärischen Aufrüstung. Warum gibt es dazu keinerlei kritischen Stellungnahmen der USA? Der amerikanische Journalist Greg Rushford hat aufgedeckt, dass Vietnam Lobbyisten für die

298 Auf Ankündigungen der philippinischen Seite, künftig Waffen auch aus Russland kaufen zu wollen, reagierte das US-Verteidigungsministerium Mitte August 2018 mit unverhohlenen Drohungen.

Stimmungsmache gegen China anheuert und dass geheim Geld an das Center for Strategic and International Studies (CSIS) in Washington fließt, das u. a. Studien und Veranstaltungen zum Konflikt im Südchinesischen Meer organisiert.[299] Das CSIS gibt sich als seriöses, objektives und überparteiliches Forschungsinstitut, dem viele Entscheidungsträger vertrauen. Bei Recherchen stellte sich heraus, dass das CSIS seit 2012 von einer Unterorganisation des vietnamesischen Außenministeriums, der Vietnamesischen Diplomatischen Akademie, 450 000 US-Dollar zur Ausrichtung seiner jährlichen *South China Sea Conference* erhalten hat. Der Sponsor kann natürlich bestimmen, wer als Vortragender eingeladen wird und wer nicht. So wurde auf Druck der vietnamesischen Sponsoren der chinesische Botschafter in Washington, Cui Tiankai, von einer Konferenz als Vortragender wieder ausgeladen. Das CSIS gründete auch die *Asia Maritime Transparency Initiative*, die sich einen neutralen, sachlichen Anstrich gibt und meist mit China-kritischen Artikeln in den Medien erscheint. Objektiv oder Schlagseite? So wird die Öffentlichkeit getäuscht. Den Kontakt der Vietnamesischen Diplomatischen Akademie zum CSIS stellte 2012 der Leiter des Südostasienprogramms Ernest Bower her, der hauptberuflich Präsident und Geschäftsführer der Bower Group Asia ist, einer Denkfabrik und Lobby-Gruppe, der wir schon auf den Philippinen begegnet sind und der wir später noch auf Taiwan begegnen werden.

Nach einem Bericht der *Asia Times* gab es auch Verbindungen des vietnamesischen Militärs zu zwei amerikanischen Anwaltsfirmen, McDermott Will & Emery und Dowell Pham Harrison, wobei die erste von September 2017 bis Februar 2018 monatlich 40 000 US-Dollar und die zweite von September 2017 bis Januar 2018 monatlich 10 000 US-Dollar für Lobbying erhalten haben. Die Lobbyisten stellten Kontakte zu Kongressmitgliedern und ihren Beratern sowie Journalisten her, um militärische Interessen Vietnams zu lancieren.[300]

Stephan Ryan, ein Partner bei McDermott Will & Emery, diente auch als persönlicher Anwalt von Michael Cohen, Trumps ehemaligem persönlichen Anwalt, der wegen Trumps Affäre mit einer Pornodarstellerin in die

299 Greg Rushford: How Hanoi's Hidden Hand Helps Shape a Think Tank's Agenda in Washington, *Rushford Report*, 11. Juli 2017, http://rushfordreport.com/?p=467

300 David Hutt: Behind the lobbyists who drew Trump to Vietnam, *Asia Times*, 4. Mai 2018, http://www.atimes.com/article/behind-the-lobbyists-that-drew-trump-to-vietnam/

Bredouille geraten ist. War es Zufall, dass der vietnamesische Premierminister Nguyễn Xuân Phúc der erste südostasiatische Regierungschef war, den Trump persönlich empfangen hat und dass Vietnam von jeder Kritik seitens der USA ausgenommen ist?

Im August 2017 bestätigten die Außenminister der ASEAN und Chinas einen Rahmen für »Verhaltensrichtlinien« (COC) betreffend das Südchinesische Meer. Dieser Beschluss ist ein großer Fortschritt für eine Beruhigung der Situation, für die Suche nach einem Weg vorwärts sowie für eine Reduktion der Möglichkeiten einer Einmischung seitens der USA. Auf dem 31. ASEAN-Gipfeltreffen in Manila im November 2017 wurde beschlossen, nun mit der detaillierten Ausarbeitung der COC zu beginnen. Auf dem Weg zum endgültigen Text sind allerdings noch einige Hindernisse zu überwinden. So streben einige ASEAN-Staaten einen rechtlich bindenden Vertrag an, andere, wie die Philippinen und China, zuerst einen rechtlich nicht bindenden. ASEAN-Vereinbarungen sehen generell keine Durchsetzungsklauseln bei Vertragsverletzungen vor, daher hätte auch ein rechtlich verbindlicher Vertrag keine praktische Relevanz.

Eine richtige, dauerhafte Lösung ist nur langfristig möglich, vielleicht mit einer Ausgliederung und Verschiebung der Souveränitätsfrage und dem Vorziehen von Vereinbarungen über Sicherheit und Zusammenarbeit sowie wirtschaftliche Nutzung der umstrittenen Gebiete.

Das Korea-Problem als Hebel gegen China

Das Nicht-Abschließen eines Friedensvertrags mit der Koreanischen Demokratischen Volksrepublik (KDVR, im Weiteren »Nordkorea«) nach Abschluss des Waffenstillstandsabkommens 1953 war und ist für die USA einer der in der Öffentlichkeit gut verkaufbaren Gründe, warum die militärische Präsenz der USA und die gigantische Aufrüstung in Ostasien notwendig seien. Die USA können das Korea-Thema seit mehr als sechzig Jahren nach Belieben auf- und zudrehen, mit Verhandlungen entspannen und durch gemeinsam mit der Republik Korea (im Weiteren »Südkorea«) abgehaltenen militärischen Übungen wieder anheizen. Das Spiel nach amerikanischem Drehbuch ging so lange gut, bis Nordkorea der Bau von Atomwaffen und Interkontinentalraketen gelungen war. Jetzt brannte der Hut – noch dazu in einer Situation, wo die Zuverlässigkeit der amerikanischen Patriot-Abwehrsysteme infrage steht. So wurden beim Anflug einer Rakete aus dem Jemen auf den saudi-arabischen Flughafen Riad fünf Abwehrraketen abgeschossen, die allesamt ihr Ziel verfehlten, und die Rakete explodierte mitten auf dem Flughafen knapp neben dem Terminal für Inlandsflüge.[301] Offiziell war es ein erfolgreicher Abschuss.

Das Thema des geplanten Abzugs der amerikanischen Truppen aus Japan war mit Ausbruch des Koreakrieges[302] kein Thema mehr, und der brutale südkoreanische Diktator Syngman Rhee, der gerade die Wahlen in Südkorea desaströs verloren hatte, wurde als angesehener Staatsmann gehandelt. Die Oppositionsparteien waren für die Wiedervereinigung mit Nordkorea offen gewesen.

In den 1950er Jahren führten die USA in Nordkorea 37 Wochen lang Flächenbombardements durch, töteten dabei ca. drei Millionen Zivilisten, das waren 30 % der Zivilbevölkerung, und zerstörten die Infrastruktur, Dämme, Eisenbahnlinien, Fabriken, Städte und Dörfer. Sie setzten bakteriologische Waffen, Napalm und Brandbomben ein.

Im Westen ist eine historische Amnesie bezüglich der Kriegsverbrechen der USA und ihrer Verbündeten in Korea, aber auch in Vietnam, Kambodscha und Laos ausgebrochen. Ohne sich diese Verbrechen ins Bewusstsein zu rufen, kann man aber die heutige Situation nicht verstehen. Die nordkoreanische Bevölkerung hat sie nicht vergessen. Man kann sich vorstellen, wie es in Nordkorea ankam, als US-Präsident Trump im September 2017 vor der UN-Vollversammlung verkündete: Die Vereinigten Staaten »haben keine Möglichkeit außer der völligen Zerstörung Nordkoreas«. Nordkorea wird sich, ohne Sicherheitsgarantien zu erhalten, amerikanischem Druck und Sanktionen nicht beugen.

China war von Beginn an ein Leidtragender des Korea-Problems. Innerhalb von zwei Tagen nach Ausbruch des Korea-Krieges im Juni 1950 bekam Tschiang Kai-schek, der auf die Insel Taiwan geflüchtet war,

301 Max Fischer, Eric Schmitt, Audrey Carlsen, Malachy Browne: Did American Missile Defense Fail in Saudi Arabia? *New York Times*, 4. Dezember 2017, https://www.nytimes.com/interactive/2017/12/04/world/middleeast/saudi-missile-defense.html

302 Die gängige Geschichtsauffassung im Westen ist, dass Nordkorea den Krieg begann. Es gibt dazu auch andere Auffassungen, die das in Frage stellen, siehe I. F. Stone: *The Hidden History of the Korean War*, Monthly Review Press 1952.

Sicherheitsgarantien von den USA gegenüber der Volksrepublik China, wodurch die Wiedervereinigung verschoben war.

Hunderttausende Chinesen starben auf der koreanischen Halbinsel im Krieg gegen die USA und ihre Verbündeten, um die USA wieder hinter den 38. Breitengrad zurückzudrängen und zu verhindern, dass amerikanische Soldaten dauerhaft direkt am Yalu/Amrok, dem Grenzfluss zwischen Nordkorea und China, stationiert sind.

Seit 2003 versucht China auf Wunsch der USA, zwischen Washington und Pjöngjang zu vermitteln, wobei in den Drei-Parteien-Gesprächen (Nordkorea, USA, China) und später den Sechs-Parteien-Gesprächen (zusätzlich Japan, Südkorea und Russland) beachtliche Ergebnisse erzielt wurden, die aber aus verschiedenen Gründen weder von den USA noch von Nordkorea entsprechend umgesetzt wurden und damit scheiterten.[303]

Aufgrund der internationalen Entwicklungen kann man Forderungen Nordkoreas nach Sicherheitsgarantien, einen Verzicht der USA auf »Regimewechsel« und die Aufhebung der Sanktionen als Gegenleistung gegen den Verzicht auf Entwicklung von Raketen und Nuklearwaffen verstehen. Kann man Vereinbarungen mit den USA als Garantie jedoch trauen?

China unterstützt die von den USA vorgeschlagenen Wirtschaftssanktionen, soweit sie im UNO-Sicherheitsrat beschlossen wurden. Die USA verhängen aber auch unilateral Sanktionen gegen chinesische Unternehmen und beschuldigen China, dass es die UNO-Resolutionen nicht konsequent umsetze, was der Zusammenarbeit zur Lösung des Problems nicht förderlich ist.

Die neuen Entwicklungen des Jahres 2018 geben Hoffnung auf einen Weg zu einer friedlichen Lösung. Wird sich eine innerkoreanische Achse etablieren, die es wagt, sich auch gegen die USA zu stellen? Nordkorea hat seine Bereitschaft erklärt, über eine Entnuklearisierung der Halbinsel zu verhandeln. Was bieten die USA an? Gibt es die notwendige Sicherheitsgarantie für Nordkorea, die als Voraussetzung für nukleare

---

303 Eine detaillierte Schilderung der Vermittlungsbemühungen von Fu Ying, dem Vorsitzenden des Auswärtigen Ausschusses des Nationalen Volkskongresses, in Fu Ying: The Korean Nuclear Issue: Past, Present, and Future. A Chinese Perspective, *John L. Thornton China Center, Brookings*, Mai 2017, https://www.brookings.edu/wp-content/uploads/2017/04/north-korean-nuclear-issue-fu-ying.pdf

Abrüstung nötig ist? Sind die USA bereit, ihren Atomwaffenschirm über Korea abzuspannen und ihre Truppen aus Südkorea abzuziehen, was ein Rückschlag für die Bemühungen wäre, China einzudämmen? Wie ist gesichert, dass die USA ihr Wort halten? Werden die Wirtschaftssanktionen gelockert, tatsächlich gelockert, nicht so wie beim Iran? Welche Zeitspanne der Umsetzung ist realistisch und akzeptabel? Trotz Gesprächen auf höchster Ebene ist nicht mit einer raschen Umsetzung einer Lösung zu rechnen; realistisch betrachtet wird es auch Rückschläge geben. Die USA haben 2018 vorsorglich den früheren Oberbefehlshaber des US-Pacific Command, den Navy-Admiral Harry Harris,[304] als neuen Botschafter bestellt, einen Falken und China-Feind, der sicher genau darauf achten wird, dass Südkorea auf Linie bleibt.

Die USA fassen noch immer die Möglichkeit eines Krieges (sogar atomar?) und den Zusammenbruch Nordkoreas mit hunderttausenden Toten und Millionen Flüchtlingen Richtung China und Südkorea ins Auge. Es könnte ihr strategisches Ziel sein, auf diesem Weg eine Wiedervereinigung Koreas unter einer von den USA abhängigen Regierung anzustreben. Sie verletzen damit die Resolutionen des UNO-Sicherheitsrates, zuletzt die Sicherheitsratsresolution 2397 vom 22. Dezember 2017,[305] die in Punkt 26 festhält, dass »die USA und die KDVR die gegenseitige Souveränität und friedliche gemeinsame Existenz respektieren sollen« sowie in Punkt 27 die Verpflichtung zu einer »friedlichen, diplomatischen und politischen Lösung der Situation« ausgedrückt wird.

Durch die mehrmaligen China-Besuche des nordkoreanischen Präsidenten Kim Jong Un im Jahr 2018 hat sich das Verhältnis zwischen den beiden Ländern stark verbessert und ist enger geworden. Wie relevant im Falle eines US-Angriffs auf Nordkorea der 1961 zwischen China und Nordkorea abgeschlossene Chinesisch-Koreanische Vertrag über Freundschaft, Zusammenarbeit und gegenseitigen Beistand ist, ist schwer zu sagen. Es ist jedenfalls nicht zu erwarten, dass China zulässt, dass jemals wieder US-Truppen am Yalu/Amrok auftauchen und dort Stützpunkte errichten.

---

304 Harris kommandierte auch einige Jahre lang den US-Stützpunkt Guantánamo auf Kuba, dem das Gefangenenlager unterstellt ist.
305 Original siehe https://undocs.org/S/RES/2397(2017)

USA in Myanmar: Von der Ausrüstung
von Kampfgruppen zur Blockade des Meerzugangs

Die USA versuchen seit dem Zweiten Weltkrieg, in Myanmar politisch und militärisch Fuß zu fassen, denn Myanmar grenzt an China und kann China einen Zugang zum Indischen Ozean bieten.

Als die chinesische Volksbefreiungsarmee im Dezember 1949 die südwestliche Provinz Yunnan erreicht hatte, flohen die Truppen der Guomindang (der Partei von Tschiang Kai-schek) nach Burma (heute Myanmar) in den Shan-Staat. Während es anfangs 1500 Mann waren, wuchs diese von den USA bzw. von der CIA und Taiwan unterstützte Armee[306] bis 1952 auf 12 000 Mann an. Die USA bildeten die Soldaten in Thailand aus und schickten sie wieder nach Burma zurück. Der strategische Hintergrund: Tschiang Kai-schek wollte von Burma aus China zurückerobern, die USA wiederum wollten zur Entlastung ihrer Korea-Front im Südwesten Chinas eine zweite Front aufbauen und dadurch das chinesische Militär binden. Der Anführer, General Li Mi, versuchte von Burma aus, in Yunnan einzudringen, erlitt aber durch chinesische Regionaleinheiten schwere Verluste. Die Truppen weigerten sich weiterzukämpfen, ließen sich in Burma nieder, heirateten und stiegen in den Opiumanbau und -handel ein.[307] Die burmesische Regierung forderte die Guomindang bzw. Taiwan auf, sich entweder zu ergeben oder Burma zu verlassen. Burma beschwerte sich formal bei den Vereinten Nationen und erreichte schließlich, dass die USA den Rückzug der Truppen nach Taiwan verhandelten. Die zögerlich abziehenden Resttruppen wurden erst 1960/1961 durch gemeinsame chinesisch-burmesische Militäraktionen vertrieben; viele gingen nach Thailand und Laos, in das sogenannte »Goldene Dreieck«.

Als Folge dieser Ereignisse war das Verhältnis zwischen den USA und

---

306 Vom Oberkommandierenden in Korea, General McArthur unterstützt, von Präsident Truman angeordnet; über Thailand bzw. Luftbrücken aus Taiwan, CIA-Operation-Paper.

307 Es wird allgemein angenommen, dass die CIA am Drogenhandel beteiligt war. Details siehe: Peter Dale Scott, Operation Paper: The United States and Drugs in Thailand and Burma, *Asia-Pacific Journal*, 1. November 2010, https://apjjf.org/-Peter-Dale-Scott/3436/article.html

Burma/Myanmar, das sich aus dem Kalten Krieg herauszuhalten versuchte, sehr frostig.

Die USA gaben jedoch nicht auf. Sie kooperierten mit aufständischen Minderheiten, um so Zugang in die Grenzregionen zu China zu bekommen. 2007 klagte die myanmarische Regierung die USA an, Aufständische militärisch auszubilden und dass die CIA einen Kommandanten der Karen National Union, der mit der Militärregierung gerade einen Waffenstillstand ausverhandelt hatte, auf dem Rückweg töten ließ.[308]

Nachdem führende Militärs durch den wirtschaftlichen Druck der USA und ihrer Verbündeten allmählich mürbe wurden und Reformen im wirtschaftlichen und politischen Bereich zusagten, wurden chinesische Großprojekte auf Wunsch der USA gestoppt oder abgesagt. Der von der China Power Investment Corporation aufgrund von Verträgen mit der myanmarischen Regierung begonnene Bau des Myitsone-Staudamms am Fluss Ayeyarwady (Irrawaddy), der das energiearme Myanmar zu einem gewissen Anteil versorgt hätte, wurde 2011 überraschend gestoppt, wobei WikiLeaks enthüllte, dass die US-Botschaft in Myanmar Protestgruppen, die den Damm bekämpften, finanziell unterstützt hatte.[309] Die amerikanisch finanzierte NGO International Rivers setzte sich weltweit und über Kooperationspartner auch vor Ort dafür ein, das Projekt zu stoppen.

Es gelang den USA auch, die Regierung dazu zu bringen, den Bau der Bahnverbindung, die parallel zum Energiekorridor China–Myanmar (Erdöl- und Erdgasleitungen) vom chinesischen Kunming durch ganz Myanmar bis zum Tiefseehafen Kyaukpyu führen sollte, vorübergehend zu stoppen. Die USA wollen verhindern, dass chinesische Unternehmen für Importe und Exporte die Straße von Malakka umgehen können.

Während seiner ersten Amtszeit versuchte Obama, diese strategische Lücke in Washingtons Einkreisung der eurasischen Landmasse zu schließen. Er schickte Hillary Clinton als erste Außenministerin seit mehr als 50 Jahren zu einem offiziellen Besuch nach Burma; er

308 Burma Accuses CIA of Involvement in KNU Assassination, *Narinjara*, 11. August 2018, http://www.narinjara.com/details.asp?id=1434

309 WikiLeaks cables: Americans funded groups that stalled Burma dam project, *The Guardian*, 30. September 2011, https://www.theguardian.com/world/2011/sep/30/us-embassy-cables-burma-myitsone-dam

ernannte den ersten Botschafter seit 22 Jahren; im November 2012 besuchte er als erster US-Präsident das Land.[310]

Zug um Zug wurden auch die Sanktionen gelockert.

Nach vom deutschen *Spiegel* 2010 enthüllten WikiLeaks-Informationen errichteten die USA auf dem Gelände ihrer Botschaft in Yangon (Rangun) eine große elektronische Überwachungsstation, die nach China ausgerichtet ist. Die Einrichtung wird von CIA und NSA gemeinsam betrieben.[311]

Die USA merkten im Lauf der Jahre, dass es ihnen nicht gelingt, den Einfluss des Militärs zu brechen und dass auch die frühere Oppositionspolitikerin Aung San Suu Kyi die ihr zugedachte Rolle als Vertreterin der US-Interessen nicht erfüllt, sondern sich primär auf die Friedensstiftung im Land und die wirtschaftliche Entwicklung in Kooperation mit den Militärs konzentriert. Aung San Suu Kyi schließt strategische Deals mit China ab. So wurde die Genehmigung zum Bau des Tiefseehafens Kyaukpyu erteilt. Internationales Interesse erlangte Myanmar im Jahr 2017, als in Rakhine (Rakhaing) muslimische Terroristen der Arakan Rohingya Salvation Army (ARSA) Polizeistationen sowie einen Armeestützpunkt angriffen und zwölf Polizisten töteten. Die Terroristen griffen auch buddhistische und hinduistische Dörfer an und ermordeten Zivilisten. Das myanmarische Militär schlug unverhältnismäßig hart zurück, viele überwiegend von Muslimen bewohnte Dörfer wurden angezündet und hunderttausende Menschen in die Flucht getrieben. Blitzartig begann eine weltweite Medien- und NGO-Kampagne gegen Myanmar und im Speziellen gegen Aung San Suu Kyi, was nicht möglich gewesen wäre, wenn diese Kampagne nicht von US-amerikanischen Stellen entsprechend vorbereitet worden wäre.

Die Medienoffensive hat globalstrategische Hintergründe. Durch den Teilstaat Rakhine führen die beiden Pipelines nach China; der Tiefseehafen Kyaukpyu, der gerade mit chinesischer Unterstützung gebaut wird, liegt

310   Alfred W. McCoy: Grandmaster of the Great Game, Obama's Geopolitical Strategy for Containing China, *TomDispatch*, 15. September 2015, http://www.tomdispatch.com/post/176044/tomgram%3A_alfred_mccoy,_maintaining_american_supremacy_in_the_twenty-first_century/

311   Tim McLaughlin, Nyan Lynn Aung: US embassy in Yangon a secret listening post: Snowden, *Myanmar Times*, 31. Oktober 2013, https://www.mmtimes.com/national-news/8646-us-embassy-in-yangon-a-secret-listening-post-snowden.html

ebenfalls in Rakhine. Es liegt im geopolitischen Interesse der USA, China den Zugang zum Indischen Ozean zu versperren.

Wer steckt hinter der Terrorgruppe ARSA? Laut einem Bericht der International Crisis Group[312] wird die Organisation von einem Führungskomitee von zwanzig Rohingya-Emigranten geleitet, die sich nun in Mekka befinden und in Pakistan ausgebildet wurden. Die ARSA strebt nach Aussagen der myanmarischen Regierung die Unabhängigkeit eines islamischen Staates Rakhine an. Damit hätten die USA China den Zugang zum Indischen Ozean abgeschnitten. Eine Verschwörungstheorie? Man sollte sich vor Augen halten, dass die USA schon öfter islamistische Gruppen unterstützt haben, wenn es ihnen nützt – so z. B. in Afghanistan, in Libyen und in Syrien.

Die USA versuchen, die myanmarische Regierung zu schwächen und demontieren Aung San Suu Kyi in aller Öffentlichkeit. Der US-Diplomat Bill Richardson sagte, es mangle ihr an »moralischer Führungskraft«.[313] Die von den amerikanischen Organisationen unterstützten und ausgebildeten NGOs richten sich nun auch gegen Aung San Suu Kyi. Der heftige Flirt zwischen den USA und Myanmar ist vorbei.

Afrika: Globalstrategisches Aufmarschgebiet – Wirtschaftsentwicklung gegen Militärpräsenz

Afrika war und ist für das öffentliche Bewusstsein in Europa neben einem Rohstofflieferanten hauptsächlich Zielkontinent für Hilfe und karitative Tätigkeit, ein Exportgebiet für die Mitleidsindustrie. Es rückte in Europa erst wieder durch die Flüchtlingsströme der letzten Jahre stärker ins Interesse, und da oft rassistisch beleuchtet, negativ besetzt.

Für China ist Afrika in vielerlei Hinsicht seit Längerem interessant. Mitte der 1990er Jahre wurde China vom Ölexporteur zum Ölimporteur; Öl und Gas aus Afrika sind von großem Interesse. Außer Öl bietet Afrika viele andere

---

312 Myanmar: A New Muslim Insurgency in Rakhine State, *International Crisis Group*, 15. December 2016, https://www.crisisgroup.org/asia/south-east-asia/myanmar/283-myanmar-new-muslim-insurgency-rakhine-state

313 Aung San Suu Kyi lacks 'moral leadership', says US diplomat as he quits Rohingya panel, *The Guardian*, 24. Januar 2018, https://www.theguardian.com/world/2018/jan/25/aung-san-suu-kyi-lacks-moral-leadership-us-diplomat-bill-richardson-quits-rohingya-panel

Rohstoffe, die China benötigt. Es ist auch ein rasant wachsender Markt für chinesische Investitions- und Konsumgüter. Mit 54 Staaten und mehr als einer Milliarde Menschen stellt der Kontinent mehr als ein Viertel der UNO-Mitgliedsstaaten und ist in vielen internationalen Foren der größte Block. Er wird eine große Rolle in der Gestaltung einer neuen Weltordnung spielen. Neben Südafrika, das ein BRICS-Mitgliedsland ist, kommen auch andere Länder mit ökonomischem Potenzial für die Entwicklung einer multipolaren Weltordnung infrage, vor allem die bevölkerungsreichen Länder Nigeria und Äthiopien. China versucht im Geiste der Süd–Süd-Kooperation, die lokalen Wirtschaften zu stärken und deren Unabhängigkeit zu unterstützen, damit diese international eine eigenständige politische und wirtschaftliche Position vertreten können. Es verfolgt einen »Win-Win«-Ansatz, um seine wirtschaftlichen Interessen zu verstärken. Chinesische Unternehmen sind im Energie- und Bergbaubereich und in der Telekommunikationsbranche tätig; sie errichteten und finanzierten bis 2018 6000 Kilometer an Schnellstraßen, 6500 Kilometer Eisenbahntrassen, 200 Schulen und 80 Sportstadien sowie Häfen, Flughäfen und Krankenhäuser.[314]

Port Sudan ist – nach einer kurzen Strecke über das Meer – der ideale Ausgangspunkt für die Verlängerung der Neuen Seidenstraße über den Wirtschaftskorridor China–Pakistan (CPEC) in die mittelafrikanischen Länder Sudan, Äthiopien und Nigeria. Es ist ökonomisch sinnvoll, die beiden bevölkerungsreichsten Länder – Nigeria und Äthiopien – durch Eisenbahnlinien und Straßenverbindungen zu vernetzen. Chinas Aktivitäten orientieren sich an Entwicklungsplänen der Afrikanischen Union (Hochgeschwindigkeitseisenbahnnetzwerk, ein Vorzeigeprojekt in der »Agenda 2063«) bzw. regionalen Entwicklungsplänen. Geplant ist z. B. die Verbindung Sudan–Tschad–Kamerun nach Nigeria, einem wichtigen Knoten in Richtung Westen auf dem Sahel–Sahara-Abschnitt der Seidenstraße (Dakar bis Dschibuti).

Den aggregierten Bestand an ausländischen Direktinvestitionen gerechnet, hat China nicht einmal die Hälfte von Großbritannien und Frankreich und fast nur ein Drittel der USA, es ist aber größter Außenhandelspartner Afrikas und bei Weitem stärkster Geldgeber für Infrastruktur. Nach einem

314 Chinese diplomat rebukes Tillerson's untrue remarks about China-Africa relations, *Global Times*, 13. März 2018, http://www.globaltimes.cn/content/1093029.shtml

Bericht der Beraterfirma McKinsey vom Juni 2017 sind 90 % dieser chinesischen Firmen in privater Hand.

> (Sie) stellen die Idee einer monolithischen, staatlich koordinierten Investitionsoffensive von »China, Inc.« in Frage. Obwohl staatliche Unternehmen tendenziell größer sind, insbesondere in bestimmten Sektoren wie Energie und Infrastruktur, zeigt die schiere Anzahl privater chinesischer Unternehmen, die auf ihre eigenen Gewinne hinarbeiten, an, dass chinesische Investitionen in Afrika ein stärker marktgetriebenes Phänomen sind als gemeinhin angenommen wird.[315]

McKinsey resümiert:

> Alles in allem sind wir der Ansicht, dass Chinas wachsendes Engagement für die afrikanischen Volkswirtschaften, Regierungen und Arbeitnehmer äußerst positiv ist.

Das heißt natürlich nicht, dass es nicht auch Probleme in der Zusammenarbeit und Verbesserungsmöglichkeiten gibt.

Militarisierung Afrikas durch die USA

Nachdem US-Präsident Trump während eines G20-Arbeitstreffens zu Afrika aus Desinteresse den Raum verließ und afrikanische Länder als *»shithole countries«*[316] bezeichnete, verhielt sich sein ehemaliger Außenminister Rex Tillerson bei Terminen mit afrikanischen Vertretern ähnlich. Seinen Termin mit dem in die USA eingeladenen Vorsitzenden der Afrikanischen Union, Moussa Faki, ließ er in letzter Minute absagen; bei seiner Afrikareise im März 2018 sagte er in Kenia kurzfristig Termine wegen angeblichen Unwohlseins ab. Dies zeigt den geringen Stellenwert, der der Förderung der Wirtschafts-

---

315 Kartik Jayaram, Omid Kassiri, Irene Yuan Sun: The closest look yet at Chinese economic engagement in Africa, *McKinsey*, Juni 2017, https://www.mckinsey.com/global-themes/middle-east-and-africa/the-closest-look-yet-at-chinese-economic-engagement-in-africa

316 Ali Vitali, Kasie Hunt, Frank Thorp V: Trump referred to Haiti and African nations as 'shithole' countries, *NBC News*, 12. Januar 2018, https://www.nbc-news.com/politics/white-house/trump-referred-haiti-african-countries-shithole-nations-n836946

entwicklung in Afrika beigemessen wird. Tillerson warnte (bzw. drohte) auch, die afrikanischen Staaten sollten sich vor China in Acht nehmen und nicht in eine »Schuldenfalle«[317] tappen – wobei jeder weiß, dass kein Land gegenüber China so verschuldet ist wie die USA. Die passende Antwort gab ihm Moussa Faki in Addis Abeba: »Ich denke, dass die Afrikaner reif genug sind, Partnerschaften nach ihrem eigenen Willen einzugehen.«[318] Und der chinesische Botschafter in Südafrika, Lin Songtian, analysierte die amerikanischen Warnungen folgendermaßen:

> Was sie wirklich wollen, ist Afrika so zu erhalten, wie es war, arm und geteilt, damit es immer von anderen kontrolliert wird. Worüber sie sich Sorgen machen, ist Afrikas Verwirklichung einer wirtschaftlichen Unabhängigkeit mit Chinas Unterstützung. Was sie beunruhigt, ist ein starkes Afrika, das nicht mehr politisch herumkommandiert werden kann.[319]

Nachdem die USA mit den vielen chinesischen Wirtschaftsinitiativen in Afrika ökonomisch nicht mithalten konnten und können, haben sie ihr langfristiges Augenmerk auf die militärischen Aspekte gerichtet. Die militärischen Pläne laufen langfristig, egal welcher Präsident gerade werkt. Trump verringerte die Afrika-Hilfe im Budget 2018 um 30 %, und im Rahmen der Umstrukturierung des Außenministeriums wurden einige zivile Programme sowie Programme der staatlichen Hilfsorganisation USAID dem Verteidigungsministerium überantwortet.

Das geopolitische Interesse der USA an Afrika zeigt die Gründung des Afrika-Kommandos (AFRICOM) im Jahr 2007, eines der weltweit sechs regionalen Kampfkommandos der USA. Nachdem die USA in Afrika kein Land finden konnten, das das AFRICOM-Oberkommando aufnehmen wollte, hat es seit seiner Gründung seinen Sitz in Stuttgart. Von Deutschland aus wird

---

317 »Schuldenfalle« ist der neue Polit-Kampfbegriff der USA gegen die Finanzierung von Infrastrukturinvestitionen in Ländern in Entwicklung durch China.

318 Gardiner Harris: Tillerson, in Africa, Dodges Questions on Vulgarity and Trolling, *New York Times*, 8. März 2018, https://www.nytimes.com/2018/03/08/world/africa/tillerson-africa-shithole-russia.html

319 Chinese diplomat rebukes Tillerson's untrue remarks about China-Africa relations, *Global Times*, 13. März 2018, http://www.globaltimes.cn/content/1093029.shtml

Krieg in Afrika geführt. Unter dem Deckmantel des »Krieges gegen den Terror« werden strategische militärische Positionen in ganz Afrika aufgebaut, um im Falle einer Konfrontation mit China auch in Afrika entsprechende Hebel zur Verfügung zu haben und Rohstoffe für die USA sichern oder China verweigern zu können.

Nach den Aussagen des kommandierenden Generals Thomas D. Waldhauser im *AFRICOM Posture Statement 2017* an den Streitkräfteausschuss des Senats hat er schon zwei »negative externe Kräfte« in Afrika ausfindig gemacht – China und Russland:

> Diese Konkurrenten schwächen die Regierungsfähigkeit unserer afrikanischen Partner. Sie werden letztlich die langfristige Stabilität und das Wirtschaftswachstum Afrikas behindern, und sie werden auch den Einfluss der USA untergraben und verringern – eine Botschaft, die wir unseren Partnern weiterhin mitteilen müssen.[320]

Die offizielle Truppenstärke des AFRICOM beträgt 7200 Kampftruppen und 1000 angeheuerte Söldner. Nach Medienberichten sind bis zu 12 000 Mann in Afrika im Einsatz, zuzüglich Söldner und CIA-Einheiten.[321] Unbemerkt sogar vom US-Kongress sind immer mehr Spezialeinheiten tätig. Der Tod von vier Soldaten einer Armee-Spezialeinheit im Niger Anfang 2018 rüttelte die USA auf. 4000 Mann sind nach Aussagen von Waldhauser auf der größten US-Basis in Afrika, in Camp Lemonnier (Dschibuti) stationiert sowie in Somalia und Kenia.[322] In Stuttgart halten sich 2000 Mann des AFRICOM auf.

Recherchen zeigen, dass die USA an strategisch wichtigen Punkten in ganz Afrika mehr als sechzig Außenposten und Zugangspunkte platziert haben, sogenannte »Seerosenblätter« *(lily pads)*, kleine Stützpunkte, die als Waffen-, Munitions- und Benzinlager sowie Unterkünfte dienen.

320 AFRICOM 2017 Posture Statement, *AFRICOM*, http://www.africom.mil/media-room/document/28720/africom-2017-posture-satement
321 Eric Margolis: Mission creep in darkest Africa. US Military Expands its Operations Throughout the Continent, *GlobalResearch*, 8. November 2017, https://www.globalresearch.ca/mission-creep-in-darkest-africa-us-military-expands-its-operations-throughout-the-continent/5617349
322 Todd South: AFRICOM 4-star faces questions on US troops killed in Niger ambush, *Military Times*, 6. März 2018, https://www.militarytimes.com/news/your-army/2018/03/06/africom-4-star-faces-questions-on-us-troops-killed-in-niger-ambush/

Diese Stützpunkte, Lager, Gebäude, Hafenanlagen, Treibstoffbunker und andere Standorte findet man in mindestens 34 Ländern – mehr als 60 % der Nationen auf dem Kontinent –, viele von ihnen korrupte, repressive Staaten mit einer schlechten Menschenrechtssituation. Die USA (...) haben fast dreißig Abkommen geschlossen, um internationale Flughäfen in Afrika als Auftankzentren nutzen zu können.[323]

Solche Sammelpunkte, Einsatzstützpunkte (*forward operating locations*, FOLs) und andere Außenposten, viele in Aufklärungs-, Überwachungs- und Spezialeinsätzen gebraucht, wurden in Burkina Faso, Kamerun, der Zentralafrikanischen Republik, im Tschad, in Äthiopien, Gabun, Ghana, Kenia, Mali, im Niger, im Senegal, auf den Seychellen, in Somalia, im Süd-Sudan und in Uganda gebaut. Es soll auch Zugang zu Außenposten in Algerien, Botswana, Namibia, São Tomé und Príncipe, Sierra Leone, Tunesien und Sambia geben.[324]

Die US-Spezialtruppen operierten 2017 nach Auskunft des AFRICOM-Kommandanten Gene LeBoeuf vorwiegend in Burkina Faso, im Tschad, in Mali, Mauretanien und im Niger.[325] Der amerikanische Enthüllungsjournalist Nick Turse recherchierte, dass die USA im Jahr 2017 Militäraktionen in 33 afrikanischen Ländern durchführten.[326]

Für 2018 sind 80 % der Aktivitäten auf den Niger, Nigeria, den Tschad und Kamerun sowie das Tschad-See-Becken fokussiert, also just auf die Gebiete, in denen Ost-West-Verbindungen von Bahnlinien und Straßen errichtet werden sollen; das wird schwierig in einer Kampfzone von US-Spezialeinheiten, und es ist wohl kein Zufall. LeBoef schildert auch stolz, dass die Zahl der Einsätze von 186 im Jahr 2017 auf 271 im Jahr 2018 erhöht wird.

323   Nick Turse: America's Empire of African Bases, *TomDispatch*, 17. November 2015, http://www.tomdispatch.com/blog/176070/tomgram:_nick_turse,_america's_empire_of_african_bases/

324   Siehe Nick Turse, a. a. O.

325   Meghann Myers: US Army Africa turns focus to Lake Chad Basin, increases exercises to deter emerging extremist groups, *Army Times*, 9. Oktober 2017, https://www.armytimes.com/news/your-army/2017/10/09/us-army-africa-turns-its-focus-to-lake-chad-basin-increases-exercises-to-deter-emerging-extremist-groups/

326   Nick Turse: The Next Niger, *Vice*, 29. November 2017, https://news.vice.com/en_ca/article/bjddq8/everything-we-know-about-u-s-special-ops-are-doing-in-33-african-nations

Zu den Einsätzen der Armee kommen die Einsätze der CIA-Spezialeinheiten, der Luftwaffe und der Marine, die im Golf von Guinea Öl- und Flüssiggas-Exporte nach China im Auge behalten.

Neben Kampfeinsätzen ist ein Schwerpunkt des US-Militärs die Ausbildung von Armeen ihrer »Partner« in Afrika. Das ist ein bewährtes Mittel, mit dem die USA durch persönliche Kontakte und Vertrautwerden mit amerikanischen Waffen die persönliche Abhängigkeit der Militärs vor Ort forcieren. Offiziell wird Terrorismus – die »größte Bedrohung für die amerikanischen Interessen« – ausfindig gemacht. Im *AFRICOM Posture Statement 2018* heißt es dazu:

> Das Afrika-Kommando der USA bietet Menschenrechtsausbildungen an, um die Streitkräfte den Menschen gegenüber rechenschaftspflichtiger zu machen und die Missbräuche und Einflussfaktoren für die Radikalisierung der Zivilbevölkerung zu verringern.[327]

Wie erfolgreich ist das AFRICOM bei der Stärkung von Demokratie und der Bekämpfung von Terrorismus? Kurz gesagt: Es gibt kein Land in Afrika, in dem Interventionen von US-amerikanischen Spezialkommandos und Drohnenangriffe Frieden und Stabilität herstellten. Ein Beispiel:

> Während die USA Jahr für Jahr das nigerianische Militär im Rahmen der »Flintlock« -Manöver trainierten und mit ihnen zusammenarbeiteten, wuchs zum Beispiel Boko Haram von einer obskuren radikalen Sekte in Nord-Nigeria zu einer gewaltigen regionalen Aufstandsbewegung heran, die in Nigeria Tausende und im Tschad sowie in Kamerun noch mehr Menschen getötet hat. Und Boko Haram ist nur eine Terrororganisation, neben al-Qaʻida im islamischen Maghreb, al-Murabitun, der Bewegung für Einheit und Dschihad in Westafrika, und Ansaru, die alle in einem Land nach dem anderen Chaos angerichtet haben.[328]

327   United States Africa Command 2018 Posture Statement, *United States House of Representatives*, http://docs.house.gov/meetings/AS/AS00/20180306/106953/HHRG-115-AS00-Wstate-WaldhauserT-20180306.pdf
328   Nick Turse: Problem Partners, Ugly Outcomes, *Huffington Post*, 10. September 2015, https://www.huffingtonpost.com/nick-turse/problem-partners-ugly-outcomes_b_8118686.html

Die Menschenrechtsausbildungen der USA sind auch nicht sehr wirksam gewesen: 2012 stürzte in Mali ein von den USA ausgebildeter Offizier die demokratisch gewählte Regierung; amerikanische Truppen waren für die nächsten angesagten Übungen bereits im Lande.

2014 stürzte Yacouba Isaac Zida die Regierung von Burkina Faso. Zida ist ein Offizier, der seinen Master in Internationalem Management in Frankreich, an der Universität Lyon, gemacht und an der Defense Department's Joint Special Operations University in den USA seine militärische Spezialausbildung erhalten hatte.

Auch in Mauretanien gab es 2005 und 2008 Putsche von Militärs, die von den USA unterstützt wurden; ebenso 2010 im Niger.

Und während es Berichte von Menschenrechtsgruppen gab, dass US-Partnerarmeen Kindersoldaten einsetzen und Menschen massakrieren, führten US-Spezialeinheiten weiter Seite an Seite mit diesen Truppen Militärübungen durch.[329]

Wenn man sich die breite Verteilung der US-Stützpunkte über Afrika ansieht, die Misserfolge im Kampf gegen den Terrorismus und die Missachtung der Demokratie trotz großmäuliger gegenteiliger Ansagen, liegt es auf der Hand, dass es Hintergedanken bei der militärstrategischen Positionierung gibt. Und diese können nur lauten: Positionierung gegen China, Behinderung chinesischer Interessen, Sicherung strategisch wichtiger Rohstoffe für die USA.

Beide Kongos im Visier der USA

Einige afrikanische Länder sind ins Schussfeld der USA geraten, da sie in Kooperation mit chinesischen Unternehmen ihre großen Infrastrukturprobleme angehen wollen, die ihre Entwicklung behindern. Die zinsgünstige Finanzierung erfolgt teilweise nach dem Schema »Infrastrukturausbau gegen Rohstoffe«. Der Vorteil für die afrikanischen Länder besteht darin, dass sie kein Geld in die Hand nehmen müssen und ihr Budget nicht belastet wird.

Bekannt wurde der »*Contrat Chinois*« (»chinesischer Vertrag«), den die Demokratische Republik Kongo (Kinshasa) 2008 schloss und der den Austausch von 10,6 Millionen Tonnen Kupfer und 600 000 Tonnen Kobalt aus der Region Katanga gegen die Finanzierung von 9 Milliarden US-Dollar in

329 Details siehe Nick Turse, a. a. O.

die Infrastruktur des Landes vorsah: 3215 Kilometer Bahnstrecken, ca. 7000 Kilometer Straßen, 177 Krankenhäuser und Gesundheitszentren, zwei Wasserkraftwerke, zwei Universitäten und 5000 Wohneinheiten.[330]

Die erfolgreiche Umsetzung solcher komplexer Vereinbarungen, die nur China bieten kann, rief die USA auf den Plan. Nicht nur die erfolgreiche Kooperation des ersten demokratisch gewählten kongolesischen Präsidenten Joseph Kabila mit chinesischen Unternehmen, sondern auch die Erhöhung der Förderabgaben auf Kobalt von lächerlichen 2 % auf 10 % trifft auf Widerstand aus den USA.

Die USA setzen NGOs wie International Rivers ein, die u. a. vom Rockefeller Brothers Fund und der MacArthur Foundation (in Summe 3,85 Millionen US-Dollar) finanziert wird und Wasserkraftprojekte in China und anderen Ländern behindern oder verhindern soll. Den Schaden trägt die Entwicklung in Afrika. Ein chinesisches Unternehmen hat – in Konkurrenz zu einem spanischen – auch angeboten, den lange geplanten Staudamm Inga III am Kongo zu bauen, der 40 % der in Afrika dringend benötigten Elektrizität liefern und Exporteinnahmen für den Kongo schaffen könnte. Das Staudammprojekt »Grand Inga« ist ein Vorzeigeprojekt der Afrikanischen Union. International Rivers fährt eine weltweite Kampagne gegen dieses Energieprojekt, das für Afrika so wichtig ist und derzeit auf Eis liegt.

2017 hat China von einem US-amerikanischen Konzern Mehrheitsanteile am Kupferbergwerk Tenke Fungurume in der kongolesischen Provinz Katanga gekauft. Als Nebenprodukt der Kupfer- und Nickelproduktion wird Kobalt erzeugt. In Tenke Fungurume lagern die weltweit größten Kupfer- und Kobaltvorkommen. Kobalt wird für die Produktion von Batterien für Elektroautos benötigt. Der Kauf hat große Bedeutung, da er China durch die Kontrolle über 62 % des globalen Kobalt-Marktes zum Weltmarktführer in der Entwicklung von Batterien für Elektroautos macht. Da China ca. 93 % des Kobalts aus dem Kongo einführt, ist es von der politischen Stabilität im Kongo abhängig.

Nach zwei Kongokriegen mit Millionen Toten (1960–1965 und 1996–2003) dürften die USA – um den chinesischen Einfluss zu reduzieren – an einem dritten werken und planen einen Regierungswechsel im Kongo.

330 Bruno Hellendorf: China and DRC: Africa's next Top Models? *Université catholique de Louvain*, Februar 2011, https://cdn.uclouvain.be/public/Exports%20reddot/pols/documents/NA13-INBEV-ALL.pdf

Das Szenario gleicht einer typischen »Farbrevolution«: Die Verzögerung von Präsidenten-Neuwahlen durch Kabila soll genutzt werden, um Moïse Katumbi durch Wahlen an die Spitze des Kongo zu hieven, den smarten, reichen früheren Gouverneur der Provinz Katanga mit engen Verbindungen in die USA. Wenn dieser durch Demonstrationen unterstützte Plan misslingt, könnte Plan B die Wiederaufnahme der schon im ersten Kongokrieg vorliegenden Idee einer der Abtrennung von Katanga sein.

Ein Hinweis in diese Richtung ist, dass der in Belgien (der ehemaligen Kolonialmacht) im Exil lebende Katumbi bei einem Besuch in New York im Juli 2016 Kontakte zu amerikanischen Söldnern hatte und dass einer der Söldner, die er in den USA getroffen hatte,[331] später in Katanga gesichtet und verhaftet wurde. Man nimmt an, dass es Vorbereitungen für den Aufbau einer Söldnertruppe gibt, und es ist zu befürchten, dass Wahlen zum jetzigen Zeitpunkt zu erneutem Chaos und einer politischen Spaltung im Kongo führen würden. Es gibt jedoch Kräfte, die das wohlwollend in Kauf nehmen.

Im Nachbarland Republik Kongo (Brazzaville) wurde eine »Farbrevolution« verhindert.[332] Es gab dort 2018 zwar Präsidentschaftswahlen, allerdings war das Ergebnis den USA und Frankreich nicht recht. Präsident Denis Sassou Nguesso wurde mit mehr als 60 % der Stimmen gewählt; Oppositionskandidaten zweifelten das Ergebnis mit Unterstützung der französischen Regierung, der EU und den USA an, die den Gegenkandidaten Guy-Brice Parfait Kolélas an der Macht halten wollten. Er hatte als Zweiter nur 15 % der Stimmen erhalten. Milizen bekämpften die Regierung mit Waffengewalt, wobei die Niederschlagung dieser Aufstände der Ninja-Nsilouhou-Milizen wegen angeblicher Bombardierung ziviler Ziele auch von Amnesty International unter Berufung auf anonyme Quellen verurteilt wurde.

Die USA und Frankreich wollen Nguesso ersetzen, da er enge Beziehungen zu China, Russland, Kuba und Brasilien aufgebaut hat, die den französischen und amerikanischen Einfluss schmälern.

---

331   RD Congo : Katumbi et le général, Jeune Afrique, 8. Juli 2016 und Exclusif – RDC : Moïse Katumbi a rencontré l'ex-marine Darryl Lewis à Washington, *Jeune Afrique*, 14. Juli 2016.

332   Details siehe Gearóid Ó Colmáin: Crisis in Congo-Brazzaville: France's hidden hand, *American Herald Tribune*, 27. April 2016, https://ahtribune.com/history/855-crisis-in-congo.html

Sudan oder: Wie zerteilt das Imperium ein nicht willfähriges Land

Die sudanesische Regierung hat immer Unabhängigkeit von Washington bewahrt, und so wie andere Länder, die Gleiches taten (Irak, Syrien, Libyen, Iran, Nordkorea, etc.), musste der Sudan dafür bitter bezahlen. Unfähig, die Ölförderung im Sudan zu kontrollieren, machten sich die USA daran, die Förderung bzw. Verteilung dieser für die Entwicklung des Landes lebenswichtigen Ressource zu stören. Durch Sanktionen (seit 1995), die Behauptung, der Sudan sei ein Terrorstaat, und das Anstacheln nationaler, regionaler und religiöser Antagonismen – eine altbewährte Taktik von Kolonialmächten – wird versucht, das Öl für den Sudan nicht verwertbar zu machen. China andererseits baute gute Beziehungen zur Regierung auf und lieferte Technologie für Erkundung, Bohren, Pumpen und die Vermarktung über eine Pipeline und kaufte große Teile des sudanesischen Öls. Im selben Jahr, als die USA Sanktionen gegen den Sudan verhängten, schloss China einen ersten Ölvertrag mit dem Sudan ab. 1999 begannen Chinas Investitionen in die Ölförderung im Sudan. China baute in Kooperation mit dem Sudan auch die 1600 Kilometer lange Greater Nile Oil Pipeline zum Hafen Port Sudan. Aus geostrategischen Gründen, um die von China dringend benötigte Erdölversorgung zu behindern, und wegen der Nähe des strategisch wichtigen Suezkanals unterstützten die USA zur Schwächung des Sudan die Aufstandsbewegungen im Südsudan (wo ursprünglich Öl entdeckt worden war).

Der langjährige Führer der Sudanesischen Volksbefreiungsarmee (SPLA) John Garang hatte viele Jahre zum Studium in den USA verbracht und erhielt auch eine militärische Ausbildung in Fort Benning (Georgia). Die USA dürften die SPLA über ihre Verbündeten Saudi-Arabien, Ägypten und Israel auch mit Waffen unterstützt haben.[333] Auch über Kenia gelangten mit Wissen und Unterstützung der USA Waffen an die SPLA, wie aus diplomatischem E-Mail-Verkehr ersichtlich ist.[334] Das

333 Richard Dowden: Israeli weapons 'bound for rebels' in southern Sudan: Arms may be destined for SPLA fight against Khartoum, *Independent*, 18. März 1994, http://www.independent.co.uk/news/world/israeli-weapons-bound-for-rebels-in-southern-sudan-arms-may-be-destined-for-spla-fight-against-1430077.html

334 Horand Knaup: A Discreet Deal for the War in Sudan, *Spiegel*, 9. Dezember 2010, http://www.spiegel.de/international/world/hijacked-weapons-a-discreet-deal-for-the-war-in-sudan-a-733775.html

US-Außenministerium ließ über das Sicherheitsunternehmen USIS militärische Ausbildungen durchführen.[335]

Der damalige US-Präsident George W. Bush, ein evangelikaler Christ, organisierte die Unterstützung der konservativen evangelikalen Kirchen und der Hollywood-Prominenz mit George Clooney an vorderster Front, um aus einem Öl- und geostrategischen und Konflikt einen Konflikt zwischen Christen und Muslimen zu machen und die Öffentlichkeit in den USA davon zu überzeugen, dass die Abspaltung des Südsudan im Sinne des Christentums unbedingt notwendig sei.[336]

Projekte, an denen chinesische Unternehmen beteiligt waren, wurden angegriffen, chinesische Arbeiter und Techniker entführt und getötet.

Die gelungene Abtrennung des Südsudan könnte für die USA ein Modell sein, wie es im Sudan weitergehen könnte, vor allem mit Darfur und mit dem Ostsudan.

Nach Unterzeichnung eines Friedensvertrages zwischen der Regierung Sudans und den Vertretern des Südens im Jahr 2005 auf Druck der USA[337] wandten die USA ihre Aufmerksamkeit der südwestsudanesischen Region Darfur zu.

Im April 2005 berichtete der sudanesische Energieminister Awad al-Jaz Reportern in Khartum, dass im Süden von Darfur ein riesiges Ölfeld entdeckt worden sei (von einem chinesischen Erdölunternehmen), vielleicht das weltweit größte außerhalb von Saudi-Arabien.[338]

Schon im Februar 2003 begannen zwei Rebellengruppen in Darfur Angriffe auf die sudanesische Armee, die hart zurückschlug. Idriss Deby, der in Frankreich zum Kampfpilot ausgebildete »Präsident auf Lebenszeit« des Tschad, unterstützte die Rebellen, indem er ihnen Waffen aus den USA

---

335 Nathan Hodge: Amid Arms Race, U.S. Trains Up South Sudan Army, *Wired*, 10. Juli 2009,https://www.wired.com/2009/07/amid-arms-race-us-trains-up-south-sudan-army/

336 Leslie Goffe: Hollywood's role in South Sudan's independence, *BBC*, 8. Juli 2014, http://www.bbc.com/news/world-africa-14050504

337 Die Unabhängigkeit wurde 2011 ausgerufen; drei Viertel der Ölreserven gingen an den Südsudan, die Verarbeitungsanlagen und Pipelines an die Küste verblieben beim Sudan.

338 Siehe F. William Engdahl: *Target: China. How Washington and Wall Street plan to cage the Asian dragon*, E-book edition 2014, Position 215.

lieferte. Die amerikanische Unterstützung für Deby war der Auslöser für ein Blutbad, das die ganze Region überzog.[339]

Die USA begannen die weltweite Kampagne »Rettet Darfur« (mitgegründet vom früheren US-Präsidenten Obama), die die Regierung des Sudan, vor allem Präsident Omar al-Baschir, des Völkermordes bezichtigte und die Ursachen des Konflikts (nämlich die Klimaveränderung, die existenzielle Konflikte zwischen Ackerbauern und Rinderzüchtern bewirkt) sowie die Einmischung der USA ignoriert. Mit dieser Kampagne wollte die Bush-Regierung auch die zeitgleich aufgedeckten Folterungen im irakischen Gefängnis Abu Ghraib aus dem öffentlichen Interesse verdrängen. Bush gelang es, eine breite Unterstützung von evangelikalen, zionistischen und nicht-religiösen Gruppen in den USA für seine Zwecke zu gewinnen. Er schlug vor, im Rahmen eines UNO-Mandats US-Truppen nach Darfur zu entsenden. Der Hintergrund war das Ziel, die chinesischen Erdölfelder unter Kontrolle zu bringen. Die USA konnten sich mit diesem Vorschlag international nicht durchsetzen.

Ein 2006 abgeschlossenes Friedensabkommen zwischen Präsident al-Baschir und einem der Rebellenführer wurde von den anderen Organisationen abgelehnt.

Die Teilung des Landes hat die Situation im Sudan keineswegs verbessert; im neuen Staat Südsudan bekämpfen sich jetzt zwei Christen: der Präsident Salva Kiir und sein Stellvertreter Riek Machar. Man sieht: Es geht nicht um Religion, sondern um Erdöl und Macht.

Die USA haben es nicht aufgegeben, sich in die inneren Angelegenheiten des Sudan einzumischen. Nächstes Ziel: bei geplanten Präsidentschaftswahlen 2020 al-Baschir durch einen den USA genehmen Kandidaten zu ersetzen. Der vom Internationalen Strafgerichtshof wegen »Verbrechen gegen die Menschlichkeit« angeklagte Präsident al-Baschir klagte in einem Interview Ende 2017 die USA an, den Sudan in fünf Teile aufspalten zu wollen.[340]

China konnte trotz der widrigen Lage seine Stellung im Sudan weiter ausbauen und ist aufgrund seiner pragmatischen und integrativen Außenpolitik sowie der Bereitschaft zu Investitionen in die Erdölindustrie und in die

---

339	Engdahl, a. a. O., Position 280.
340	Sudan President Accuses US of Seeking to Split Country Into 5 States, *Sputnik News*, 25. November 2017, https://sputniknews.com/africa/201711251059426070-sudan-base-talks-weapons-putin/

Infrastruktur zum Missfallen der USA auch im neuen Südsudan gut verankert. Chinesische Blauhelme sind an der UNO-Mission im Südsudan beteiligt.

Die gesamtafrikanische Perspektive wird, trotz aller Widrigkeiten, von der sudanesischen Regierung weiter verfolgt: Im November 2017 beauftragte die sudanesische Regierung eine chinesische Beratungsfirma, binnen zwölf Monaten eine Machbarkeitsstudie für eine Bahnverbindung Port Sudan mit der tschadischen Hauptstadt N'Djamena auszuarbeiten.

Libyen: Westliche Kampagne wegen Ungehorsam und Öl

Im März 2018 wurde der chinesische Energiekonzern PetroChina durch einen Vertrag mit der National Oil Company (NOC) wieder zu einem regelmäßigen Abnehmer libyschen Erdöls. Sieben Jahre zuvor hatte der Westen begonnen, Libyen ins Chaos zu stürzen.

Am 19. Dezember 2003 hatte Muammar al-Gaddafi, um die Integration Libyens in die internationale Gemeinschaft zu ermöglichen, bekanntgegeben, dass Libyen freiwillig alle Massenvernichtungswaffen und Langstreckenraketen vernichten werde. Die USA und Großbritannien unterstützten Libyen bei der Entsorgung von Ausrüstung und Material aus seinem Atomwaffenprogramm (das arabische Gegenprogramm zum israelischen) mit unabhängiger Überprüfung durch die Internationale Atomenergiebehörde (IAEO).

Die Bemühungen Gaddafis wurden jedoch nicht honoriert. Im Februar 2011 begannen nach dem Vorbild der »Farbrevolutionen« in Osteuropa Demonstrationen und Aufstände islamistischer Gruppen gegen den Gaddafi. Bewaffnet vom Westen (direkt bzw. über Saudi-Arabien), zettelten die Aufständischen einen Krieg an, unterstützt von NATO-Flugzeugen, deren Einsatz zur Errichtung einer sogenannten »Flugverbotszone« gedacht war, die von den USA und Frankreich aber zur Beteiligung am Kampf gegen die libysche Armee missbraucht wurde.

Während China noch vermitteln wollte und die Afrikanische Union eine Militärintervention ablehnte, bereitete die NATO entgegen dem Geist des Beschlusses des UNO-Sicherheitsrates bereits einen umfassenden Luftangriff vor. Die Ergebnisse sind katastrophal, wie bei allen westlichen Regimewechsel-Attacken, die unter dem Deckmantel der »Demokratisierung« stattfinden: zehntausende Tote, Zusammenbruch der staatlichen Ordnung, Unterbrechung der erfolgreichen Entwicklungsanstrengungen des Landes,

Perspektivlosigkeit der Bevölkerung, Hunger und Armut, Islamisierung und Flüchtlingsströme nach Europa.

Gaddafi war den USA und einigen europäischen Staaten seit Langem ein Dorn im Auge gewesen. Er verfolgte eine unabhängige Politik und versuchte, den afrikanischen Kontinent zu einen und vom Westen unabhängig zu machen. Er betrieb den Aufbau eines Afrikanischen Währungsfonds, einer Afrikanischen Nationalbank und einer Afrikanischen Investmentbank. Gaddafi plante die Ausgabe einer afrikanischen Währung, die zum Ärger Frankreichs den CFA-Franc ersetzt hätte, mit dem Frankreich mehrere westafrikanische Länder unter Kontrolle hält. Gaddafis Gelder dafür, 30 Milliarden US-Dollar, wurden von Obama auf amerikanischen Konten eingefroren.

Der stellvertretende Finanzminister unter dem früheren US-Präsidenten Ronald Reagan, der Republikaner Craig Roberts, sah im Krieg gegen Libyen auch einen gegen China gerichteten: »Die Proteste gegen Gaddafi (...) scheinen von der CIA im östlichen Teil von Libyen organisiert worden zu sein, wo das Öl ist und wo China beträchtliche Investitionen in den Energiesektor hat.«[341]

Dies scheint nicht unlogisch, waren doch nach offiziellen Angaben 75 chinesische Unternehmen in Libyen aktiv – Eisenbahnbau, Telekommunikationsinfrastruktur, Bewässerungsprojekte, Wohnsiedlungen, Ölförderung und Pipelinebau –, mit einem Investitionsvolumen von ca. 18 Milliarden US-Dollar. Außerdem bezog China einen nicht unbeträchtlichen Teil seines Rohöls aus Libyen.

Mehr als 30 000 Chinesen mussten aus Libyen evakuiert werden; knapp die Hälfte wurde mit Flugzeugen außer Landes gebracht, mit Autobussen über die Grenze nach Tunesien und Ägypten sowie mit Hilfe griechischer Schiffe nach Griechenland, Malta oder in die Türkei. China war gezwungen, sich unter großen finanziellen Verlusten rasch neue Ölvorkommen zu sichern.

China hat als Lehre aus der Libyen-Krise, als es galt, viele chinesische Arbeiter und Techniker rasch zu evakuieren, wegen einer notwendigen Anlaufstelle für Wartung und Reparatur chinesischer Schiffe sowie Erholung und medizinischer Betreuung der Schiffsbesatzungen einen Stützpunkt in

---

341 Paul Craig Roberts: Libya: The DC/NATO Agenda and the Next Great War, *Foreign Policy*, 7. April 2011, https://www.foreignpolicyjournal.com/2011/04/07/libya-the-dcnato-agenda-and-the-next-great-war/

Dschibuti eingerichtet. Das ist der einzige chinesische Stützpunkt in ganz Afrika. Die USA reagierten panisch. Obwohl sie selbst in ganz Afrika ihre Soldaten sitzen haben und auch Frankreich, Italien, Japan und bald auch Saudi-Arabien Stützpunkte in Dschibuti haben, fühlen sich die USA durch die chinesische Anwesenheit offensichtlich gestört. So formulierte der schon bekannte AFRICOM-Kommandant Waldhauser: »Beijing lässt in Afrika zunehmend die Muskeln spielen, um seinen Einfluss auszuweiten.«[342]

342 Idrees Ali, Phil Stewart: 'Significant' consequences if China takes key port in Dji-
bouti: U.S. general, *Reuters*, 7. März 2018, https://www.reuters.com/article/us-
usa-china-djibouti/significant-consequences-if-china-takes-key-port-in-djibouti-
u-s-general-idUSKCN1GI2V0

6. Der amerikanische Traum:
Spaltung Chinas und »Farbrevolution«

Die USA spielen eine ganze Reihe von Karten aus, um China zu spalten und langfristig einen Regimewechsel herbeizuführen.

Die Tibet-Karte

Viele westliche Buddhisten und Sympathisanten des Buddhismus haben die romantische Vorstellung, dass Tibet einst ein spirituell orientiertes Königreich, frei von egoistischem Lebensstil, materieller Orientierung und weltlichen Lastern war. Wenn sie sich mit der Geschichte Tibets befassen würden, wären sie schwer enttäuscht: In 170 Jahren wurden fünf Dalai Lamas trotz ihres gottähnlichen Status von ihren hohen Priestern oder anderen Höflingen ermordet.[343] Der 5. Dalai Lama holte die Mongolen ins Land, um eine konkurrierende Sekte ausmerzen zu lassen. Die nun herrschenden Gelugpa (Gelbmützen) setzten sich durch, doch es gibt weiterhin einige andere buddhistische Konfessionen, die parallel agieren.[344] Es gab und gibt schockierende blutige Auseinandersetzungen zwischen verschiedenen Konfessionen des tibetischen Buddhismus.[345] Auch der jetzige, 14. Dalai Lama, gekleidet in rote und gelbe Roben und Worte von Frieden und Weisheit auf den Lippen, war nicht zimperlich, um spirituelle Konkurrenz auszustechen. Er kritisierte den seit dem 17. Jahrhundert von vielen Menschen verehrten Schutzgott Dorje Shugden als »bösen Geist« und forderte, dass seine Anbetung eingestellt wird. Die Anhänger von Dorje Shugden wiederum

---

343 Stuart Gelder, Roma Gelder: *The Timely Rain: Travels in New Tibet*, Monthly Review Press, 1964.

344 Michael Parenti: Friendly Feudalism: The Tibet Myth, http://www. michaelparenti.org/Tibet.html

345 Erik D. Curren: *Buddha's Not Smiling: Uncovering Corruption at the Heart of Tibetan Buddhism Today*, Alaya Press, Delhi 2009.

forderten vom Dalai Lama Religionsfreiheit. Bei den weltweiten Auftritten des Dalai Lama fanden laufend Demonstrationen gegen diesen statt.[346]

Die Realität in Tibet vor der Befreiung von ausländischen Kräften (vor allem England) und von der Leibeigenschaft durch die chinesische Volksbefreiungsarmee wird im Westen aus politischen Gründen verschwiegen; es ist einer der großen Skandale westlicher Desinformation.

Die Dalai Lamas waren Herrscher über eine unterentwickelte, feudale Gesellschaft mit extremer Ungleichheit und Armut. Nach einer jahrhundertealten Tradition war bei der Einsetzung eines Dalai Lama die Zustimmung Chinas (zuletzt der Guomindang-Regierung) einzuholen, um die Wahl des Dalai Lama und des Panchen Lama zu bestätigen. Als der jetzige 14. Dalai Lama in Lhasa eingesetzt wurde, geschah dies mit einer bewaffneten Eskorte chinesischer Soldaten und unter Anwesenheit eines chinesischen Gesandten. Da hatten die tibetischen Lamas und Adeligen kein Problem unter dem Titel »nationale Unabhängigkeit«. Erst als kommunistische Truppen kamen, stellten sie sich quer, da sie um ihren Reichtum fürchteten.

Das meiste bebaubare Land in Tibet gehörte herrschaftlichen Gutshöfen und wurde von leibeigenen Bauern bearbeitet, die Frondienste bzw. Sklavenarbeit leisten mussten.[347] Diese Gutshöfe waren im Besitz zweier sozialer Klassen: reiche Lamas in Klöstern sowie reiche weltliche Grundbesitzer. Man stellt sich im Westen tibetische Klöster als Orte der Meditation und Spiritualität vor. Das waren sie auch, aber viele waren gleichzeitig riesige Wirtschaftsunternehmen mit großer Ausbeutung. Einer der größten Landbesitzer war das Kloster Drepung mit 185 Landgütern, 25 000 Leibeigenen, 300 Viehweiden mit 16 000 Viehzüchtern. Der Reichtum der Klöster war in den Händen einer kleinen Anzahl hoher Lamas; die meisten Mönche lebten bescheiden. Der Dalai Lama selbst lebte im vierzehnstöckigen Palast Potala mit eintausend Räumen bzw. in seinem Sommerpalast Norbulingka. Er und die von ihm geführte Gelugpa-Sekte hatten die größten Anteile an der Macht.

Den weltlichen Grundbesitzern ging es auch nicht schlecht. So hatte der Oberbefehlshaber der tibetischen Armee, ein Mitglied des Laienkabinetts

346 https://en.wikipedia.org/wiki/Dorje_Shugden_controversy
347 Zur Situation im feudalen Tibet siehe Michael Parenti, a. a. O.; Albert Ettinger: *Freies Tibet? Staat, Gesellschaft und Ideologie im real existierenden Lamaismus*, Zambon-Verlag, Frankfurt 2014.

des Dalai Lama, ein Landgut mit 4000 Quadratkilometern Land und 3500 Leibeigenen. Ein großer Teil des Reichtums wurde durch die Ausbeutung von Arbeit, durch Handel und Geldverleih angehäuft.

Und wie ging es den Leibeigenen, den Sklaven (meist Hausbedienstete), Bettlern und der kleinen Anzahl freier Bauern? Ausbeutung, Hunger und Rechtlosigkeit beschreiben ihr Los. Die Leibeigenen und Sklaven mussten Frondienste für die Klöster und andere Grundbesitzer sowie für die Regierung leisten. Sie konnten frei gehandelt und verkauft werden. Wenn sie Geld leihen mussten, dann zu hohen Zinsen; Schulden wurden über Generationen weitervererbt. Sie durften ihre Grundbesitzer nicht verlassen. Wenn sie dennoch flüchteten, wurden sie schwer bestraft.

Schon für die kleinsten Vergehen gab es harte Körperstrafen, vom Auspeitschen über Blenden bis zum Abschneiden von Händen, Füßen, Zunge, Nase oder Lippen. Bildung existierte nur für die Kinder der Adeligen. Für 90 % der Bevölkerung gab es keine medizinische Versorgung. Heiraten konnten einfache Leute nur mit Zustimmung des Feudalherren oder Lama. Viele Frauen wurden mit mehreren Männern (häufig Brüdern) verheiratet, da es zu wenige Mädchen gab.

Junge Knaben wurden Familien oft weggenommen und in Klöster gesteckt, um lebenslang dort zu dienen. Viele wurden von Mönchen sexuell missbraucht. Mönche zwangen junge rechtlose Frauen zum Sex mit der Begründung, dass diese Frauen dann »Erleuchtung« erfahren könnten.

Auch die religiösen Lehren des tibetischen Buddhismus bestätigten die Legitimität dieser Klassenteilung: Den Armen wurde weisgemacht, dass ihre erbärmliche Lage in Missetaten während früherer Leben begründet sei, sie müssten dieses Karma nur akzeptieren, dann würde sich ihr Los in einem der nächsten Leben verbessern. Die guten Verhältnisse der Reichen wurde mit guten Taten in früheren Leben begründet.

Man kann sich also lebhaft vorstellen, dass einige Bevölkerungsgruppen in Tibet durch den Sieg der Kommunistischen Partei Chinas über Tschiang Kai-schek und durch die Gründung der Volksrepublik China stark beunruhigt waren. Als die Volksbefreiungsarmee 1950 in Tibet auftauchte, war die herrschende Klasse alarmiert, da die Kommunistische Partei gerade durch die Befreiung der Bauern und die Umverteilung von Land so viele Menschen für den Kampf gegen Japan und Tschiang Kai-schek mobilisieren konnte.

Während die chinesische Regierung in Tibet auf Grundlage des

Siebzehn-Punkte-Abkommens für die friedliche Befreiung Tibets, das sie 1951 mit der tibetischen Führung abgeschlossen hatte, anfangs sehr vorsichtig vorging,[348] begann die herrschende Klasse in Zusammenarbeit mit der CIA, Widerstand zu organisieren, der im Aufstand von 1959 kulminieren sollte.

Die USA hatten dem jungen Dalai Lama schon 1951 Druck gemacht und ihm zu verstehen gegeben, dass er, wenn er Unterstützung von den USA wollte, Tibet verlassen und alle Verträge mit China annullieren müsse.[349] Bis 1959 verweigerte der Dalai Lama dies.

Die USA beschlossen – übrigens in demselben Regierungskomitee, das später die Invasion in der Schweinebucht auf Kuba vorbereitete –, die CIA einzusetzen.

Das Tibet-Programm der CIA war eine verdeckte Operation im Rahmen des Kalten Krieges, bestehend aus politischer Aktion, Propaganda, Sabotage, paramilitärischen Aktionen und Spionageaktivitäten. Es basierte auf Vereinbarungen der US-Regierung mit zwei älteren Brüdern des Dalai Lama. Der zweitälteste Bruder, Gyalo Döndrup, half der CIA mit seinen Kontakten innerhalb Tibets. Döndrup war 1942 im Alter von vierzehn Jahren nach Nanjing geschickt worden, der Hauptstadt der Republik China. Er lernte Tschiang Kai-schek kennen, von 1947 bis 1949 nahm er am Familientisch der Tschiangs seine Speisen ein. Von Tschiang ausgewählte Lehrer lehrten ihn Chinesisch und chinesische Geschichte. 1948 heiratete Döndrup Zhu Dan, die Tochter eines Guomindang-Generals. Döndrup eignete sich also bestens zum Kollaborateur mit der antikommunistischen Guomindang sowie mit den US-Geheimdiensten.

Das Ziel des CIA-Programms war die Destabilisierung Chinas. Die CIA-Operationen zielten auf die Stärkung der isolierten tibetischen aufständischen Gruppen, die teils innerhalb des Landes, teils von Nepal aus operierten. Die CIA bildete tibetische Aufständische auf der von den USA besetzten Pazifikinsel Saipan und in Camp Hale in Colorado aus. CIA-Agenten, Saboteure und militärischer Nachschub wurden von Flugzeugen über Tibet abgesetzt. Eine Reihe von tibetischen Kommandanten und Agenten waren

---

348 Das bestätigt auch ein freigegebener CIA-Bericht, *Geographic Intelligence Memorandum: Resistance in Tibet*, CIA, 21. Juli 1958, https://www.cia.gov/library/readingroom/docs/CIA-RDP79-01006A000100090001-7.pdf

349 Melvyn C. Goldstein: *A History of Modern Tibet*, Bd. 2: *The Calm Before the Storm, 1951–1955*. University of California Press, 2007.

Oberhäupter von Adelsgeschlechtern oder deren Söhne. Viele Lamas und Laien aus der Elite und große Teile der tibetischen Armee nahmen 1959 am Aufstand teil; der Großteil der einfachen Bevölkerung von Lhasa und Umgebung verhielt sich passiv.[350]

1961 wurden die adeligen Großgrundbesitzer und Klöster enteignet; das Land wurde zur Nutzung an die Leibeigenen verteilt und Viehherden in Genossenschaften der Halter übertragen. Die geflohenen Adeligen und Mönchsbonzen träumen noch heute von einer Rückübertragung ihres früheren Eigentums.

Das CIA-Programm endete nach der Annäherung Chinas und der USA Anfang der 1970er Jahre und dem Nixon-Besuch in China 1972. 1973 ging die letzte Zahlung an die Aufständischen. Der Dalai protestierte gegen die Einstellung des Programms – kein Wunder, denn die jährlichen Apanagen der CIA an ihn selbst wurden ebenfalls gestrichen.

Auch Döndrup war frustriert und fühlte sich missbraucht, wie er 2009 dem *Wall Street Journal* anvertraute: »Amerika wollte nicht Tibet helfen. Es wollte nur China Probleme bereiten. Amerika hatte keine weitsichtige Politik für Tibet.«[351]

Die CIA-Eingreiftruppe war von Roger E. McCarthy aufgebaut worden, der nach Einstellung der Operation ähnliche Aufgaben in Vietnam und Laos übernahm.[352]

Aber hat die CIA wirklich alle Operationen eingestellt? Informationen aus indischen Geheimdienstkreisen lassen darauf schließen, dass weiterhin Geld von der CIA an tibetische Abnehmer floss und dass die »spontanen« Demonstrationen in Tibet anlässlich der Olympischen Spiele 2008 in Beijing von außen finanziert und orchestriert waren. Eine solche Operation kann nicht ohne Mitwissen der CIA abgelaufen sein.[353]

Im Juni 2007 war in Neu Delhi eine Konferenz der »Freunde Tibets« organisiert worden, eine Konferenz für die Abspaltung Tibets von China. Hier wurden offensichtlich die geplanten Aktionen diskutiert. Am 4. Januar

350   Michael Parenti, a. a. O.

351   Gyalo Thondup (= Gyalo Döndrup): Interview Excerpts, *Wall Street Journal*, 20. Februar 2009, https://www.wsj.com/news/articles/SB123510349274730343

352   Richard M. Bennett: Tibet, the »great game« and the CIA, *AsiaTimes Online*, 26. März 2008, http://www.atimes.com/atimes/China/JC26Ad02.html

353   Bennett, a. a. O.

2008 war in Indien eine »Aufstandsbewegung des tibetischen Volkes« gebildet worden, mit dem Ziel, am 10. März 2008 einen Aufstand in Tibet zu initiieren. Als der Aufruf veröffentlicht wurde, traf sich der US-Botschafter in Indien, David Mulford, in Dharamsala mit dem Dalai Lama. Paula Dobriansky, die stellvertretende Außenministerin der USA für Demokratie und globale Angelegenheiten und Mitglied des neokonservativen Projekts für ein Neues Amerikanisches Jahrhundert, besuchte ebenfalls Dharamsala. Sie hatte aus Osteuropa Erfahrung in der Organisierung von »Farbrevolutionen«.[354]

Der amerikanische Geldfluss an die Freunde des Dalai Lama geht also weiter. Die »Tibetische Zentralregierung«, die sich im Exil in Dharamsala befindet, ist in der Finanzierung weitgehend von China-feindlichen Regierungen abhängig. So erhielt sie – zusätzlich zur Unterstützung durch Indien – von der amerikanischen USAID 23 Millionen US-Dollar für 2016 bis 2021 zugesagt. Bei Treffen mit dem ultrarechten republikanischen Senator und Trump-Unterstützer Tom Cotton, dem neokonservativen Senator und Unterstützer der amerikanischen Waffenindustrie Lindsey Graham, dem rechten republikanischen Senator Marco Rubio, einem Lobbyist der Waffenindustrie, sowie Nita Lowey, einer der reichsten Kongress-Abgeordneten von der Demokratischen Partei, im Dezember 2017 erhielten die tibetischen Separatisten weitere finanzielle Zusagen. So bewilligte der Kongress für das Haushaltsjahr 2018 17 Millionen US-Dollar. Auch das Amt für Bevölkerung, Flüchtlinge und Migration (PRM) des US-Außenministeriums machte wieder Geld locker für tibetischsprachige Programme von Radio Free Asia, Voice of America und für Projekte des National Endowment for Democracy (NED).[355]

Die Taiwan-Karte

Nach der Niederlage im ersten Chinesisch-Japanischen Krieg (1894–1895) wurde China gezwungen, mit Japan den Vertrag von Shimonoseki zu unterzeichnen und u. a. Taiwan an die Kolonialmacht Japan abzutreten.

---

354 Gary Wilson: Tibet and the March 10 commemoration of the CIA's 1959 'uprising', *Workers World*, 19. März 2008, https://www.workers.org/2007/world/tibet_0327/

355 Susan V. Lawrence: The Tibetan Policy Act of 2002: Background and Implementation, *Congressional Research Service*, 5. November 2014, https://fas.org/sgp/crs/row/R43781.pdf

Nach der japanischen Kapitulation am Ende des Zweiten Weltkrieges stellten die Alliierten Taiwan wieder unter chinesische Souveränität, ausgeübt durch die 1911 gegründete Republik China.

Wegen der absehbaren Niederlage im Bürgerkrieg auf dem Festland beschloss Präsident Tschiang Kai-schek, nachdem er eine politische Position auf zweiter Ebene abgelehnt hatte, die ihm die Kommunisten auf dem Festland angeboten hatten, sich mit den Gold- und Devisenreserven, den wertvollsten Kunstschätzen des Landes und mit den Resten seiner Soldateska nach Taiwan abzusetzen. Sein Ziel war es, mit Unterstützung der USA von Taiwan aus China wiederzuerobern.

Die Soldaten Tschiang Kai-scheks verhielten sich auch in Taiwan als Unterdrücker. Proteste der Bevölkerung wurden mit Gewalt niedergemacht, es kam zum Massaker vom 28. Februar 1947 und der daran anschließenden Zeit des »Weißen Terrors« und des Kriegsrechtes vom 20. Mai 1949 bis Mitte der 1980er Jahre. Dabei wurden bis zu 30 000 Taiwanesen getötet.[356] Innerhalb von zwei Tagen nach Ausbruch des Korea-Krieges im Juni 1950 bekam Tschiang Kai-schek noch dazu die von ihm verlangte Zusage der USA, ihn vor einer Wiedervereinigung Taiwans mit dem Festland unter Flagge der am 1. Oktober 1949 gegründeten Volksrepublik China zu schützen. Die USA setzten auch durch, dass das kleine Taiwan als Vertretung Chinas in den Vereinten Nationen verblieb. Die Taiwan-Lobby in Washington – im Bund mit den Falken John Foster Dulles und General Douglas MacArthur – hatten sich gegenüber denjenigen im Außenministerium durchgesetzt, die Tschiang Kai-schek aufgrund seiner undemokratischen und brutalen Regierungsweise negativ gegenüberstanden.

Die Volksrepublik China sieht Taiwan als integralen Bestandteil des »einen China« mit der Hauptstadt in Beijing. Die faktische Integration soll mit friedlichen Mitteln erreicht werden.[357]

Warum ist Taiwan für China so wichtig? Historisch ist Taiwan der letzte Teil Chinas, der von Kolonialherren besetzt worden war und bis heute nicht wieder mit dem Mutterland vereinigt ist. Für patriotische Chinesen ist das langfristig ein unhaltbarer Zustand, noch dazu in einer Situation, wo einer

356 Zum Wüten der Soldateska Tschiang Kai-scheks siehe den auf Tatsachen basierenden Roman von Vern Sneider: *A Pail of Oysters*, Camphor Press 2016.

357 Im Falle einer Unabhängigkeitserklärung Taiwans oder besonderer Bedingungen ist der Einsatz »nicht-friedlicher Methoden« wohl nicht auszuschließen.

der ehemaligen Kolonialherren, nämlich die USA, versucht, die Wiedervereinigung zu untergraben. Für Europäer ist das schwer vorstellbar, da sie »auf der anderen Seite« waren, nämlich der der Kolonialisten. Aber die nationale Souveränität und Nichteinmischung von außen war eine wichtige Errungenschaft im antikolonialen Kampf. Außerdem ist Taiwan in der jetzigen strategischen Situation des Aufmarsches der USA im Westpazifik und der Einkreisungspolitik gegen China ein Tor zum Westpazifik.

Im Jahr 1971 begannen sich die Beziehungen zwischen China und den USA zu normalisieren, die Volksrepublik übernahm 1971 den Sitz Taiwans im Sicherheitsrat der Vereinten Nationen, und Taiwan ist seit damals kein Mitglied der Vereinten Nationen mehr. Eine »Republik China« wird heute nur mehr von weltweit siebzehn kleineren Staaten anerkannt. Auch der Vatikan als letztes europäisches Land ist dabei, die Beziehungen mit Beijing sowohl auf staatlicher als auf religiöser Ebene zu normalisieren und die offiziellen Beziehungen zu Taiwan abzubrechen.

Die Aufnahme diplomatischer Beziehungen zwischen den USA und China erfolgte 1979. Die USA erkannten damals die Volksrepublik China als einzigen chinesischen Staat an und brachen die offiziellen Beziehungen zur »Republik China« auf Taiwan ab.

Drei Kommuniqués – das Shanghai-Kommuniqué, das Gemeinsame Kommuniqué über die Aufnahme Diplomatischer Beziehungen und das Kommuniqué vom 17. August 1982 – bilden die politische Grundlage der chinesisch-amerikanischen Beziehungen.[358]

Im Shanghai-Kommuniqué von 1972 (Nixon/Kissinger-Besuch in Beijing) erkannten die USA die »Ein-China-Politik« an und dass Taiwan ein Teil Chinas sei. Sie bestätigten den Abzug aller US-Truppen und militärischer Einrichtungen aus Taiwan als Ziel.

Im Gemeinsamen Kommuniqué von 1979 wurde die gegenseitige Anerkennung sowie Aufnahme diplomatischer Beziehungen festgelegt und die Volksrepublik China als einzige rechtmäßige Regierung Chinas anerkannt. Die USA behielten sich vor, nicht-offizielle Beziehungen mit Taiwan aufrechtzuerhalten.

1979 beschloss der Kongress der USA das Gesetz über die Beziehungen

358   Texte auf Englisch siehe: Key U.S. Foreign Policy Documents for the Region, *American Institute in Taiwan*, https://www.ait.org.tw/our-relationship/policy-history/key-u-s-foreign-policy-documents-region/

zu Taiwan (TRA-1979), das festhält, dass die USA andere als nur friedliche Methoden (auch Boykott oder Embargo) zur chinesischen Wiedervereinigung als Bedrohung für den westpazifischen Raum ansehen. Das Gesetz regelt auch die Versorgung Taiwans mit amerikanischen Waffen »defensiven Charakters« und fordert von den USA, das Militär bereit dafür zu halten, auf eine gewaltsame Vereinigung zu reagieren. Auf Grundlage dieses Gesetzes wurde das American Institute in Taiwan als inoffizielle Interessensvertretung der USA eingerichtet. Es ist eine eklatante Einmischung in innerchinesische Angelegenheiten. Unter Bill Clinton wurde darüber hinaus festgelegt, dass das TRA-1979 für die Politik der USA gegenüber Taiwan höhere Priorität als die drei Kommuniqués habe.

Im dritten Kommuniqué, dem Kommuniqué vom 17. August 1982, wurde nochmals festgehalten, dass die Regierung der Volksrepublik China die einzig legitime Regierung Chinas ist, dass es nur ein China gibt und Taiwan ein Teil Chinas ist. Die chinesische Seite betont ihr Ziel der friedlichen Wiedervereinigung Taiwans mit dem Mutterland, und dass diese Frage eine innere Angelegenheit Chinas ist. Es wird festgehalten, dass die Lieferung amerikanischer Waffen nach Taiwan ein Problem für die beiderseitigen Beziehungen darstellt. Die USA erklärten, dass sie keine langfristige Politik des Waffenverkaufs an Taiwan verfolgen und dass sie die Absicht hätten, den Waffenverkauf schrittweise zu reduzieren. In den »Sechs Zusicherungen« von Ronald Reagan im selben Jahr weichten die USA ihre Positionen allerdings gleich wieder auf: Punkt eins lautet, dass die USA keinem fixen Datum für ein Ende der Waffenlieferungen zugestimmt hatten. Die Devise, niemals einem Papier zu trauen, das die USA unterschrieben haben, galt schon damals.

Die Verteidigungszusicherungen und Waffenlieferungen an Taiwan reduzieren in Wirklichkeit die Chancen einer friedlichen Lösung, da sie diejenigen Personen in Taiwan stärken, die die Unabhängigkeit Taiwans betreiben und sich Illusionen darüber machen, dass sie militärisch gestärkt einen Krieg gewinnen könnten und das Thema der Wiedervereinigung nicht ernsthaft betreiben müssten. Der Kern der Verteidigungsdoktrin Taiwans ist, dass es genug Waffen benötigt, einem Angriff vom Festland zwei Wochen lang standhalten zu können, dann käme ohnedies Hilfe aus den USA oder von der internationalen Gemeinschaft.

Die Beziehungen zwischen den USA und Taiwan waren schon immer das Betätigungsfeld rechter Falken in den USA; der Vorsitzende des US–Taiwan

Business Council ist der neokonservative Kriegstreiber Paul Wolfowitz. Als Präsident fungiert Rupert J. Hammond-Chambers, im Hauptberuf Managing Director der Bower Group Asia in Taiwan. Diese Denkfabrik und Lobby-Organisation mit engen Kontakten zum Pentagon haben wir schon im Abschnitt über das Südchinesische Meer kennengelernt. Sie arbeitet auch auf den Philippinen mit dem früheren Außenminister del Rosario zusammen und versucht, Kompromisse zwischen den Philippinen und China betreffend das Südchinesische Meer zu hintertreiben und die Philippinen zur Aufrüstung zu motivieren. Unter dem Einfluss dieser mit dem militärisch-industriellen Komplex verbundenen Falken im Kongress ist keine Lösung des Problems der Waffenlieferungen in Sicht – im Gegenteil.

Die gegen China gerichteten Waffenverkäufe der letzten Jahre beinhalteten Kriegsschiffe (Fregatten), Panzerabwehrraketen, Stinger-Luftabwehrraketen, Informations- und Kommunikationssysteme sowie Raketen zur Zerstörung von Radaranlagen.[359] 2017 verkauften US-amerikanische Unternehmen Waffen im Wert von fast 1,5 Milliarden US-Dollar nach Taiwan.

Darüber hinaus gibt es im Militärbudget der USA für 2018 im Abschnitt 1259 den Auftrag, die Verteidigung von Taiwan zu stärken und einen Bericht über die Möglichkeit der Wiederaufnahme des Anlaufens taiwanesischer Häfen durch US-Kriegsschiffe zu erstellen. Das Pentagon wird aufgefordert, Kriegsgerät an Taiwan zu liefern, speziell die Bekämpfung chinesischer U-Boote durch Taiwan zu stärken sowie militärische Ausbildungen durchzuführen.[360]

Der Senat und das Repräsentantenhaus gossen Anfang 2018 weiter Öl ins Feuer, indem sie ein Gesetz verabschiedeten, das gegenseitige Besuche von hohen amerikanischen und taiwanesischen Regierungsmitgliedern anregt – ein Rückfall in die Zeit vor Ende der 1970er Jahre, als die USA beschlossen, alle offiziellen Regierungskontakte einzustellen. Präsident

---

359 2016 sowie 2017 Report to Congress of the U. S.-China Economic and Social Review Commission, https://www.uscc.gov/sites/default/files/Annual_Report/Chapters/Chapter%203%2C%20Section%202%20-%20China%20and%20Taiwan.pdf, 2017 Report to Congress of the U.S.-China Economic and Security Review Commission, https://www.uscc.gov/sites/default/files/annual_reports/2017%20Executive%20Summary%20and%20Recommendations_1.pdf

360 H.R.2810 – National Defense Authorization Act for Fiscal Year 2018, https://www.congress.gov/bill/115th-congress/house-bill/2810

Trump ging schon mit schlechtem Beispiel voran, als er einen Anruf von Präsidentin Tsai Ing-wen annahm, vordergründig zur Gratulation zu seinem Wahlsieg. Er ließ Tsai Ing-wen auf ihrer Tour durch pazifische Inseln auch in Hawai'i zwischenlanden.

Ein weiterer Pro-Taiwan-Mann, Randall G. Schriver, wurde 2017 zum stellvertretenden Verteidigungsminister für den asiatisch-pazifischen Raum ernannt. Schriver, ein früherer Bush/Cheney-Mitarbeiter und Marine-Spionagefachmann, ist Chef des Projekt 2049 Institute, einer Denkfabrik mit Schwerpunkt Sicherheit in Zentralasien und Asien-Pazifik. Er möchte den Waffenverkauf an Taiwan weiter ausbauen.[361] Im Vorstand des Instituts finden wir Rupert Hammond-Chambers wieder, den Taiwan-Lobbyisten.

Ein weiterer Affront der USA gegen China, der die Beziehungen verschlechtern wird, ist die in Zukunft zweimal jährlich stattfindende Konferenz von Vertretern der amerikanischen Rüstungsindustrie mit taiwanesischen Amtsträgern. 2018 ist es das erste Mal seit 26 Jahren, dass eine solche Konferenz stattfindet.

Zwischen der Volksrepublik China und Taiwan haben sich in den letzten fünfzehn Jahren auf Grundlage des gemeinsamen »Konsens von 1992« sehr enge Wirtschaftsbeziehungen (das Festland ist der größte Handelspartner Taiwans), ein reger Touristenverkehr, direkte tägliche Schiffs- und Flugverbindungen und auch politische Kontakte entwickelt.

2015 fand in Singapur ein historisches Treffen der beiden Führer Xi Jinping und Ma Ying-jeou statt, das große Hoffnungen für die Zukunft erwarten ließ. Bei dem Treffen wurde der von Beijing und Taibei erzielte »Konsens von 1992« mit dem Schwerpunkt der »Ein-China«-Politik betont. Beide Seiten sprachen sich für friedliche Zusammenarbeit und für eine Vertiefung der Beziehungen aus.

Präsidentin Tsai Ing-wen, deren Partei sich die Ausrufung der Unabhängigkeit Taiwans auf die Fahnen geschrieben hat, will den »Konsens von 1992« und dass Taiwan Teil des »einen China« ist, nicht bestätigen. Ihre Wahl im Jahr 2016 führte daher zu einer raschen Verschlechterung der Beziehungen.

Die USA betreiben die Verschlechterung der Beziehung zwischen Taiwan und der Volksrepublik China als Möglichkeit, China weitere Probleme zu machen und ihre Hegemonie in Asien aufrechtzuerhalten. Die US-Politik

361   Schriver eyes deeper US-Taiwan ties, *Taipei Times*, 18. November 2017, http://www.taipeitimes.com/News/front/archives/2017/11/18/2003682471

ist wie im Südchinesischen Meer rein destruktiv, ohne auf Problemlösungen hinzuarbeiten.

NGOs als Werkzeuge für »Farbrevolutionen«

Die USA sind noch nicht aus ihrem Traum von einer Abspaltung von Teilen Chinas und von einem Regimewechsel durch eine »Farbrevolution« erwacht. Diese Versuche sind eine Verletzung des Artikels 55 der Charta der Vereinten Nationen, der den Grundsatz der »Selbstbestimmung der Völker« festhält. Eine wichtige Rolle in der langfristigen Strategie der USA spielen neben politischen Attacken und Druck von außen – Vorwürfe betreffend mangelnder Demokratie in China – in China selbst tätige NGOs. Wenn man »NGO« hört, denkt man normalerweise an Organisationen, die Bedürftigen helfen, Umwelt-, Tierschutzorganisationen usw. Der Begriff »NGO« sagt aber nichts über die Tätigkeit der Organisation aus. So ist z. B. die Interessenvertretung der Unternehmer in Österreich, die Wirtschaftskammer (WKO), ebenfalls eine NGO. Der bei den Menschen positiv besetzte Begriff »NGO« wird im politischen Bereich für andere Ziele missbraucht.[362] Die USA – staatliche Organisationen, Milliardäre und Großkonzerne – haben ein Netz von NGOs aufgebaut, die in enger Abstimmung und Zusammenarbeit mit dem US-Außenministerium als verlängerter Arm der Regierungspolitik dienen und international dort tätig sind, wo die USA Veränderungen der politischen Landschaft erreichen wollen. Tätigkeiten, die sich für offizielle staatliche Organe diplomatisch »nicht schicken«, werden an diese NGOs ausgelagert. Regimewechsel ist dabei ein zentrales Thema. Unter dem Vorwand, »Demokratie« zu fördern, werden Regierungen anderer Länder unterwandert, mit viel Geld lokale Organisationen unterstützt,

---

362 Die CIA verwendet Hilfsorganisationen als Deckmantel für die Organisation des Nachschubs an Spezialkommandos. So beauftragte sie eine für UNICEF und das Internationale Rote Kreuz im Jemen arbeitende US-Logistikfirma mit der Versorgung von CIA-Spezialkommandos im Jemen. So eine Vorgangsweise gefährdet Hilfsorganisationen. Details siehe Adam Goldman, Eric Schmitt: Aid Coordinator in Yemen Had Secret Job Overseeing U. S. Commando Shipments, *New York Times*, 6. Juni 2017, https://www.nytimes.com/2017/06/06/world/middleeast/scott-darden-transoceanic-yemen-pentagon.html

deren Mitglieder sich – oft naiv – in dem Glauben, dass die USA wirklich Demokratie exportieren wollen, vor den imperialen Karren der US-Außenpolitik spannen lassen.

Eine wichtige Rolle spielt dabei das auf Wunsch des damaligen CIA-Direktors William Casey 1983 unter Ronald Reagan vom US-Kongress gegründete »National Endowment for Democracy« (NED, »Nationale Stiftung für Demokratie«):

> Der Kongress gründete die NED als halbstaatlichen Arm der Außen-politik. Trotz der staatlichen Finanzierung handelt es sich rechtlich um eine private, gemeinnützige Organisation. Das ermöglicht dem Staat die Weitergabe von Haushaltsmitteln an ausländische Orga-nisationen über einen Dritten.[363]

Die Idee dahinter war die Schaffung einer nach außen hin unabhängigen Organisation, die, gelenkt von Außenministerium und von der CIA, deren politische Ziele in Lateinamerika (z. B. in Nikaragua, Kuba, El Salvador und Grenada) unterstützen sollte, sowohl in den jeweiligen Ländern als auch in der öffentlichen Meinung in den USA und anderswo. Zunehmend werden auch Großkonzerne aus Industrie und Finanzwelt sowie Milliardäre zur Finanzierung des NED motiviert. Der Vorteil für Privatfinanciers besteht darin, in ihrem eigenen Interesse lokale NGOs in Ländern einsetzen zu können, deren Regierungen den Interessen dieser Konzerne widerstreben.

Schon 1941 war das »Freedom House« gegründet worden, dessen Mit-arbeit an CIA-Propagandaaktionen der Enthüllungsjournalist Robert Parry anhand von Dokumenten aus der Reagan-Bibliothek nachwies.[364] Das »Freedom House« war 2016 zu 86 % aus Regierungsgeldern finanziert, vor allem über die NED.[365] Aber auch multinationale Konzerne tragen zum Budget bei, wie der Telekomkonzern AT&T, die Rüstungsgiganten BAE Systems und Northrop Grumman, Caterpillar, Google, Facebook sowie die Investmentbank Goldman Sachs.

Von 28 Asien-NGOs, die von der NED finanziert werden, haben 18

363 https://de.wikipedia.org/wiki/National_Endowment_for_Democracy
364 Robert Parry: CIA's Hidden Hand in 'Democracy' Groups, *Consortium News*, 8. Januar 2015, https://consortiumnews.com/2015/01/08/cias-hidden-hand-in-democracy-groups/
365 https://en.wikipedia.org/wiki/Freedom_House

China-Bezug. Die meisten dieser Mittel gehen an Organisationen, die »Demokratie« und »Menschenrechte« propagieren, wie Human Rights in China, das China Strategic Institute, die Laogai Research Foundation und die Chinese Urgent Action Working Group des Schweden Peter Dahlin. Wenn die von den USA unterstützten Organisationen nach »Demokratie« oder freien Wahlen rufen, meinen sie in Wirklichkeit Regierungswechsel zu einem den USA wohlgesonnenen Freund vor Ort.

Eine weitere wichtige Rolle spielt das National Democratic Institute for International Affairs (NDI). Es wurde von der früheren Außenministerin Madeleine Albright gegründet.

> Seine Finanzierung erhält es zum Teil direkt von der US-Regierung über die United States Agency for International Development (USAID) und das Außenministerium, zum Teil indirekt durch das National Endowment for Democracy (NED).[366]

Es berät, wie man regierungsfeindliche Aktionen plant, initiiert, organisiert und durchführt; sogar eine eigene Software wurde dafür entwickelt und zur Verfügung gestellt.

Auch die staatliche USAID, eine Organisation in enger Abstimmung mit dem Außenministerium und zeitweise mit dem US-Militär, ist in China tätig. Die politisch subversive Rolle von USAID unter dem Deckmantel von »Entwicklung« kam vor einigen Jahren wieder einmal ans Tageslicht, als aufgedeckt wurde, dass vorgeblich humanitäre Projekte in Kuba initiiert wurden, deren eigentliches Ziel es jedoch war, die Regierung zu stürzen.[367]

NGOs evangelikaler Christen aus den USA versuchen, über christliche NGOs vor Ort politische Aktivitäten (z. B. gegen das Recht auf Abtreibung) zu entfalten. Sie sind gelegentlich in Spionageaktivitäten verwickelt und arbeiten auch mit dem US-Verteidigungsministerium zusammen. So wurden in Hilfslieferungen der Humanitarian International Services Group nach Nordkorea militärische Sensoren, Kurzwellenempfänger und militärische Ausrüstung versteckt; Empfänger waren nordkoreanische Partner der CIA.

366 https://de.wikipedia.org/wiki/National_Democratic_Institute_for_International_Affairs

367 USAID programme used young Latin Americans to incite Cuba rebellion, *The Guardian*, 4. August 2014, https://www.theguardian.com/world/2014/aug/04/usaid-latin-americans-cuba-rebellion-hiv-workshops

Der Leiter der Organisation, Kay Hiramine, arbeitete verdeckt für das Pentagon, die Missionare und freiwilligen Mitarbeiter wussten nichts davon und wurden für diese gefährlichen Aktionen missbraucht.[368]

In China sind ca. 7000 ausländische NGOs tätig gewesen. Dass die Regierung versucht, neben dem generellen Bemühen, die Gesetzgebung zu diversen Lebensbereichen zu vervollständigen, einen Überblick zu bekommen und die Arbeit der kleinen Minderheit an NGOs, die umstürzlerische politische Tätigkeiten betreiben, einzuschränken, ist verständlich. NGOs müssen eine chinesische NGO-Partnerorganisation als Sponsor suchen und sich offiziell registrieren. Es gibt dazu Aussagen, dass dieser Prozess zeitaufwendig, aber problemlos verläuft, wie beispielsweise von der Ford Foundation.[369]

Die »Regenschirm-Revolution« in Hongkong ist ein Beispiel für die Tätigkeit von US-amerikanischen NGOs mit dem Ziel, in China Chaos und Unregierbarkeit zu bewirken.

Im Oktober 2014 entstand in Hongkong ein Studentenprotest, dessen Ziel die Änderung eines von China mit Großbritannien vereinbarten Vertrages in Richtung Direktwahl des Gouverneurs der Sonderverwaltungszone Hongkong war. Nach einem Bericht der BBC waren die Demonstrationen nicht spontan, sondern waren schon zwei Jahre vorher vorbereitet worden.[370] Mit Rat und Unterlagen aus dem Westen wurden eintausend Aktivisten ausgebildet, die das Rückgrat der Proteste stellen sollten. Die Demonstranten, die das Zentrum von Hongkong und die Geschäftstätigkeit lahmlegten, vertraten nur eine Minderheit der Hongkonger Bevölkerung, behaupteten aber, sie sprächen für »das Volk«. Die USA hatten mittels der NED hunderttausende Dollar investiert, um die Bewegung zu schüren. Joshua Wong Chi-fung (inzwischen sogar Verfechter der Unabhängigkeit Hongkongs), der damals siebzehnjährige Anführer der größten Studentenorganisation, hat enge Beziehungen zur US-Regierung, inklusive regelmäßiger Sitzungen

368 Matthew Cole: The Pentagon's Missionary Spies, *The Intercept*, 26. Oktober 2015, https://theintercept.com/2015/10/26/pentagon-missionary-spies-christian-ngo-front-for-north-korea-espionage/

369 Elizabeth Knup: Our Registration Story: the Ford Foundation, *China Development Brief*, 21. August 2017, http://chinadevelopmentbrief.cn/articles/our-registration-story-the-ford-foundation/

370 Laura Kuenssberg: Oslo Freedom Forum: Activists gather to share secrets of successful protest, *BBC*, 21. Oktober 2014, http://www.bbc.com/news/world-europe-29708917

im US-Konsulat. Der selbsternannte Anführer der »Occupy-Central«-Bewegung, Benny Tai Yiu-ting, ist ein Professor für Rechtswissenschaften und regelmäßiger Kooperationspartner des vom NDI finanzierten Zentrums für vergleichendes und öffentliches Recht.

Ein weiteres führendes Mitglied der Bewegung, der Mitbegründer der Hongkonger Democratic Party, Martin Lee Chu-ming, war im April 2014 in den USA und traf den damaligen Vizepräsidenten Joseph Biden. Er nahm an einer von der NED organisierten Diskussionsrunde zum Thema »Warum Demokratie in Hongkong von Bedeutung ist« teil. Die Debatte hatte offensichtlich die Aufgabe, die Öffentlichkeit auf eine positive Aufnahme der noch zu lancierenden Bewegung vorzubereiten. Lee hatte schon 1997 den Demokratie-Preis der NED erhalten.

Ein weiteres führendes Mitglied, der Medienmogul Jimmy Lai Chee-Ying, traf im Juni 2014 auf seiner Jacht Paul Wolfowitz. Mit dabei war ein leitender Mitarbeiter von Lai, Mark Simon, der in früheren Jahren als Analyst im Pentagon gearbeitet hatte.

Das NDI versucht, die Hongkonger Jugendlichen mit seinen Studien auf einen harten Kurs gegen die Regierung von Hongkong zu bringen. Man hetzt naive, gutgläubige Menschen in Auseinandersetzungen, die sie nicht gewinnen können. Es gibt ja schon Erfahrungen aus Ägypten, Syrien und der Ukraine, wie das abläuft: Zuerst friedliche Demonstrationen, dann werden radikalere Personen tätig, die die Situation verschärfen. Die Polizei greift ein, es gibt Verletzte, vielleicht Tote, die USA verurteilen die Gewalt durch die Regierungen, es werden vielleicht Sanktionen verhängt, bis hin zu militärischer Unterstützung der Radikalen. Das Ergebnis ist bekannt: Es gibt Chaos, wirtschaftlichen Niedergang, viele Tote – jedenfalls keine Spur von Demokratie. Demokratie kann nur von innen wachsen.

Die USA hofften, durch die Proteste »Solidaritätsaktionen« auf dem chinesischen Festland initiieren zu können und so über Hongkong zur Destabilisierung ganz Chinas beizutragen.

Internet, IT und Spionage

Die USA fahren breit angelegte Cyberangriffe gegen China. Das Ziel ist, Informationen über politische und technische Entwicklungen u. a. im militärischen Bereich zu erhalten.

Nach Informationen, die der ehemalige NSA-Berater Edward Snowden 2013 enthüllte, ist China einer der Schwerpunkte amerikanischer Überwachung und Spionage. Die USA ließen von der NSA chinesische Staatsführer, das Handelsministerium, das Außenministerium, wissenschaftliche Institute, Universitäten, diverse Unternehmen wie Banken und Telekomunternehmen sowie einfache Bürgerinnen und Bürger abhören. Durch den Angriff auf die renommierte Tsinghua-Universität in Beijing, die einen von landesweit sechs Datennetzwerk-Backbones betreibt, wurden die Daten von Millionen chinesischer Bürger durch das Eindringen in die großen chinesischen Telekomunternehmen und Handynetzbetreiber Millionen privater SMS gestohlen. Snowden enthüllte, dass auch die weitverbreitete Chat- und Social-Media-Software QQ, die hunderte Millionen Nutzer hat, angegriffen wurde. Bei gewissen Onlinespielen, die besonders bei chinesischen Spielern beliebt waren, wurden Spieler von der NSA ausspioniert.

Durch einen Zehn-Millionen-Dollar-Deal mit dem amerikanischen Unternehmen RSA Security, einem der Weltmarktführer bei Verschlüsselungssoftware, gelang es der NSA, »Hintertüren« ins Kryptografieprogramm der RSA einbauen zu lassen, um massenhaft Spionagesoftware einschleusen zu können. Kunden der RSA in China waren China Telecom, China Mobile und China Unicom, die Bank of China, die Industrial and Commercial Bank of China, die China Construction Bank, der IT-Riese Huawei und einer der weltgrößten Haushaltsgerätehersteller, Haier.

Im besonderen Fokus der USA war der neben ZTE größte Konkurrent des US-Netzwerkausstatters CISCO, nämlich Huawei. Ein eigens zusammengestelltes Team begann 2007, Huawei zu auszukundschaften, erlangte rasch Zugang zur Kundenliste und kopierte die detaillierten Daten von 1400 Kunden sowie Trainingshandbücher von Technikern. Die NSA drang dabei in das E-Mail-Archiv von Huawei ein und stahl auch Quellcodes verschiedener Netzwerkprodukte.[371] Das Ziel war, mittels einer Analyse der Huawei-Aktivitäten die in vielen Ländern eingesetzten Produkte für

---

371 NSA spionierte Chinas Staatsführung und Konzerne aus, *Spiegel*, 22. März 2014, http://www.spiegel.de/netzwelt/netzpolitik/spiegel-nsa-spioniert-chinesische-staatsfuehrung-und-Huawei-aus-a-960151.html; David E. Sanger, Nicole Perlroth: N. S. A. Breached Chinese Servers Seen as Security Threat, *New York Times*, 22. März 2014, https://www.nytimes.com/2014/03/23/world/asia/nsa-breached-chinese-servers-seen-as-spy-peril.html

weitere Angriffe gegen andere Länder verwenden zu können. Die USA wollten auch schon seit vielen Jahren beweisen, dass Huawei seine Präsenz in vielen Sprach- und Datennetzen nutzt, um Informationen an das chinesische Militär weiterzugeben. Obwohl die NSA die Netzwerke und Computer von Huawei durchstöbert hat, ist es ihr nicht gelungen, dafür auch nur die Spur eines Beweises zu finden.

Ob und in welchem Umfang die NSA technische, Vertriebs- und Geschäftsgeheimnisse von Huawei an amerikanische Konkurrenten weitergegeben hat, ist nicht bekannt. Der Feldzug gegen Huawei nimmt jedenfalls kein Ende.

Die meisten aus dem Ausland stammenden Attacken auf Webseiten und Computer in China kommen nach Angaben des Chinesischen Nationalen Computer-Gefahrenabwehr-Teams und -Koordinationszentrums (CNCERT/CC) von US-amerikanischen Adressen.

Die USA reagieren selbst sehr wehleidig und mit der üblichen Doppelmoral auf das Eindringen chinesischer Hacker in amerikanische Webseiten. So wurden 2014 fünf chinesische Militärs des Vergehens von Diebstahl im Cyberspace angeklagt, nachdem eine Auftragsarbeit der amerikanischen IT-Sicherheitsfirma Mandiant vom Februar 2013 Cyberattacken aus China rückverfolgt hatte. Obwohl der Bericht umfassend ist, können die genannten Cyberangriffe weder mit der chinesischen Regierung noch mit der Volksbefreiungsarmee in Verbindung gebracht werden, was der Bericht allerdings behauptet. Das Thema wurde als Retourkutsche zu den Snowden-Enthüllungen breit aufgebauscht, und die USA behaupteten, dass sie keine Industriespionage betreiben, nur »normale« Spionage gegen Staaten. Die Realität sieht anders aus. Wie breit die US-Spionage angelegt ist, zeigt ein Bericht der *New York Times* vom Februar 2015, basierend auf einer Analyse des russischen IT-Sicherheitsunternehmens Kaspersky. Darin heißt es, dass die USA (NSA und US Cyber Command) einen Weg gefunden haben, dauerhaft Überwachungs- und Sabotagetools auf Computerfestplatten in Netzwerken in China, Russland, Iran, Afghanistan und anderen »Ländern unter intensiver Beobachtung« zu platzieren. Die Analyse von Kaspersky, ausgelöst durch einen Wurm, den die Antivirussoftware der Firma unschädlich machte, fand eine technische Verbindung zwischen den benutzten Tools mit dem von den USA und Israel entwickelten Computerwurm Stuxnet, der ca. 1000 Zentrifugen im Uran-Anreicherungsprogramm des Iran stillgelegt hatte. So soll die Türe weit geöffnet und »Schläfer-Software« für den Fall eines Cyber-Krieges bereit sein. Kaspersky wurde für die Offenlegung dieser Informationen von den USA entsprechend »bestraft«: Ein Gesetz, das Demokraten und Republikaner Ende 2017 gemeinsam beschlossen, verfügt, dass sämtliche Kaspersky-Software von zivilen und militärischen Computern der US-Behörden entfernt werden muss.

Die USA planen, die in sensiblen Bereichen (z. B. Banken) in China eingesetzte System- und Anwendungssoftware und Hardware von US-Unternehmen wie IBM, Oracle, EMC, Cisco Systems, Microsoft und Google im Konfliktfall zu verwenden, um wichtige Geschäftszweige durch Auslaufenlassen von zeitlich begrenzten Lizenzcodes oder Einschmuggeln von Schadcode lahmlegen zu können.[372]

Die USA verwenden soziale Netzwerke zur Anwerbung von Spionen. 2014 wurde von China ein Spionagering zerschlagen, der militärische Informationen an US-amerikanische Agenten geliefert hatte. Ein verurteilter Chinese war in einem sozialen Netzwerk zur Spionage für die USA angeworben worden.[373] Man kann davon ausgehen, dass solche Anwerbungen in großem Ausmaß stattfinden.

Konventionelle Spionage wurde in den USA jüngst durch Zeitungsberichte enthüllt: In den letzten Jahren seien achtzehn bis zwanzig CIA-Informanten »verstummt«, d. h. von den chinesischen Behörden enttarnt worden, ein schwerer Schlag für die CIA. Zur Abwehr von NSA-Eindringversuchen hat Microsoft in zweijähriger Zusammenarbeit mit einem chinesischen Unternehmen eine eigene Version von Windows 10 für chinesische Regierungsbehörden entwickelt, die mit chinesischen Verschlüsselungsalgorithmen ausgestattet ist.

---

372 Deshalb besteht China auf der Hinterlegung des Quelltextes.
373 China will Spionagering zerschlagen haben, *Spiegel*, 5. Mai 2014 http://www.spiegel.de/politik/ausland/china-will-spionagering-zerschlagen-haben-a-967644.html

7. Chinas Militärstrategie und Rüstungsanstrengungen

Strategische Rahmenrichtlinien

Die strategische militärische Rahmenrichtlinie Chinas lautet »aktive Verteidigung«. Das bedeutet, dass sich die chinesische Volksbefreiungsarmee strategisch defensiv verhält, aber wenn die Gefahr eines Überfalls auf China akut droht, chinesisches Territorium besetzt wird oder eine Intervention gegen die Einheit Chinas ausgeführt wird, taktisch und operativ offensiv agieren könnte. »Wir werden nicht angreifen, wenn wir nicht angegriffen werden, aber wir werden gewiss einen Gegenangriff durchführen, wenn wir angegriffen werden.«[374] Betreffend die zu erwartende Form eines Krieges sagt das chinesische militärstrategische Weißbuch von 2015:

> Das Hauptaugenmerk der Vorbereitung auf einen militärischen Kampf wird auf das Gewinnen von informationsunterstützten lokalen Kriegen gelegt, mit Schwerpunkt auf den militärischen Kampf zur See und die Vorbereitung auf den Kampf zur See.[375]

Der Schwerpunkt liegt auf der Defensive und auf lokalen Konflikten; China ist nicht darauf orientiert, international Kriege zu führen.

Die Armee ist der Kommunistischen Partei Chinas unterstellt, d. h. die Politik kommandiert die Gewehre, und ein Eigenleben des Militärs soll verhindert werden. Eine Situation wie in den USA, wo ein »tiefer Staat« aus Militär und Geheimdiensten mit einem Eigenleben und in Kooperation mit der Kriegsindustrie Bereiche der Außenpolitik bestimmt, ist in China nicht realistisch.

---

374 Information Office of the State Council: White Paper on China's Military Strategy, *China Daily*, Mai 2015, http://www.chinadaily.com.cn/china/2015-05/26/content_20820628.htm
375 White Paper, a. a. O.

Bedrohungsszenarien

Was sind die Konflikt- und Bedrohungsszenarien, mit denen China rechnet?[376]

Der erste Themenblock sind potenzielle regionale Konflikte zu Wasser und zu Lande.

Die Bestrebungen Japans, die Nachkriegsordnung und die japanische Militär- und Sicherheitspolitik zu revidieren und Aufrüstung zu betreiben, sind aufgrund der technologisch hochstehenden japanischen Rüstungsindustrie nicht nur für China ein Grund zur Besorgnis. Die bekannten Konfliktzonen Ost- und Südchinesisches Meer werden noch längere Zeit politisch ungelöst bleiben, und die Souveränität gewisser Teile ist umstritten. China möchte verhindern, dass andere – wie in der Vergangenheit vor allem Vietnam – neue militärische und wirtschaftliche Fakten schaffen, bevor die Konflikte auf der politischen Ebene beigelegt sind.

Die Situation auf der koreanischen Halbinsel ist instabil und kann für China von militärischer Intervention bis zu humanitären Einsätzen jede Möglichkeit der Involvierung bringen.

Das Verhältnis zu Indien ist ständigen Schwankungen ausgesetzt; es gibt noch zwei konkrete ungelöste Grenzprobleme.

Der zweite Themenblock ist die hegemoniale Dominanz der USA und die reale Gefahr, dass die USA durch Interventionen nach Art kolonialer Kanonenbootpolitik China ihren Willen aufzwingen wollen. Mit Kanonenbootpolitik hat China schlechte Erfahrungen gemacht: Britische, französische, US-amerikanische, deutsche, italienische, japanische und portugiesische Kanonenboote bedrohten und beschossen seit Mitte des 19. Jahrhunderts chinesische Städte bzw. patrouillierten den Chang Jiang (Yangtse) hinauf, um imperialistische Kolonialinteressen durchzusetzen. Chinas politisches, diplomatisches und militärisches Ziel ist daher, sich »vor der Haustüre« Bedrohungen durch die USA vom Leib zu halten, die angesichts des Hegemonialanspruchs der USA und ihrer Aufrüstung im Westpazifik, des aktuellen amerikanischen Konzepts des »freien und offenen indo-pazifischen Raumes« und der Stärkung von Militärbündnissen vorhanden sind.

In der strategischen Abschreckung und der Ausführung von nuklearen Gegenangriffen nach feindlichen Erstschlägen hat die chinesische

376 White Paper, a. a. O.

Volksbefreiungsarmee eine strategische Aufgabe. China verkündete im Unterschied zu den USA schon 1964, dass es nicht als erstes Land Atomwaffen einsetzen wird (*No First Use*, NFU) und atomwaffenfreie Länder unter keinen Umständen mit dem Einsatz von Atomwaffen bedrohen oder Atomwaffen gegen diese einsetzen wird. China hat die USA schon mehrmals aufgefordert, eine bilaterale NFU-Vereinbarung mit China abzuschließen, was die USA jedoch ablehnten.

In Verbindung mit einer US-Intervention steht die Gefährdung durch die ständige amerikanische Überwachungs- und Spionagetätigkeit zu Wasser und in der Luft innerhalb der ausschließlichen Wirtschaftszone Chinas, die die Vorbereitung auf einen Kriegsfall zum Inhalt hat.

Der dritte Themenblock ist das Taiwan-Thema. China ist bestrebt, eine friedliche, langsame Wiedereingliederung Taiwans durchzuführen; sein Militär ist auf die Wiederherstellung der nationalen Einheit und der Abwehr einer US-amerikanischen Einmischung im Falle einer Unabhängigkeitserklärung Taiwans vorbereitet.

Der vierte Themenblock geht über die regionale Dimension hinaus und ergibt sich durch die globale Dominanz der USA über die Meere und die Gefahren durch Piraterie und Terrorismus. Dieser Themenblock ist für China neu und spiegelt die internationale Verflechtung der chinesischen Wirtschaft wider. Durch den Bedarf an Rohstoffen aus dem Ausland sowie den Export chinesischer Waren sind die Sicherheit der Seewege nach Europa, Afrika und Südamerika sowie die Verhinderung von Blockaden ein neues Thema geworden. Der Schutz vor Piraterie, Terrorismus sowie die Vorbereitung auf humanitäre Einsätze (Evakuierungen in Krisenfällen) und Katastrophenhilfe sind Themen, die China mit vielen Ländern gemeinsam hat.

Kriegsszenarien und Kampagnen

Das 2013 erschienene Standardwerk *Die Wissenschaft der militärischen Strategie*, geschrieben von Experten der einflussreichen Akademie für Militärwissenschaften der Volksbefreiungsarmee, beschreibt vier Kriegsszenarien (inklusive Wahrscheinlichkeits- und Risikoeinschätzungen), die auf China zukommen könnten:

Sie umfassen: 1. einen groß angelegten, hochintensiven Verteidigungskrieg auf dem chinesischen Festland (geringe Wahrscheinlichkeit und hohes Risiko); 2. einen relativ großräumigen und relativ hochintensiven ‚antisezessionistischen Krieg um Taiwan (relativ hohe Wahrscheinlichkeit und hohes Risiko); 3. Kriege im mittleren und kleinen Maßstab um umstrittene Gebiete und Gewässer (mittlere Wahrscheinlichkeit und Risiko); und 4. begrenzte und geringe Intensität von Anti-Terror-, Stabilitäts- und Verteidigungsmaßnahmen (keine Wahrscheinlichkeit und kein Risiko abgeschätzt). (...) Die wahrscheinlichste Kriegsgefahr ist ein begrenzter militärischer Konflikt zur See, während ein relativ großräumiger und relativ hochintensiver lokaler Krieg zur See unter Bedingungen der nuklearen Abschreckung der wichtigste Krieg ist, auf den man sich vorbereiten sollte.[377]

Der letzte Satz bedeutet, dass das chinesische Militär einen großen, intensiven Krieg (mit den USA) für nicht wahrscheinlich hält, sich aber auch auf diesen schlimmsten Fall vorbereitet. Für China sind US-Truppen in Asien kein »eigenständiges strategisches militärisches Ziel«, sondern höchstens ein zu bekämpfendes Hindernis zur Erreichung eines anderen militärischen Zieles.

In den USA wird von Beratungsunternehmen, dem Militär selbst und den eher ahnungslosen Kongressabgeordneten hingegen als wesentliche Zielrichtung der militärischen Entwicklung Chinas das bereits vorgestellte A2/AD *(Anti-Access/Area-Denial)* bezeichnet.

Interessanterweise kommt der Begriff des A2/AD oder seine chinesische Entsprechung *fǎnjièrù* 反介入 (wörtlich »Anti-Intervention«) in keinem relevanten chinesischen Aufsatz oder sonstiger militärischer Fachliteratur als vorrangige chinesische Strategie vor. Wie der amerikanische China-Fachmann M. Taylor Fravel überzeugend darlegt, wurde der US-amerikanische Begriff des A2/AD offensichtlich von chinesischen Autoren, die die Position der USA auf Chinesisch darlegten, ins Chinesische übersetzt und dann wiederum die chinesische Übersetzung von amerikanischen »Experten«, die meistens nicht Chinesisch können, als Beweis für eine vorhandene chinesische Strategie

377   Jūnshì Kēxuéyuàn Jūnshì Zhànlüè Yánjiū Bù 军事科学院军事战略研究部 (Hg.): *Zhànlüèxué* 《战略学》, Jūnshì Kēxué Chūbǎnshè 军事科学出版社, 2013, zitiert nach M. Taylor Fravel and Christopher P. Twomey: Projecting Strategy: The Myth of Chinese Counter-intervention, *Washington Quarterly,* Winter 2015.

»verkauft«. Aus dem Hochjubeln des A2/AD als angeblich primäre chinesische Militärstrategie folgt natürlich der Schluss der USA, dass die USA für China der Hauptfeind sind, dass China hauptsächlich gegen die USA rüstet, die USA aus dem Westpazifik vertreiben will und die USA sich dagegen zur Wehr setzen müssen. Das bringt natürlich Beratungsaufträge ohne Ende für die mit dem Pentagon eng verbundenen großen Strategieberatungskonzerne, die militärische Vergleiche anstellen, Schwächen der USA definieren usw. Diese Beratungskonzerne informieren den Senat und seine Unterausschüsse in Anhörungen über die chinesische »Bedrohung« für die USA. Die Schwächen-analysen führen zu einem Aufschrei des Pentagon, dass das Rüstungsbudget nicht ausreiche, um die amerikanische Vormacht aufrechtzuerhalten, und in weiterer Folge klingeln nach entsprechenden Beschlüssen des Kongresses Milliarden von Dollar für die großen Rüstungskonzerne.

Anti-Interventionskrieg – ein möglicher Ablauf

Aufgrund des Schwerpunkts dieses Buches gehe ich speziell auf die Möglich-keit eines Antiinterventionskrieges ein. Anders als Saddam Hussein – der in beiden Golfkriegen schwere militärstrategische Fehler machte – würde das chinesische Militär einem US-Aufmarsch über den Westpazifik und einer Verstärkung der US-Stellungen in Japan, Südkorea, den Philippinen und auf nahen Inseln sicher nicht tatenlos zusehen und abwarten, bis die ersten *bunker buster* einschlagen.[378]

Da ein moderner Krieg in der heutigen Zeit von der Feindaufklärung bis zur Zielsteuerung computerisiert und teilautomatisiert abläuft, wäre der »Informationskrieg« ein integrales Element aller Operationen; das bedeutet als ersten Schritt, die militärische Satellitenkommunikation, GPS-Systeme, Computersysteme, taktische Datenverbindungen und Langstrecken-Hoch-frequenz-Kommunikation sowie Command-&-Control-Systeme der USA zu stören bzw. zu zerstören, um das US-Militär »blind« zu machen und in seiner Handlungsfähigkeit einzuschränken. Im Falle einer drohenden Intervention der USA[379] könnte die Volksbefreiungsarmee versuchen, in einem überraschenden, harten und tiefen Erstschlag die in einem modernen

378 *Bunker buster* sind bunkerbrechende Waffen mit riesiger Zerstörungskraft, die bis zu 60 Meter dicken Stahlbeton durchschlagen können, https://de.wikipedia.org/wiki/Bunkerbrechende_Waffe

379 Szenario nach Aaron L. Friedberg, a. a. O.

Krieg wichtige Dominanz im Aufklärungs- und Informationsbereich, in der Luft und zur See zu erhalten. Aufgrund der Konzentration der wichtigsten Wirtschafts- und Bevölkerungszentren im Osten und Süden Chinas sowie des wichtigsten U-Bootstützpunktes auf der Insel Hainan braucht China zur Verteidigung eine entsprechende »strategische Tiefe« in den Pazifik und in das Südchinesische Meer,[380] um Zerstörungen durch weitreichende Angriffswaffen gering halten zu können. Die Volksbefreiungsarmee könnte versucht sein, die nahen amerikanischen Militärstützpunkte in Japan und Korea sowie in Guam durch den Einsatz von ballistischen Raketen, Marschflugkörpern und Bombern, aber auch durch Jagd-U-Boote außer Gefecht zu setzen. Dies würde den Einsatzradius von US-amerikanischen Flugzeugträgern und ihren Begleitschiffen weit in den Westpazifik, von China weg verlagern und die USA zwingen, ihre Angriffe aus sehr großer Entfernung zu führen. Ihre Bomber, Kriegsschiffe und Flugzeugträger könnten dann nur aus der Ferne, unter hohem Risiko und logistischem Aufwand (Auftanken, Beladen mit Bomben und Raketen auf hoher See) sowie hohen Verlusten an Soldaten und Material von außerhalb der »Ersten Inselkette« oder sogar der »Zweiten Inselkette« für Militäraktionen in das Ost- und Südchinesische Meer eindringen. Die Vorwarnzeit für ballistische Raketen und Marschflugkörper würde sich für China deutlich verlängern. Chinesische U-Boote könnten versuchen, den komplizierten amerikanischen Nachschub 10 000 Kilometer über den Pazifik zu stören oder zu unterbrechen.

Blockaden

Falls die USA wichtige Handelswege Chinas unterbrechen (Suezkanal, Bab el-Mandeb, Straße von Hormuz, Straße von Malakka, Lombok- oder Sundastraße), könnte die Volksbefreiungsarmee auch versuchen, die Blockaden durch den Einsatz von U-Booten aufzuheben. Das ist durch die Entfernungen und die absehbar geringe Fähigkeit der Volksbefreiungsarmee, »Machtprojektion« durch Einsätze weit entfernt vom chinesischen Festland entfernt durchzuführen, sehr schwierig. China hat ja kein Stützpunktnetz, das mit dem von Großbritannien, Frankreich oder gar den USA vergleichbar wäre.

Es werden aber die Fähigkeiten ausgebaut, chinesische Handelswege und wirtschaftliche und humanitäre Interessen (Evakuierungen von Staatsbürgern)

---

380 Deshalb ist auch der Ausbau von Stellungen im Südchinesischen Meer eine defensive Maßnahme.

außerhalb Chinas zu sichern. In diese Richtung geht die Renovierung, Modernisierung und Indienststellung des von der Ukraine angekauften Flugzeugträgers Liaoning, der hauptsächlich zu Ausbildungs- und Testzwecken für die Entwicklung weiterer Flugzeugträger im Eigenbau dient. 2017 wurde der erste von China selbst gebaute Flugzeugträger fertig. Ein weiterer, der erstmals ein technisch aufwändiges elektromagnetisches Katapult für den Start von Flugzeugen verwendet, ist in Bau. Dieser technische Quantensprung erlaubt neben dem Start von vollbeladenen Kampfflugzeugen auch den Start von schweren Frühwarnflugzeugen, Anti-U-Boot-Kampfflugzeugen und Transportflugzeugen. Zur Ergänzung für die Flugzeugträger ist 2017 auch eine neue Klasse von großen Versorgungsschiffen zum Einsatz gekommen, die einen Flugzeugträgerkampfverband auch auf weiten Fahrten ausreichend versorgen können.

Modernisierung des Militärs

Das chinesische Bestreben nach modernisierter und verstärkter militärischer Organisation und Ausrüstung hat sich aus der Analyse der amerikanischen Drohgebärden und Kriege der letzten 25 Jahre und der neuen Bedrohungslagen auf See ergeben.

Die Operation »Wüstensturm« im Irakkrieg 1991 machte klar, dass ein möglicher neuer Krieg unter »Hightech-Bedingungen« vor sich gehen wird.

Der Einsatz von zwei US-Flugzeugträgerkampfverbänden 1995–1996 in der Taiwan-Straße[381] zeigte die Möglichkeit, dass die USA flugzeugträgerbasierte Kampfflugzeuge für einen Einsatz gegen China verwenden könnten. 1996 kaufte die Volksbefreiungsarmee daraufhin von Russland Sowremennyj-Zerstörer, die mit Raduga-Überschall-Antischiffsraketen bestückt sind.[382]

Der völkerrechtswidrige Krieg gegen Jugoslawien im Jahr 1999 machte deutlich, dass die USA ohne Bedenken separatistische Bewegungen von außen militärisch unterstützen würden. Die USA setzten erstmals in großem Ausmaß luftbewegliche Gefechtsstände ein, Flugzeuge, die mobile Ziele auf dem Boden mit Radar finden und verfolgen konnten. Die neuen strategischen

381 Als US-amerikanische Reaktion auf chinesische Tests unbewaffneter Raketen und Marineübungen in der Nähe von Taiwan.
382 Diese Marschflugkörper waren in der Sowjetunion gegen US-Flugzeugträger und deren Eskorten entwickelt worden.

Tarnkappenbomber vom Typ B-2 flogen Missionen aus den USA und zerstörten jugoslawische Gefechtsstände sowie Luftabwehrsysteme und machten den Weg frei für Angriffe von Kampfbombern. Ein hoher Prozentsatz der gegen Jugoslawien eingesetzten Bomben war bereits »smart«, präzisionsgesteuerte Munition, die Ziele oft von Drohnen ausgewählt. Umso unglaubwürdiger war es für China, dass die Zerstörung der chinesischen Botschaft in Belgrad am 7. Mai 1999 durch amerikanische Bomben ein »Irrtum« gewesen sein soll.

Die chinesischen Militärplaner kamen daher zu dem Schluss, es müssten »drei Angriffe und drei Verteidigungen« gemeistert werden: das Parieren von Helikopter-Angriffen, von Attacken mit Tarnkappenflugzeugen und von Angriffen mit Marschflugkörpern; die Verteidigung gegen Präzisionsluftschläge, elektronische Kriegsführung und weltraumbasierte Aufklärung. Die Kriege der USA gegen Afghanistan seit 2001 und Irak 2003 verstärkten noch die vorher gewonnenen Erkenntnisse.

China muss gegen die Hauptpfeiler der US-amerikanischen Militärmacht – regionale Stützpunkte, Aufmarschgebiete und Bündnisse, Flugzeugträger, Luftüberlegenheit, weitreichende Präzisionsraketen, Dominanz im Weltraum und im elektronischen Bereich – ein Gegengewicht entwickeln. China hat in militärischer Organisation, Strategie und Technik (die Armee ist nicht einmal voll mechanisiert) großen Aufholbedarf, wenn es sich nicht von den USA oder anderen Ländern die Politik diktieren lassen will. Und das chinesische Militär hat keine Kampferfahrung, während die USA einen Krieg nach dem anderen führen.

Präsident Xi Jinping hat in seinem Rechenschaftsbericht an den 19. Parteitag im Oktober 2017 als Ziel festgehalten, dass die Modernisierung der nationalen Verteidigung bis 2035 im Wesentlichen erledigt sein soll. Bis Mitte des 21. Jahrhunderts soll das Militär auf »Weltklasseniveau« gebracht werden. Der Begriff »Weltklasseniveau« bezieht sich auf Strategie, Taktik, Qualität des Personals, Ausrüstung und Logistik; damit ist nicht gemeint, dass das chinesische Militär die Größe des jetzigen US-amerikanischen haben und versuchen soll, eine weltweite Präsenz und Dominanz auf den Weltmeeren aufzubauen.

Militärreform

Im Jahr 2015 wurden Richtlinien für eine Militärreform verlautbart, die bis 2020 umgesetzt sein soll. Die Zahl der Soldaten wurde trotz vieler Widerstände bereits um 300 000 auf eine Stärke von zwei Millionen reduziert;

gleichzeitig wird umstrukturiert und die Qualität massiv erhöht. Die höchste zentrale Kommandostelle für administrative und militärische Belange ist die Militärkommission beim Zentralkomitee, und ihr Vorsitzender ist Xi Jinping. In der neuen Struktur wurden fünf regionale Bereiche geschaffen, sogenannte Kampfzonen-Kommandanturen (Zentral, Nord, Ost, Süd, West), die der Militärkommission unterstehen. In den »Kampfzonen« sollen Strukturen entstehen, die gemeinsame Operationen der verschiedenen Teilstreitkräfte möglich machen.

Der Militärkommission unterstehen auch die Teilstreitkräfte, nämlich Armee, Luftwaffe, Marine und Raketenstreitkräfte (»Zweite Artillerie«). Der Strategische Nachschub sind für die Technologieentwicklung zuständig. Auch die gesetzlichen Grundlagen für die militärische Tätigkeit werden verstärkt.

Informatisierung der Armee

Um einen modernen Krieg erfolgreich führen zu können, ist es wesentlich, Informationen darüber zu bekommen, wo feindliche Kräfte stehen, und zu verhindern, dass feindliche Kräfte Aufklärung betreiben können. Diese Information kann man durch Satelliten, Frühwarnflugzeuge (*Airborne Early Warning and Control*, AEW&C), Sensoren, Drohnen oder Computernetzwerk-Attacken erhalten. Auf Basis der gewonnenen Informationen kann man Schläge gegen den Feind ausführen bzw. sich vor Schlägen des Feindes schützen. Diesen Prozess nannten sowjetische Militärtheoretiker seit den frühen 1980er Jahren »Aufklärungs- und Schlag-Komplex«. Die USA haben ein solches System entwickelt; China arbeitet ebenfalls daran. Die von China entwickelten Systeme für »Führung und Steuerung, Kommunikation, Computer, Informationsbeschaffung, Überwachung und Aufklärung«[383] sollen die chinesischen Waffensysteme noch besser zum Einsatz bringen. Es ist zu erwarten, dass die Volksbefreiungsarmee bis 2030 ein durchgehendes regionales Aufklärungssystem von weltraumbasierten und weltraumnahen Plattformen in Betrieb hat und zwar Bilder, elektronische Aufklärung (ELINT) und signalerfassende Aufklärung (SIGINT).[384] Dies soll

---

383 Als erstes von den Streitkräften der USA verwendet: *command, control, communications, computers, intelligence, surveillance, and reconnaissance* (C4ISR).

384 Siehe Ian Easton, Mark Stokes: China's Electronic Intelligence Satellite Developments, *The Project 2049 Institute*, 2011, http://project2049.net/documents/china_electronic_intelligence_elint_satellite_developments_easton_stokes.pdf

ein möglichst automatisiertes computerisiertes »System der Systeme« sein, um feindliche Streitkräfte, Waffen und Anlagen zu lokalisieren und durch eine Kombination aus nicht-kinetischen Waffen (inklusive elektronische Kriegsführung und Computernetzwerk-Attacken) und präzisionsgesteuerter konventioneller Munition außer Gefecht zu setzen oder zu zerstören.

China hat luft-, land- und schiffgestützte Radarsysteme entwickelt, die Tarnkappen- und andere Flugzeuge und Raketen aus einer Entfernung von bis zu 450 Kilometern und einer Höhe von bis zu 30 000 Metern orten können.

Entwicklung moderner Waffen

Die Modernisierung von Waffen scheint weniger der Ausweitung der vorhandenen Waffensysteme als vielmehr der qualitativen Verbesserung zu dienen. Alte Plattformen werden durch neue ersetzt und verstärken so die Kampfkraft. Seezielflugkörper (Anti-Ship Ballistic Missiles, ASBM), Seemarschflugkörper (Anti-Ship Cruise Missiles) und unterstützende C4ISR-Systeme sind Schlüsselelemente der Modernisierung, aber nicht die einzigen Bereiche.

Landstreitkräfte

China reduziert die schwere Bewaffnung sowjetischen Stils und stattet die Armee überwiegend mit professionelleren, leichteren Fahrzeugen aus. Für die Ausstattung der Armee ist trotzdem die Entwicklung des Kampfpanzers ZTZ-99A herausragend; er ist der größte Panzer außerhalb der USA.

Marine

»Chinas Modernisierung der Marine umfasst eine breite Palette von Plattform- und Waffenakquisitionsprogrammen, darunter Programme für Seezielflugkörper, Seemarschflugkörper, Landangriffsmarschflugkörper, Boden-Luft-Raketen, Minen, bemannte und unbemannte Flugzeuge, U-Boote, Flugzeugträger, Zerstörer, Fregatten, Korvetten, Patrouillenboote, Amphibien-, Minenabwehr-, Versorgungs- und Lazarettschiffe sowie unterstützende C4ISR-Systeme. Zu den Modernisierungsbestrebungen Chinas gehören auch Verbesserungen bei der Wartung und Logistik, Doktrin, Personalqualität, Aus- und Weiterbildung sowie Übungen.«[385]

Die selbst entwickelten Atom-U-Boote sind der mit Raketengeschossen

---

385 Ronald O'Rourke, a. a. O., S. 5.

versehene Typ 094 sowie das Jagd-U-Boot 093 und das neuere 095. Eine vierte Generation von U-Booten, nahezu lautlos und superschnell, befindet sich in Entwicklung.

China hat sein Inventar an Seeminen modernisiert und will neue Seeminen entwickeln, u. a. mit Propellern ausgestattete Seeminen mit großer Reichweite und Anti-Helikopter-Minen.

China baut den großen und modernen Zerstörer 055, neue Korvetten (klein und mit geringem Tiefgang) Typ 056 und Fregatten mit Marschflugkörpern.

Die Marine hat neue, in China entwickelte J-10-A- und J-11-B-Kampfflugzeuge im Einsatz, die mit weitreichenden PL-12- und PL-15-Luft-Luft-Raketen mit modernstem Aktivradar ausgerüstet sind und Ziele hinter Sichtweite (in hundert bis zweihundert Kilometer Entfernung) treffen können. Die PL-15 verfügt auch über störungsresistente Datenverbindungen. Das ist wegen der US-amerikanischen Störsender und Datenverfälschungsgeräte wichtig, die feindliche Datenverbindungen und Computer behindern können.

Die Marineflugzeuge verwenden YJ-18-Raketen mit einer Reichweite von 540 Kilometern. Die neuen chinesischen Entwicklungen werden von den USA aufgrund ihrer hohen Reichweite gefürchtet, und weil sie bis zu fünffache Schallgeschwindigkeit erreichen. Sie können auch von U-Booten aus abgefeuert werden.

Luftwaffe

Die Modernisierungsbestrebungen waren weitgehend auf die Verbesserung der Luftverteidigung, die Entwicklung von Kampfflugzeugen neuester Technologie, von Logistikflugzeugen für verschiedene Aufgaben und der Verbesserung der Zusammenarbeit der Luftwaffe mit anderen Teilstreitkräften gerichtet. Die modernsten selbst entwickelten Kampfflugzeuge sind die J-10 und J-11 (vierte Generation) sowie das Tarnkappen-Kampfflugzeug J-20 (fünfte Generation; vergleichbar mit der US-amerikanischen F-35). Die neuere J-31, ebenfalls ein Tarnkappenflugzeug der fünften Generation, ist noch nicht im Einsatz.

China kauft 24 russische Kampfflugzeuge vom Typ Su-35.

Ein neuer strategischer Bomber mit einer Reichweite, die ohne Wiederauftanken über die »Zweite Inselkette« hinausgehen wird, ist in Entwicklung. Die neu entwickelten Transportflugzeuge Y-9 (Nutzlast: 30 Tonnen) und Y-20 (Nutzlast: 66 Tonnen) sind für Truppen- und Materialtransporte im Einsatz.

Schwachstellen der chinesischen Eigenentwicklungen im Flugzeugbereich sind die Motoren, die mit den neuesten Weltentwicklungen (noch) nicht mithalten können.

China hat auch zwei neue Flugzeugtypen für luftgestützte Gefechtsstände in Einsatz gebracht. China investiert in Drohnen für Aufklärung und Koordination sowie Kampfdrohnen.

Für die Luftabwehr wurde das russische S-400-System gekauft, das eine Reichweite von 400 Kilometern hat und Tarnkappenflugzeuge, Raketen und Marschflugkörper aufspüren kann. China entwickelt eigene neue Aktivradarsysteme, die mobil zu Lande und zur See verwendet werden können, sowie Radarsysteme für Kampfflugzeuge.

Raketenstreitmacht

China hat den Seezielflugkörper DF-21D entwickelt, der mobil einsetzbar ist und sich bewegende Schiffe bis auf eine Entfernung von 1500 Kilometern treffen kann. Die Rakete benutzt eine Kombination aus Radar und optischen Sensoren, um das Ziel zu finden, und nimmt selbständig Zielkorrekturen vor. Durch die Möglichkeit überraschender Kursänderungen zur Verwirrung von Abfangraketen in der Endphase des Fluges ist diese Rakete schwer abzufangen. Sie könnte sogar in der Lage sein, US-amerikanische Flugzeugträger zu versenken. Die neue DF-26 (»Guam-Express«) hat eine Reichweite von 3000 bis 4000 Kilometern, ist nuklear und konventionell bestückbar und kann vom chinesischen Festland aus Ziele auf See und auf dem Land treffen, wie beispielsweise Flugzeugträger und die Stützpunkte der USA auf Guam.

Als neueste Entwicklung gilt die DF-17, eine Mittelstreckenrakete mit einer Reichweite von bis zu 2500 Kilometern, die einen Hyperschall-Gleitflieger ausstoßen kann, der mit zehnfacher Schallgeschwindigkeit auf Ziele zurast. China führte zur Beunruhigung der US-amerikanischen Militärs Ende 2017 den weltweit ersten Test derartiger Geräte durch.

Die neuesten Anti-Schiff-Marschflugkörper Chinas sind die russischen P-80 Moskit bzw P-270 Moskit-M (SS-N-22) sowie die chinesischen YJ-62 und YJ-12.

Im Rennen zur Entwicklung elektromagnetischer Schienenkanonen, die Geschosse mit bis zu siebenfacher Schallgeschwindigkeit abfeuern können, hat China die USA überholt. Auf einem Schiff der chinesischen Marine wurde erstmals eine solche Waffe zu Testzwecken installiert.

China hat nur etwa zwei- bis dreihundert Atomsprengköpfe und erhöht diese Zahl auch nicht. Sie sind sowohl fix positioniert und mobil zu Lande, können aber auch von Schiffen aus abgefeuert werden. Die neueste und modernste Rakete, die mit Atomsprengköpfen bestückt werden kann, ist die Feststoffrakete DF41 mit einer Reichweite von 12 000 bis 15 000 Kilometern und zehn Mehrfachsprengköpfen.

Weltraum

China entwickelt nach westlichen Berichten Störgeräte gegen im Weltraum stationierte Kommunikations-, Radar- und GPS-Satellitensysteme sowie Anti-Satelliten-Waffen (ballistische Geschosse, Laserwaffen, Hochleistungs-Mikrowellenkanonen).

China möchte ein Wettrüsten im Weltraum vermeiden, will diese Waffen aber aus Verteidigungsgründen zur Verfügung zu haben, falls ein Konflikt im Weltraum entsteht.

Budgetentwicklung

Das chinesische Militärbudget beträgt offiziell 175 Milliarden US-Dollar, ein Anteil am Bruttoinlandsprodukt von nur 1,4 %; zum Vergleich: USA 3,4 %, Russland 2,8 %. Die von der Londoner Denkfabrik International Institute for Strategic Studies (IISS) groß lancierten Pressemeldungen, dass China und Russland aufgrund dieser Budgetzahlen stark aufrüsten und die USA herausfordern, hat in seriösen Medien Kopfschütteln verursacht. Chinas ganzes Budget beträgt absolut nur rund ein Viertel des der USA! Während das Militärbudget seit Beginn der Reformzeit 1978 um 12,43% jährlich wuchs, ist das Wachstum 2018, obwohl etwas höher als 2017 (+7%), zum dritten Mal seit 2013 einstellig. Das heißt: Das Wachstum sinkt tendenziell, es ist keineswegs steigend. Angesichts dieser Zahlen sind die Behauptungen, dass China die USA in absehbarer Zeit einholen oder überholen könnte, nicht haltbar.[386]

---

386 Jens Berger: China und Russland rüsten auf? *Nachdenkseiten*, 17. Februar 2018, http://www.nachdenkseiten.de/?p=42460#more-42460

Noam Chomsky

Die Herren
der Welt

Essays und Reden aus fünf Jahrzehnten

ISBN 978-3-85371-367-9, br., 208 Seiten, 17,90 €
E-Book: ISBN 978-3-85371-818-6, 14,99 €

Fabian Scheidler

Chaos

Das neue Zeitalter
der Revolutionen

ISBN 978-3-85371-426-3, br., 240 Seiten, 17,90 €
E-Book: ISBN 978-3-85371-856-8, 14,99 €

Andre Gunder Frank

Orientierung im Weltsystem

Von der Neuen Welt
zum Reich der Mitte

ISBN 978-3-85371-238-2, br., 160 Seiten, 11,90 €

Andre Gunder Frank

ReOrient

Globalwirtschaft
im Asiatischen Zeitalter

ISBN 978-3-85371-238-2, br., 496 Seiten, 39,90 €